木下賢一
Kinoshita Kenichi

近代都市パリの形成と民衆の世界

近代化と共同性

山川出版社

Formation de la ville moderne de Paris et le monde populaire au XIXe siècle: modernization et communauté locale

par

KINOSHITA Kenichi

Tokyo:Yamakawa Shuppansha,2025

近代都市パリの形成と民衆の世界　近代化と共同性

目次

近代都市パリの形成と民衆の世界　近代化と共同性

序

一九世紀フランスは、伝統的社会から近代社会への移行期であり、産業化と都市化そして名望家支配の時代であった。多くの農民が移住者として都市へ向かった。共同体の解体のなかから近代的個が出現するとされるが、実際には出身地の共同体を出た移住者は、移住先の新しい共同体のなかで生きた。それは民衆街の近隣関係に基づく地域共同体であったり、労働を中心とする職業共同体であった。それらは、ある場合には移住者が近代化に適応するための共同体になり、ある場合には近代化に抵抗するための共同体になった。さらにある場合には、ブルジョワが創り出した近代とは異なるもう一つの近代を生み出すための共同体にもなった。

一九世紀パリは、ヨーロッパの諸革命の震源地であり、いくつもの革命や蜂起が連続した。それらの中心にいたのは、アトリエ（小仕事場）の職人や労働者たちであった。彼らは初期の産業革命の口火を切り、一九世紀半ば以降の第二次産業革命にあって、とくに機械工業を発展させた。伝説的なパリの革命的民衆を供給したのは彼らであった。一方で産業化（近代化）を支え推進し、他方で革命や蜂起を繰り返した彼らにとって、近代化と共同体はどんな関係と意味をもっていたのか。激動の時代を生きた民衆の視点から、この時代を考察することによって、近代社会の構造とその問題点の一端を明らかにできるのではないかと思われる。本書では過去の拙稿のなかからこの問題に関係があるものを集めてみた。

第Ⅰ部の第一章「一九世紀パリ研究史」は書き下ろしであるが、研究史上重要な作品をそれ自体としてじっくり読み込んでみたいと思った。フランスでの研究を中心にしたのは、ひとまずフランスにおける研究動向を確認し、まとめておきたかったからである。ただ国家博士論文などの大著を原稿用紙一〇枚程度にまとめるのは難行苦行であった。これらの研究を通して、近代都市パリの形成過程とそのなかで生きる民衆の世界のさまざまな側面が浮かび上がったのではないかと思われる。また、一九五〇年代から現在までの七〇年余に及ぶ歴史の研究方法と問題意識の変遷の一端を示すことができたのではないかと思われる。

第二章「Let It Be」は、日本だけでなく世界が大きく変容した一九六〇年代の時代状況のなかで、戦後歴史学と雑誌『社会運動史』の関係を取り上げている。フランス歴史学界では、一九七〇年代に社会経済史からアナール派社会史への転換が起きたが、わが国でも六〇年代に戦後歴史学を克服しようとする動きが生じていた。『社会運動史』もその一つで、一九七〇年代以降民衆運動を中心にして歴史を見直していこうとしていた。

第Ⅱ部では、民衆の日常生活のなかに民衆運動の起源を探っている。第三章「パリ・コミューン前夜の民衆運動」は、民衆運動の自律性をふまえて、いくつかの事実をもとに民衆運動についての仮説を提示している。第四章「酒場と労働者と政治」では、民衆の具体的な日常生活の世界を明らかにし、第五章「第二帝政末期パリの公開集会」は、民衆の日常生活における共同性のなかから民衆運動が立ち上がってくる過程を実証的に明らかにしている。アナール派社会史が民衆の日常生活そのものを探求していったのに対して、ここでは民衆運動の契機を民衆の日常世界のなかに探っている。そのため民衆の日常世界への切り込みは鋭くなったが、対象が限定されてしまい、民衆研究それ自体としてのさらなる展開が十分ではなかったといえる。

第Ⅲ部は、労働運動とその中心テーマであったアソシアシオンを扱っている。第六章「第二帝政期パリの労働運動」は、帝政末期に出現する労働者評議会を取り上げている。この新しい組織は、それまでのさまざまな労働者組織をふまえて、個人の自由を前提とし、大衆的基盤をもつ共同体としてのアソシアシオンを提起したが、これは一八四〇年代の民衆の「もう一つの近代」としてのアソシアシオンとつながっているといえるだろう。

第七章「第二帝政期パリの労働運動と民衆運動」は、労働者の活動家の統計的比較によって、一八六〇年代初めに復活する労働運動の活動家と帝政末期のそれとのあいだに断絶があることを明らかにした。また、民衆運動と労働運動の活動家との比較によって、両者が重なっていないことも明らかになった。ただ、インタナショナルのメンバーは重なっていた。しかし、これは活動家の次元でいえることであって、大衆次元では二つの運動は重なっていたと思われる。これまで主張されてきたように、パリの労働運動と民衆運動が帝政末期にかけて連続的・直線的に発展したのではなく、担い手の交代によってなされたことが明らかとなったが、今後この事実をふまえて、帝政末期からコミューンにかけての労働運動と民衆運動を再検討する必要があるだろう。

第八章「ストライキを生きた労働者たち」では、一九七〇年代の労働社会史の代表的な研究であるペロの博士論文を取り上げて論評を加えているが、労働者大衆とそのイニシアチヴを正面に据えた斬新な仕事に注目している。

第Ⅳ部は、一九世紀パリ民衆史を対象としている。第九章「一九世紀パリ民衆の世界」は、シュヴァリエの画期的な歴史人口学的研究を中心にして、パリ民衆の独自性を追求している。この領域においては、長いあいだシュヴァリエの歴史人口学的研究が支配的であった。彼に対する批判は部分的にはなされてきたが、それを超えるものはなかった。

第一〇章「一九世紀パリ民衆史再考」は、シュヴァリエに対して正面から批判を展開したラトクリフとピエットの仕事を中心に取り上げて、その評価と批判をおこなっている。ラトクリフは、シュヴァリエの研究が大きな影響を与えてきたが、その独占によってその後五〇年以上のあいだ、一九世紀のパリ民衆史研究を停滞させたと批判し、シュヴァリエの脱構築を唱えた。ラトクリフが民衆の視点から民衆の日常生活を復元したことは大きな成果であったことは確かであるが、むしろシュヴァリエの研究を発展させた、あるいは補完したというべきであろう。筆者も、シュヴァリエの研究に刺激を受けてパリ民衆の研究を始めたが、民衆運動との関係以外になかなか成果を出すことができなかった。

第一一章「お雇い外国人になったコミューン兵士」は、コミューンに対する軍法会議関係の史料を渉猟しているなかで、コミューンに参加し、国外追放の刑を受け、明治政府のお雇い外国人になったパリ民衆と出会い、その足跡をたどってみたものである。そこに浮かび上がったのは、無名の平凡なパリ民衆の姿であり、彼を通して当時のパリ民衆の世界の一端を垣間見ることができた。

第Ⅴ部は、名望家支配を取り上げている。一九世紀の民衆の世界を考察するにも、名望家とその支配構造について理解しておく必要があった。第一二章「農村社会・名望家・国家」は、この支配構造を、イギリスのフランス史研究者の視点を通して再検討している。第二帝政期に、フランス農業社会の経済的アンシャン・レジームを終了させることになる構造的変化が生じたことが明らかにされているが、同じ時期にパリは近代都市へと構造転換しつつあったのであり、この両者の相互連関についてさらなる検討が必要となろう。

第一三章「フランス第二帝政と名望家支配」は、先行研究をふまえて、帝政期の政治エリートのメンバーと名望家諸集団の関係について分析をおこない、帝政権力と名望家支配の関係を明らかにしようとしている。帝政の独裁にもかかわらず、名望家支配が持続していたこと、しかし、帝政が推進した近代化と普通選挙が、名望家の政治的・社会的権力を徐々に掘り崩しつつあったことが明らかにされている。ただ、名望家の側も自ら近代化を推進することによって、かつての伝統的名望家ではなくなりつつあった。このような状況における、名望家支配と民衆の世界との関係については、今後の課題として残されている。

第Ⅰ部　研究史

第一章

一九世紀パリ研究史

近代都市形成史と民衆史

一九世紀パリ研究の軌跡を、第二次世界大戦後から現在までのフランスにおける研究を中心にたどってみたい。それもいわゆる学術的な研究史というより、研究史上で画期的なあるいは新しい方向性を提示した著作を中心にして、各著者の問題意識と方法に注目しながら、紹介していきたい。これを通して、近代都市パリ形成史の多様な側面(の一部)が浮かび上がってくるはずである。

一九世紀パリ研究は、いくつかの異なる研究分野における成果とそれらの相互影響下に進められてきた。

1　一九五〇〜一九七〇年　歴史人口学・社会経済史・労働史

歴史人口学

近代都市パリの形成史の研究は、まず一九世紀パリ住民に関する歴史人口学的研究から開始された。フランスの歴史学にとって、歴史人口学は基本的な構成要素をなしているが、それはとくに一九世紀パリ史研究の出発点になっており、現在にいたるまで影響力をもっている。なかでもルイ・シュヴァリエの先駆的な研究が決定的な役割を果たした。彼は、戦後すぐの一九五〇年に発表した『一九世紀におけるパリ人口の形成』(1)によって、三九歳の若さでコレージュ・ド・フランスの教授に選ばれているが、それまでのパリに関する無数の歴史叙述に対して、人口統計を駆使して一九世紀パリ史研究の「科学的」な基礎を築いたとみなされている。

彼は、一九世紀初めから末にかけてのパリの人口動態の分析を通じて、一九世紀固有のパリの人口構造を明らかにした。七月王政下と第二帝政下のパリの大土木事業が、巨大な労働力需要を生み出し、地方からパリへの大量の人口流入現象を生じさせ、それが新しいパリ住民を形成していった。彼は、「一八〇〇年から一八五〇年の時期に一つの新しいパリが形成されたといっても過言ではない」と述べている。また一九世紀のパリへの人口流入は、工業と労働者にのみ関連した現象ではなく、商業や他の分野(召使いや使用人)にも関連した、多様な局面をもった現象であることを示した。

一九世紀パリの経済が巨大なパリ内消費市場に依存していたこと、また流入人口は、パリの既存の社会環境に影響を与えるよりも、パリの社会環境に統合されていったことを明らかにしている。こうしてシュヴァリエは、一九世紀のパリと新しいパリジャンの形成とその独自性を、数量的にかつ構造的に明らかにした。

このパリ内消費に依存するパリ経済の独自の構造は、一九世紀末(一八八〇年代)に郊外の発展とともに変化する。郊外には近代的な大工場が設置され、そこでは地方出身の労働者が支配的でパリ社会とは異質な世界が形成されていった。そして二〇世紀にはいると、この郊外に由来する新しいタイプの経済・社会構造がパリ全体に押し付けられていったとしている。

また、彼の研究の背後には、一九世紀パリ民衆の例外的な性格を明らかにしようとする志向がある。すなわち、フランス革命、七月革命、二月革命そしてパリ・コミューンを生み出した一九世紀パリ民衆の独自性を明らかにすることが彼の問題意識としてあった。この独自性は、これまでミシュレやユゴーによって創造された伝説的パリ民衆像によって説明されてきたが、神話を超えてこのパリ民衆を具体的に捉える必要があり、それを可能にするのが歴史人口学なのだと主張している。

さらにシュヴァリエは、この仕事をふまえて一九五八年に『労働階級と危険な階級——一九世紀前半のパリ』(2)と題する大著を上梓した。これは歴史人口学の方法によって、この時代のパリの社会史を構築しようとしたものであり、一九七〇年代以降の社会史や八〇年代以後の都市空間史の先駆をなしている。

パリは一九世紀前半に人口が倍増して、世紀半ばには百万都市になったが、それを受け入れた都市の枠組みは古いパリのままであった。その結果、パリの都市機能は麻痺し、病的状態が生じた。その影響下に直接おかれたのが、流入してきた人びとのなかでも最も多くを占めた労働者であった。

シュヴァリエはさまざまな統計資料を駆使して、このような状態におかれたパリと民衆のさまざまな側面を次々に浮かび上がらせ、それを叙述史料と突き合わせることによって、史料の隠された意味を明らかにしていく。また、逆に、叙述史料によって、統計の示すそれ自体は無意味な数字に新たな意味を賦与していく。その過程はじつに鮮やかであり、読者の想像力を刺激してやまない。

シュヴァリエは、死亡時における不平等は、生における不平等を要約しているとして、さまざまな死亡統計から、逆にパリ民衆の生を再現している。経済的・社会的不平等は、生物学的不平等として、体格や死亡率の差のような目に見える差異として肉体に刻印されていた。この死の前の不平等、したがって生におけるそれは、一八三二年のコレラの流行によって頂点に達する。コレラ自体は貧富と無関係であるにもかかわらず、最も貧しい人びとが居住する地区において、コレラの死亡数が最も多かった。他方、この年の六月の民衆蜂起において最も激しく闘ったのもこの地区であった。これは不平等から生じる暴力的状況(コレラ)に対する民衆の対抗暴力であった、とシュヴァリエは解釈している。これは貧困に対する階級闘争というような観念的な捉え方ではなく、民衆の肉体を通したより根源的な闘いとして捉えていることを示している。そして彼は、歴史人口学によって明らかにされた社会の生物的基礎に基づく社会史を提起している。このような社会史はその後展開されることはなかったが、同書で提示された事実は、一九世紀半ばのパリの社会的・政治的大変動を具体的に理解するために、とくにそれをパリ民衆の側から捉えるために、重要であると思われる。シュヴァリエは、少なくとも一九世紀前半のパリにおいては、人口史は経済から相対的に独立した固有の領域をもつだけでなく、むしろ人口史こそが、一九世紀のパリの経済・社会・政治にとって決定的であった、と主張した。

社会経済史学

一九六〇年代、フランス歴史学界においては社会経済史学が全盛期であった。カミーユ＝エルネスト・ラブルス Camille-Ernest Labrousse の影響下に、ある地域の社会諸集団の分析とそれら諸集団間の相互関係を膨大な史料をもとに数量的に明らかにし、その基礎の上に当該地域の経済・社会・政治構造を解明することが歴史研究の王道になっていた。そして、このようにしてフランスの全地域を研究していけば、やがて当該時期のフランス社会の全貌が明らかになるはずという展望をもっていた。

一九六三年、アデリーヌ・ドマールは、『一八一五年から一八四八年のパリのブルジョワジー』[3]を公刊した。彼女が研究対象に選んだ一九世紀前半のパリ社会は、法の前の平等と平準化が進展しつつも、なお階層制が存続し、しかもそれが富のみに基づくのではなく、家柄の重みが完全には消滅していない社会であった。それは富と出自が特権を維持していた名望家の時代であり、そのなかでブルジョワジーが支配的勢力となりつつあった時代であった。一九世紀前半のパリに、一八世紀のブルジョワジーとは異なる新しいタイプのブルジョワジーが登場し拡大した。同書では、この新しいパリのブルジョワジーの構造と特質を明らかにすることがめざされている。

ドマールは、徹底して実証的で数量的な分析をおこなっている。まず職業・収入に関するさまざまな数量的史料を駆使して、七月王政期におけるパリのブルジョワジーの構造を提示する。パリ人口に占めるブルジョワの割合を二〇％（誤差プラス・マイナス五％）と推算している。

ブルジョワジーは大きく三つの階層から構成されている。大ブルジョワジーと中産階級、そして民衆ブルジョワジーである。大ブルジョワジーの多くは実業家であり、高級官僚、司法官、自由業などからなる。その頂点に銀行家、大工業家、大卸売商などの金融特権階級が位置している。中産階級は、財産と職業さらに生活様式によってかなり異なる二つのカテゴリーから構成されていた。中流上層ブルジョワジーは、企業家、公証人、代訴人、医者や弁護士などからなり、中流ブルジョワジーは、商店主が支配的グループで、国家職員 employé de l'État, 自由業、企業幹部、技術者などが属している。その下に、数的には最も多い民衆ブルジョワジーの階層が位置しており、小商人、零細手工業者、商業従業員、下級官吏などからなっていた。

各社会階層の割合は、民衆諸階層が八三・二%、小ブルジョワジー(民衆ブルジョワジー)が八・四%、中産階級が七・五%、それ以上の富の特権階級(大ブルジョワジー)が、〇・三%となっている。また全パリの相続財産の三〇%近くが一%の人びとの手中にあった。これは富が一部の富裕層の手に極度に集中していたことを示している。

しかし、収入と職業だけではブルジョワジーを理解するには十分ではなく、支出の仕方が重要になる。財産と職業は社会的地位を示しているが、階級は生活水準によってのみ明らかになるからである。それは住居や調度品、服装や文化水準、別荘や城館などに示されており、それらが所属集団を決定している。

大ブルジョワジーは、全国的次元の名望家であり、中流上層ブルジョワジーは、パリのカルチエ次元の名望家であり、古くからのパリのブルジョワ出身であった。中流ブルジョワジーは、パリのブルジョワジーの中核をなしていた。

さらにブルジョワ諸階層の地理的分布が、カルチエごとに分析される。どの区にもさまざまな階層が混在しているが、パリ西部は貴族や富裕層の邸宅街であり、この西部の東に接して金融と商業の特権階級が居住し、中心部は商店と仕事場(アトリエ)を経営するブルジョワジーが占めている。東部では、労働者の集まる町工場を経営するブルジョワジーが居住していた。

次に一九世紀前半のパリのブルジョワジーの形成と拡大が、地方出身者によるパリのブルジョワジーの更新によってなされたことが明らかにされる。ブルジョワジーはたえず更新されており、そのことは民衆ブルジョワジーである小商店主の六〇～六五％が地方農村出身であり、中産階級の四五％近くが民衆の出身であったことに示されている。中流ブルジョワジーは大部分新しい人びとから構成されており、ほとんどすべて地方出身であった。ブルジョワジー内部における社会的流動性とたえざる社会的上昇がこの時期のパリのブルジョワジーに顕著な現象であった。ドマールは、この社会的上昇へのあくなき欲求がブルジョワ的心理の中心的観念であったとしている。このブルジョワジーの活発な新陳代謝は、この時代のパリのブルジョワジーの活力を示していた。

復古王政期のパリのブルジョワは、革命と帝政の後継者であり、持てる者は富裕化し、アンシャン・レジームの大部分のブルジョワ名望家家族が消滅した。七月王政期には中産階級は、下の階層から補充しながら拡大した。しかし、この更新は中流上層ブルジョワジーにまでは及んだが、カルチエの名望家の階梯を超えることはほとんどなかった。七月王政末期には大ブルジョワジーのなかに金融特権階級が形成され、宮廷大貴族と共通点をもつようになった。彼らは世襲的になり、閉鎖的になり、他のブルジョワジーともはや接触しなくなり、支配階級となり、国の命運をも左右するようになった。

また、ブルジョワ家族に関して、結婚、子ども、宗教や女性について詳細な分析を加えている。職種や財産よりも生活水準がブルジョワジーの階層と交際範囲を決定していた。

七月王政下には、慈善活動の中心はそれまでの貴族から大ブルジョワジーと中産階級に取って代わった。また国民衛兵の中心も中産階級と小ブルジョワが中心となり、ますますパリの中流ブルジョワジーの民兵になっていった。

ドマールは、序文で同書の目的をブルジョワジーの特質を解明することであるとし、まず社会経済史の方法に基づいてブルジョワジーを確定したが、そのうえである社会集団の特質を決定するのは集合心理、すなわち集団に共通する考え方や態度であるとしている。一九世紀前半に形成されたパリのブルジョワジーの集合心理こそがブルジョワジーたらしめているとと結論している。

また、ドマールは、個人の力によって獲得した財産と地位を重視することを、この時期のパリのブルジョワジーの基本的特徴の一つとしている。彼らはそのためにリスクをとる企業精神をもっていた。他方、民衆出身のブルジョワジーは、民衆を相手とする日常のなかで生活しているがゆえに、より意識的に自らを民衆と区別しようとした。

また、一八世紀と一九世紀のブルジョワジーの相違に関して次のように述べている。アンシャン・レジーム下のブルジョワは、貴族になることを欲した。社会的階梯を飛び越えるだけでなく、かつての自らの生活様式と考え方を断ち切らねばならなかった。一度貴族になるや、決定的に新しいカーストにその子孫も組み入れられる。後戻りは不可能であった。逆に、一九世紀のブルジョワ的・社会的上昇は決定的なものは何も含んでいない。獲得された地位はつねに危うくなる。しかし、一九世紀のブルジョワは自らの起源を誇り、彼の理想であったものを保持した。

七月王政末期に登場したブルジョワ特権階級は、宮廷大貴族と共通点をもっていたが、両者は根本的に異なっていた。大貴族を特徴づけるのは、君主への信頼であるのに対して、ブルジョワ特権階級は自分自身しかあてにできないことを知っていた。彼らは、自らの権力を個人的利益に使うことができる知的な人間の能力を信じていたと結論している。

ドマールのパリのブルジョワ研究とシュヴァリエのパリ民衆研究とを突き合わせることによって、一九世紀の新しいパリ住民の実態と全体像がより精緻になったといえよう。とくに民衆史の観点から興味深いのは、民衆ブルジョワジーと民衆の関係を明らかにしたことである。また新しい都市空間＝カルチエの形成に関する分析も興味深い。

労働史

戦前から、大学を中心とする学界の外で、労働運動史や社会主義運動史研究が進められていたが、戦後歴史学界において労働史は非常に活発な研究分野になり、フランス歴史学の一つの大きな潮流となった。これに貢献したのは、ラブルスとジャン・メトロン Jean Maitron であり、この動きの中心となったのは、メトロンが主宰した『社会運動 *Le Mouvement social*』誌であった。

『社会運動』誌の一〇〇号記念号(一九七七年)の討論会のなかで、アントワーヌ・プロスト Antoine Prost は、一九七〇年代以前の『社会運動』誌における労働史研究は、多様な傾向の研究者からなっていたが、共通点としては社会を階級的観点から分析することと、労働者階級を社会変革の主体と捉え、それを厳密に科学的な方法で研究することであった、と述べている。(4) 研究対象としては、労働運動や社会主義運動の組織とイデオロギー、その指導者たち、そしてとくに有名無名のミリタン(活動家)たちであった。メトロン編の厖大な『フランス労働運動人名辞典』(5) はその金字塔であった。

2 一九七〇年代 労働社会史・歴史民俗学・都市社会史

労働社会史

一九七〇年代はアナール派社会史の全盛期であり、労働史研究もその影響を受けた。研究対象の時間的・空間的拡大がおこなわれただけでなく、労働者以外の社会階層にも研究対象が広げられていった。また、社会史的方法が大胆に取り入れられるようにもなった。労働史研究の「炸裂」ともいうべき状態が生じたのがこの時期であった。(6) 一九七四年にミシェル・ペロが『ストライキにおける労働者、フランス・一八七一〜一八九〇年』(7) を発表して、労働史研究の新しい方向を提起した。

ペロは同書の序論で、一九五〇年代に学生であった世代は、労働者階級と「科学的」歴史学という二つの固定観念にとりつかれていたと述懐しているが、この問題意識と方法は、その後の変化にもかかわらず、同書全体の基調をなすモチーフであるといえる。

ペロは歴史的社会学の方法を提唱しているが、これはストライキを社会現象として捉え、可能な限り数量化して、そこから対象のもつ規則性や基本的構造を客観的に抽出しようとする志向である。このような統計を駆使した方法が、労働史研究においても有効であること(とくに問題発見の手段として)を証明した。

他方、同書ではしばしば一九六八年の五月革命についての言及がみられるが、この五月の経験の基底にあるのは、労働者大衆の創造的イニシアチヴの再発見である。それまでの労働史研究におけるような組織や党派ではなく、労働者大衆を対象とし、社会史的・人類学的アプローチを取り入れている。これは労働運動史を、現代の労働運動にいたる発展の歴史として捉える労働組合運動史の視座に対する根底的批判となっている。ペロは繰り返しこの時期の労働運動の豊かな内容が、換言すれば大衆の創造的イニシアチヴが、組織化の進展とともに消滅していったことを指摘している。労働者の創造的イニシアチヴを厳密な客観的方法で解明しようとするところに同書の独自性がある。

第一部は、「ストライキ運動」と題され、ストライキの諸側面の数量的分析と諸変数間の相関関係の析出がめざされている。まず、一八六四年から一九一四年までの時期のストライキ件数、参加者数、延べストライキ日数のすべてにおいて増加傾向がみられる。そのなかでも一八八〇~八二年と一八八九~九〇年は頂点をなし、各々の頂点はそれ以前の頂点を凌駕している。また、第二帝政期までストライキ運動を牽引していたパリの比重の低下がみられ、一八八九~九〇年のストライキの最高揚期にはパリは前面から姿を消し、その重心は地方の大工業(とくに織物工業と鉱山業)の中心地へ移動する。これは、この時期にフランスとパリの産業構造に大きな変化があったことを示している。ストライキの大発展の理由の一つは、それが当時の労働者の可能で許された異議申し立ての唯一の手段であり、希望を意味していたからであったとしている。ストライキ運動と経済変動局面および政治状況との相関関係が追究されているが、そこには緩やかな一致が認められるとしても、むしろ運動主体の自律性が強調されている。

第二部は、「ストライキの構成諸要素」と題され、労働者の家計と労働者の要求と不満が分析される。またストライキ参加者を熟練度によって分類し、熟練工のストライキが小規模で長期にわたり、組織化された攻撃的ストライキで成功率も高く、暴力よりも交渉への傾向が強い。非熟練工の場合は、突発的・暴力的・孤立的で敗北率が高い。単能工の場合はこの両者の中間に位置している。この時期のストライキ運動の本隊を供給するのは、この工場労働者大衆である単能工であった。職種としてはとくに織物工業と鉱山業と建築業が中心で、この三部門だけでストライキ数全体の六四・三%、参加者数の七四・三%、延べストライキ日数の七九・一%を占めていた。

第三部は、「ストライキの展開」と題され、ストライキの具体的過程に分析を加えている。ここではストライキを生きた労働者そのものに肉薄している。数量的分析と文化人類学的な視点が合致して興味深い。ストライキの開始の仕方は、突発的ストライキと予告されたそれがあり、この時期のストライキは前者の割合が高いが、後者は増加傾向にあった。当時にあってはストライキの多くは労働組合とは無縁であったが、一八七〇年代末以降に組織化されたストライキが発展する。

ストライキ指導者として三つのタイプが指摘される。一日だけの指導者で、ある日突然運動の先頭に立つが、翌日には姿を消すタイプと、前科をもつ個人的反逆者で、ストライキの火付け役で暴力的なタイプ、そして近代的な労働運動の活動家に近い、行動の持続性があり、組織重視、階級意識をもつタイプ。これらの指導者に共通な言葉は、搾取者に対する憎悪、暴力の擁護、政治的欺瞞の拒否、ストライキの称揚、革命の切迫の確信であった。

ストライキにおける集会での言葉の分析を通して、三つのタイプの発言が指摘されている。無名の人びとによって発せられる中傷や脅迫や叫びに属する言葉。地域の活動家の言葉は、社会革命の到来が近いというメシア主義的な確信と同時に倫理的訴えに終始して革命の具体的手段についての言及が少ない。外部から弁士として来る社会主義者の場合は、権力の問題を核心に据えるが、彼らがストライキを指導することはない。

結論では、産業社会への過渡期において、労働者は一方では産業社会の到来に抵抗しつつ順応していき、他方ではメシア主義的な社会革命やゼネストの理念に結実する希望を生み出したことが述べられている。

ペロの著書は、フランス全体のストライキを対象としており、とくにパリの労働者を扱ったものではない。むしろこの時代は労働運動(とくにストライキ運動)の中心がパリの仕事場を離れて地方の鉱山や大工場に移動する時期であったが、逆にその対比を通して一九世紀第三四半期までのパリの労働者とその運動の特徴が鮮明に示されている。

歴史民俗学と民衆史

一九七六年、フランソワーズ・レゾン゠ジュールド『一九世紀パリにおけるオヴェルニュ人コロニー』[8]が公刊されたが、同書の前書きにおいて、シュヴァリエとミシェル・フリュリ Michel Fleury は、このレゾン゠ジュールドの研究によって、はじめてオヴェルニュ人が伝説から抜け出て、歴史のなかに位置を占めたと述べ、またこれが社会史研究を切り開いたモデルになったとしている。シュヴァリエが、歴史人口学的研究を通して、一九世紀パリ住民の形成過程を統計的に明らかにしたのに対して、同書は移住者の側からその過程を捉えようとした点に独自性がある。

同書がめざすのは、中央山塊 Massif central のオヴェルニュ地方出身者のパリへの移住の歴史をたどることと、コロニー(パリ在住オヴェルニュ出身者グループ)を中心にして彼らとパリ社会との関係を内部から明らかにすることである。これは、歴史史料を民族誌や統計資料あるいは人口学的調査や生存者の聞き取りによって補いながら、民族学的方法と歴史学的方法を駆使して紡ぎ出されたオヴェルニュ人の一大叙事詩である。

パリ近県とフランス北部諸県出身者は、その人数においても、パリ住民に占める割合においても、多数を占めており、また移住は個人的で多様であり、パリの職業全体に分布していた。彼らはパリの社会環境に容易に同化していった。これに対して、フランス西部、南部そして東部からの移住者は性格を異にし、オヴェルニュ人もここに属する。パリへの移住者の出身県は、オヴェルニュの中心部のカンタル県とピュイ・ド・ドーム県から始まり、南部に移っていった。一八九〇〜一九〇〇年のパリのオヴェルニュ人の多くを供給したのは後者であり、彼らは当時「パリの南仏人」と呼ばれていた。

全体は二部から構成されており、第一部は、「オヴェルニュ人のパリへの定着の歴史的階梯」と題されている。オヴェルニュ地方では、農民と日雇いと並んで手工業者が大きな部分を占めていた。農地は、均分相続のために細分化され、出稼ぎに出る必要があった。一八世紀末、スペインやモンプリエやボルドーが出稼ぎ先であったが、帝政初期に壮大な建築や新しいカルチエの建設のためにパリに新たな労働市場が開かれ、七月王政初めにはオヴェルニュ人のパリへの移住の増加が始まった。

一九世紀中葉のパリのオヴェルニュ人のイメージは、バルザックをはじめとする当時の作家を通して、独特な身なりをした鋳掛《いかけ》屋、水売り、くず屋、炭屋、傘の修繕屋などとして定着していた。当時のオヴェルニュ人の成功の最初のモデルは、鋳掛屋兼くず鉄商であった。彼らはくず鉄を溶かしてパリの手工業者に売却していた。一九世紀前半は、くず鉄商の「偉大な時代」であった。一〇家族ほどがめざましい成功を遂げ、真の工業家の水準まで達した。彼らの成功の要因は、兄弟、父子、同業者たちのあいだで結ばれた家族的組合で、連帯債務による店や商品の購入をおこなったことであった。豊かなくず鉄商による土地投機は彼らの土地への執着を示していたが、これはドマールの描くパリの成り上がりが故郷の土地には興味がなかったことと対照的であった。彼らはすべてカンタル県の村の出身者であった。これらの家族においては、族内婚が非常に多く二人の兄弟と二人の姉妹のあいだで、あるいはまたいとこ同士のあいだで結ばれた。故郷の村からもってきた社会関係が、彼らの成功の要素であったが、そのために、創意工夫や自由な振る舞いを欠き職種における変革を起こせなかった。カルチエの内部に閉じこもり、パリの小商業の需要に依存していた。

一八七〇年頃までのオヴェルニュ人に開かれた分野は日雇いと小商人のあいだの雑業 petits métiers（水売り、使い走り、ウサギの皮売り、古道具売りなど)であったが、七〇年代にはこうした雑業はほとんどパリの光景から消えた。彼らは雑業で蓄えた資本をもとに小さな店を借りるか購入して小商人となる。炭屋と酒場がその典型的な商売で、酒場と炭屋は兼業し、さらに安宿の経営者も兼ねた。こうしてオヴェルニュ人商業が発展していった。彼らは、同郷の妻をめとり、少しずつ仕事の関係をつくり、都市生活のメカニズムに入り込んでいった。

一八八〇年代にはいり、オヴェルニュ人の移住は根底的な変化をこうむる。アメリカ合衆国からの小麦の輸入がライ麦と燕麦の相場を暴落させた一八八六〜九〇年の農業危機が、若者をして農業に戻ることを拒否させ、多くの若者をパリに向かわせた(一八七〇〜八〇年以後三〇年間に、オヴェルニュはパリへの移住によって若者の五〇〜六〇%を失ったと推定されている)。

パリのコロニーの大発展期はこの大移住から始まり、一九一四年まで拡大した。一八九一年にはオヴェルニュの全県がパリへの移住に参入しており、パリのオヴェルニュ出身者数は七万五〇〇〇人を数えた。一八九一〜一九一一年の二〇年間にオヴェルニュ人の増加率はパリ全体で三〇・三%に達した。この時期に出身県の移住者数の割合も変化する。それまで移住の中心であったカンタル県とピュイ・ド・ドーム県が減少し、それに代わってアヴェロン県、ロゼール県、オート・ロワール県からの移住者が増加した。

一八九〇〜一九〇〇年にはすでに、工業の中心はパリ郊外の化学と冶金工場に移っており、地方出身の農民の雇用は大工場か鉄道の非熟練労働者に限られていた。一九〇〇年代の地方からパリへの移住者の大部分が直接郊外に向かったが、オヴェルニュ人の場合は、早くに商業を選択していたことで、第二帝政期に大部分がパリの中心部にあり、一八七〇年以後もそこにとどまっていた。オヴェルニュ人のあいだでは商業部門が圧倒的に多く、この部門における独自性は際立っていた。食料品店、酒場兼炭屋、宿屋はオヴェルニュ人グループ(とくに南部)の独壇場であった。彼らはまた御者の数でも一位を占めていた。このような状況のなかで、オヴェルニュ人のなかでもパリに最も遅れてやってきて、最も都市化されておらず、商業に対して最も備えのない粗野な山岳地域出身者が、パリに到着するや組織的に営業権の購入をめざしたのであった。コロニーが彼らを組織的に受け入れる体制をつくりあげ、全面的に支援した。一九〇〇年代にパリのカフェ経営者が黄金時代を迎えたのはその結果であった。

第二部は、「オヴェルニュ人のコロニーの生活」と題され、パリのオヴェルニュ人とパリ社会や故郷との関係などコロニー内の具体的な生活と社会が解明される。オヴェルニュ人の成功の秘密は、コロニーの決定的役割にあった。カフェのようなきわめて個人主義的な企業が共同体的な技術的・財政的資源に支えられていた。レゾン＝ジュールドは、これを個人主義と共同体的感覚のあいだのたえざる弁証法とみなしている。こうして一九世紀全体を通じて、また一八九〇〜一九一四年の巨大な移住者の波の到着にもかかわらず、移住の手順が維持されていた。

一八八〇年代はパリのオヴェルニュ人にとっては、組織化の時代であった。小企業中心であるコロニーの困難は、より組織的な商業組織や大規模な公共企業体の登場によって増大するが、これに対して一八八二〜九〇年以来少しずつ小商人たちは組合を結成して対抗した。オヴェルニュ人小商人の恨みが向かうのは大企業や卸売業であった。

コロニーの政治的側面に関しては、ルイ・ボネ Louis Bonnet の創刊した『パリのオヴェルニュ人』紙を中心にして詳細に分析されている。この新聞は一八八二年から一九一三年までコロニーの柱の一つであり、パリにおける他地方出身者の新聞が果たした役割とは比較にならない役割を果たした。一八九〇年代オヴェルニュ人は政治的には非常にしばしば分裂していたが、『パリのオヴェルニュ人』によって、コロニーの利益の擁護のために結集がなされた。他の地方のコロニーではみられないことであったが、一九〇〇年以後このような一致は終わった。

一八八二年にはオヴェルニュ出身者の親睦会が結成されたが、これは彼らのあいだに存在していた強い結びつきを組織化したもので、相互扶助会としての目的をもつとともに、同じ村出身者の結合と職業訓練を強化した。その組織化において『パリのオヴェルニュ人』のボネが大きな役割を果たしている。組合、新聞、親睦会が密接な関係をもちながら、コロニーの連帯を訴え、新参者を受け入れ、援助した。

一九〇〇年頃パリのオヴェルニュ人にとって「偉大な時代」が開始され、それは両大戦間期に頂点に達する。オヴェルニュ出身の大統領、首相、セーヌ県議会議長、パリ市議会議長、セーヌ県商工会議所会頭、大司教を輩出した。

オヴェルニュ人コロニーの政治的傾向に関しては、中央山塊南部では司祭と正統王朝派の名望家に対して古くから忠実であった。他方、中心部のカンタルとピュイ・ド・ドームでは、急進主義が浸透していた。とくに後者は一八七七年の王党派と共和派の抗争(五月一六日事件)においては共和国側についた。他方、中央山塊のリムーザン地方のコレーズ県は一八四八年以前から「赤」の土地として知られ、社会主義の隊列に大量に参加、さらには革命的社会主義にも加わった。

オヴェルニュ人の社会生活におけるすべての関係はカルチエ次元で形成される。すべての気晴らしの中心はカフェであって、家族や親睦会の食事、結婚式、ダンス、事業関係、同郷人の会合すべてが同郷人経営のカフェでおこなわれる。カフェはオヴェルニュ人の世界の結合を理解するために不可欠である。他方、カフェは民衆との関係においては両義性をもっていた。カフェ経営者の多くが民衆出身で日常的に民衆のなかで生活しているが、警察に情報を提供したり、ある場合には共和主義の宣伝者であったりして、民衆史の視点からも重要な存在であった。

故郷との関係では、一九〇〇年までは、移住者は働いているあいだ二、三度短期の帰郷をするだけだったが、最終的帰郷の希望をもち、節約をして故郷の土地を購入した。オヴェルニュにおけるパリの移住者の所有地はかなり大きかった。移住者は土地を獲得したのち、地元の事業で指導的役割と教会への寄進の伝統を受け継いだ。しかし、一九〇〇年以後、裕福な移住者は以前ほど自分の村に帰って住まなくなった。

レゾン＝ジュールドは、パリのオヴェルニュ人共同体の独自の精神的宇宙の核心に大地とのつながりをみている。それは、大地と故郷や先祖との結びつきを中心とする農民的世界観である。大都市は、近代のバビロンであり悪の源泉とみなされ、農民こそが社会の支柱であるとする。都市の活動は一時的であり、たえざる変動のもとにあり、安定は大地とともにある。節度、伝統の尊重、家族の幸福が大地に結びつけられている。大地崇拝に労働への愛と金銭への愛が結びついていた。

その政治思想においては、伝統への愛着が中心にあるが、他方、進歩の人でもあり、近代主義的な夢ももっている。過去の尊重と未来に関する大胆さの混合がみられた。ブーランジスムやナショナリスト運動への参加や協調組合主義の支持者でもあった。また、小商人である彼らは愛国的で、反抗的だが、一般的に不満をもっていた。しかし、事業に有利な平穏さと社会的安定を絶賛し、基本的に所有者側に位置した。

コロニーは、社会的大闘争（一八四八年革命やパリ・コミューン）にはかかわらないし、階級的敵意や共感は何の共鳴も呼ばない。オヴェルニュ人の連帯は小グループのそれであって、労働の世界には開かれていない。工場労働者の生活は独立性を犠牲にすると考えていた。彼らにとって、労働者はブルジョワ以上でも以下でもなく、顧客であった。徹底した個人主義者であり、意志があれば社会的条件の制約を超えることができると信じていた。「地方主義者」であり「パリのオヴェルニュ人」であって、もはや本当のオヴェルニュ人ではなかった。

レゾン＝ジュールドが明らかにしたパリのオヴェルニュ人のなかに、近代化と共同性と個人の関係の一つの型が現われているといえよう。それは、個人が出身地の農村共同体を基礎にしたコロニーという共同性によって近代化に対応していったことであり、伝統を棄てるのでも、それに固執するのでもなく、それを読み替え、また組み替えて新しい状況に適応していったということであろう。

近代都市と共同性

近代都市パリの形成史において、第二帝政期は決定的な転換期であった。一八六〇年に周辺の郊外の合併により市域が一二区から二〇区に拡大され、オスマン化と総称される都市大改造によってパリが全面的な構造変容を遂げた時期であった。ジャンヌ・ガイヤール『第二帝政期のパリ』(9)は、第二帝政期の転換を、近代都市パリの形成過程のなかで全体的に捉えようとした最初の試みである。

歴史人口学、社会経済史、労働史、社会史研究をふまえた総合的研究であるが、社会史といっても一九七〇年代に隆盛を誇ったアナール派社会史ではない。あくまで独自の視点からの都市社会史研究である。ガイヤールは、政治から社会に遡りながら、政治的決定の底に横たわる深い社会的存在の重要性を発見しようとする。彼女は、第二次世界大戦中対独レジスタンスの闘士であったことで知られている。

ガイヤールは、同書の固有の主題は都市であるとしている。「都市は、内部に差異を含むにもかかわらず、切り離すことのできない社会体であり、その差異も全体的一貫性の部分を構成している。それは人間の共同体であり、それ自体が階級と同じように強く歴史を規定している」。この都市共同体を中心に据えて、第二帝政期の都市改造や政治・経済・社会の構造とその変容過程を解明しようとする点に同書の独自性がある。

ガイヤールは、シュヴァリエが明らかにした一九世紀前半のパリに比較して、第二帝政期のパリはむしろ発展期の都市であったと捉え、人口過剰、貧困、高死亡率は無秩序だが確かな拡大の兆候でもあったとする。それは発展期ゆえの混乱であり、帝政期のパリは、過去に捉えられ、旧さによって麻痺させられた都市ではなかったとしている。

第一部は、「オスマンの時代のパリの都市計画」と題され、その実施の経緯と計画の基礎にある思想が検討されている。それは一九世紀前半の都市の危機への対応から生まれたが、その危機は都市機能の集中が人びとを中心部に過剰に引き寄せたことに起因していた。都市改造は七月王政期から始まっていたが、パリ市の都市計画を国家事業化したのはナポレオン三世であり、権力によるパリ中心部の奪回がなされ、スラムと化していたシテ島は、警視庁、裁判所、病院、兵営などからなる行政の中心に変容した。また、三つの道路網建設計画が決定され、そのうち一八五八年のそれはパリのさまざまなカルチエをつなぐことがめざされ、六七年のそれは新パリと旧パリをつなぐことが計画されていた。

ジョルジュ＝ウジェーヌ・オスマンは、パリ市内に手工業の存在は認めたが、大工場を設置することをかたくなに拒否していた。ガイヤールは、「オスマンが構想したパリは、環状の城壁に閉じ込められ、都市を農村と対比し、都市住民を大地の民と対比して定義する古いタイプの概念に属していた。都市圏を、明確に定義された一つの全体とみなしており、現代都市を特徴づけている外部への拡大の可能性をもたなかった」。このようにオスマンのパリ観には都市共同体の観念があった。実際、帝政下のパリは都市の基本的構造には変化がなく、都市共同体は同じリズムで生き、同じ脈動に従っていたのであり、真の分化は存在しなかったとしている。パリの中心部においては、階級による隔離は思われているほどには存在しなかったが、カルチエごとの隔離は広がったとしている。

ガイヤールは、オスマン化の近代的な面が強調されすぎているとし、第二帝政期のパリを近代都市というよりもむしろ「近代化された都市」であると結論している。オスマン化によりパリは危機的な麻痺状態を免れたのであり、旧パリにとっては過酷な破壊にもかかわらず、その死刑宣告がなされたのではなく、それが生き残り復活することさえ可能にした。近代化されたことによって危機に瀕していた都市共同体が生き延びたとみている。

第二帝政期の都市改造は、道路建設と並んで建物の建設を急速に進め、それまでのパリの外観を一変させた。とくにブルジョワ地区で第二帝政様式といわれる豪華なアパルトマンが建設されていった。帝政期は土地所有者にとって黄金時代であった。

第二部は、「地方出身者からパリジャンへ」と題されている。一八六〇年にパリに合併される地域を含む人口は、一八五一年から五六年のあいだに未曾有の増加を示したが、一八五六年から六六年のあいだにセーヌ県で増加した人口のうち七五％は地方からの移住者であった。この地方出身者がどのようにパリに同化していったのか、あるいは排除されたのか。

合併後の一八六一年にはほとんどの旧パリの区において人口が減少し、逆に周辺部の新区において急速に増加している。これは一九世紀前半のパリとは異なる人口構造と都市空間の変化が生じていることを示している。第二帝政期には、パリの貧困は七月王政期に比較して若干減少している。移住者は、若者が多くパリに活力をもたらした。シュヴァリエのパリに比べて死亡者数は減少し、結婚数は増加、出生率も上昇、男女の不均衡もそれほどではない。一八六〇年代に婚外子の数が減少。貧窮者の割合は、一八五六年に比べて六九年には中心部の区で低下し、周辺部の区では高いままであった。二つのタイプの貧困が存在した。中心部の貧困は慢性的で老人が中心であり、周辺区のそれは子どもをかかえた若い労働者の失業や病気によるものであった。

移住者は、住民を若返らせ、強化した。周辺区には、地方からの移住者とパリの中心部を追われたパリジャンが新しい環境のなかで新たなつながりをつくりだす。この過程は地方出身者と中心部のパリジャンとのあいだにおける新たな共同性の形成過程でもあった。ガイヤールは、地方出身者がパリに同化される過程を、民衆の食習慣、衛生、学校という三つの次元で詳細に検討しているが、それらは共同行為の要因にはなるが、都市への統合の困難さを説明できないと結論している。移住者の都市への根付きを明らかにするためには民衆文化の理解が必要であるとしている。

第三部は、「パリの使命」と題され、第二帝政期のフランス経済におけるパリ商工業の役割と特質が解明されている。第二帝政下のパリ経済の発展は、進歩と急激な変化に要約できる。鉄道網の完成によって金融業が世界に開かれた。一八四八年から六〇年までパリ内消費が経済成長の第一要因であったが、一八六〇年以後フランスの輸出に占めるパリの割合が増加した。パリのほとんどの手工業が輸出とつながりをもっていた。

パリの製造業に特徴的な小さな仕事場がなぜ維持されたのか。一八四八年から六〇年にパリではむしろ小企業の割合が増加し、大企業の割合が低下している。手工業はパリ中心部に強固に定着していたが、それは都市の条件に対する手工業の「適応」能力を示していた。仕事場は、顧客に近接しており、日々注文に応じて製造した。顧客の拡大が仕事場における分業と専門化を可能にし、それが製造工程を短縮し、品質を改善し、原価を下げた。伝統的職種におけるこの柔軟な技術革新が、パリの工業発展の最盛期に小さな仕事場の持続を可能にしたのであった。ガイヤールは、「進歩」の直線的な観念を「適応」の観念によって修正する必要があるとしている。

仕事場は持続しただけではなく工場と共存していた。パリ東部の工場は、多くの独立の仕事場が散在する地域に集中するという形態をとり、両者は緊密な近隣関係と共生関係にあった。仕事場間で蒸気力の共同利用が発達していた。仕事場における生産方法の柔軟さによって、古い手工業的鋳型のなかで新しい専門性を生み出していた。

第二帝政期の商業の発展に関しては、鉄道がパリを交通の中心にし、全方向の交換の特権的場にしたことによって、実業家と政治家は、パリをヨーロッパ商業の首都にすることを想像していた。しかし、商業界は商品集散地としてのパリには関心がなかった。パリの卸売商は、集散地がパリのローカルな商業に対する役割を果たすことを要求した。商品集散地の商業に関心をもった投機家は、パリ商業の出身ではなく、金融と銀行関係の出身者であった。独占に対してパリ商業界は原則的に敵対的であった。

鉄道建設を推進した銀行家でサン・シモン主義者のペレール兄弟 Emile et Isaac Péreire は、商品集散地としてのパリという新しい都市像を構想していた。ロンドンのモデルの特徴がパリの都市計画案に重ねられていた。ペレールの概念はオスマンの意図に対して異を唱えており、オスマンが遠ざけたい大工業をパリに定着させるのに貢献した。オスマン的都市計画とペレールのそれの根本的相違は、この大工業の位置づけにあり、そこに両者の近代都市観の相違があった。つまり、オスマンの都市の美化か、ペレールの産業発展かである。

結局、商品集散地としてのパリ商業の発展の限界により、一八六七年ペレールは敗北した。彼はパリがロンドンになるといっていたが、パリの商業界はそれを信じていなかった。ペレールの挫折後、商品集散所は地域商業に転換する。商品集散倉庫に対する攻撃は、商品投機的商業に向けられたのではなく、その鉄道と倉庫の独占に対して向けられていた。国家と実業の同盟の上に産業社会を基礎づけようとしたサン・シモン主義は敗北した。第二帝政は、七月王政の自由主義は超えたが、権力と実業の共生の上に基礎づけられた新しい産業秩序をつくるのに成功しなかった。第二帝政は金融資本の黄金時代であったが、鉄道と集散地の支配に対するパリの商業と工業の抵抗は強力であった。

帝政期パリの商業における革新はデパートであった。当時このようなタイプの商業を成り立たせるのに十分な人口と富の集中する都市は、パリを除いて存在しなかった。デパートは伝統的販売方法を革新し贅沢な習慣を一般化させた。

帝政初期から都市の心性の変化があった。一九世紀前半、ブルジョワは自分のカルチエ、家、店、サロンに閉じこもり、路上を民衆に明け渡していた。商店街としてのパサージュの流行もこの閉じられた都市空間に由来する。ブルジョワはお抱えの職人をもっていた。この心性は工業的方法によらない贅沢な店の維持に貢献した。店の存続は豊富な手工業的労働力と顧客層の狭さによっていた。

他方、オスマンの土木事業はパリを外向的な都市にした。全体的交通網を実現させたい知事の意志と、多くの客を集めたい商業の必要とが出会った。さらに、一八六〇年頃帝政前半の輸出の繁栄が困難に直面していた。デパートは、この失望した資本と野心的な卸売商の資本の出会いを利用して、勝負に勝利した。

デパートの成功はパリ経済の前提を深く変えた。それは工業に対する商業の勝利をもたらし、デパートが仕事場に命令した。しかし、デパートは商店を犠牲にして発展したのではなく、デパートと商店は共存した。デパートは都市経済の構造を変えただけでなく、その経営者は、商工業経営者以上にパリの名士のタイプを更新した。彼らは都市と一体化し、その成長と結合していた。都市の秩序が、それまでの商工業者と国民衛兵に基づいていた時代は過去のものとなっていた。

パリの新しい中心部の場所と境界を決定したのは、商業の拡大する影響力であった。他のカルチエはその中心との関係で配置された。中心部における商業の集積は仲買人の世界を生み出した。彼らは商業とも地元の仕事場とも無縁であった。彼らの世界は、仕事場の世界よりも銀行と株式取引所と密接な関係をもっていた。

ガイヤールは、帝政期のパリの歴史で最も興味深い現象は、古い諸力を都市生活に組み込み、近代化のためにそれらの力を再利用したことであるとしている。それはある社会環境の持続を意味した。都市共同体の連続性を保証し、それを移住者に押しつけ、近代化それ自体を都市の伝統に従わせるのに十分なパリの適応能力がそれを証明している。デパートは商店に取って代わったのではないし、工場が小仕事場に取って代わったのでもない。小仕事場と商店は繁栄し続けた。これは、近代化に対して、既存の共同体(社会関係)がどう適応あるいは抵抗したかを、その世界に生きた人びとの視点から捉え直す必要があることを示しているだろう。

3　一九八〇年代以降　都市空間と民衆の世界

都市史研究と都市空間

一九八〇年代に研究上の大きな転回があり、固有の研究分野としての新しい都市史が登場した。一九九八年にはフランス都市史協会 Société Française d'Histoire Urbaine が設立され、二〇〇〇年以来機関誌として雑誌『都市史 *Histoire Urbaine*』を刊行し、現在フランスにおける新しい都市史研究の中心になって活動している。

中野隆生は、都市空間を中心とする新しい都市研究の形成過程を明らかにし、また自らの研究をふまえて、具体的に新しい都市史研究を紹介している。彼は、都市空間を中心にしたわが国の都市史研究推進の主導者でもあり、フランスの研究者を招いて、二〇〇一年と〇四年の二回に及ぶ日仏シンポジウムを組織するとともに、それらの成果を出版した(10)。

一九世紀パリ民衆史研究者のアラン・フォールは、一九八〇年代以降の都市史研究の成果と都市空間の重要性について、次のように述べている。「この一〇年から一五年のあいだに都市の歴史研究において、すばらしい価値ある成果が得られたということは認めねばなりません。つまり、都市がまず空間であること、それも差異化された空間であって、登場人物がその前で動く単なる背景ではないことを明らかにしたことが、それであります。この点で、そして他の多くの点でも、社会学者に対する歴史家の借りはかなりなものであります。確かに、社会史によって、早くから重視されてきた労働史上のいくつかの有名なできごとの研究は、階級間の軋轢が都市空間のなかにどのように刻み込まれていたかを示すことによって、同じ方向を打ち出していました」[11]。つまり、都市空間を重視する新しい都市史は、民衆史の研究者のあいだではすでに経験的に実践されていたが、それが意識化されることでより明確になったとみている。

都市空間と民衆の世界

一九八四年にジェラール・ジャクメ『一九世紀のベルヴィル――フォブールから都市へ』[12]が出版された。これまで近代都市パリの形成と地方からの移住者の関係が注目されてきたが、同書は、一八六〇年の合併によって新しいパリの一部となった郊外の研究であり、一九八〇年代以降展開されるパリ郊外史研究の嚆矢となった。

ジャクメは、同書の第一の意図をカルチエがつくりだす人間的統一とその日常生活の再発見にあるとし、第二にベルヴィルという個別地域史から全体史へ、つまり都市の発展・拡大のメカニズムを明らかにすることであるとしている。彼にとって、この問題の導きの糸となったのが、ベルヴィル伝説であった。パリに合併された郊外のなかで、ベルヴィルは、フランス革命から一九世紀中葉までパリの革命運動の中心であったフォブール・サン・タントワーヌの時代と両大戦間期の「赤い郊外」の時代とのあいだにあって、革命的なパリを象徴していた。他方、この伝説はパリの場末の暴力と犯罪の雰囲気によって補強されていた。いわば革命と犯罪の伝説的カルチエのイメージが存在した。彼は、この伝説的ベルヴィルがどのように生み出されたかを、一九世紀におけるベルヴィルとその住民の形成と変容の過程を通して解明しようとする。

ベルヴィルは、ある人びとにとってはベルヴィル通りとその周辺およびその延長上のフォブール・デュ・タンプル通りの一部であり、他の人びとにとっては、大ベルヴィル、すなわち一九区の一部と二〇区であった。民衆にとってもブルジョワジーにとっても、この地域全体が非常に強いまとまりをもっているとみなされていた。

第一部は、「一八二〇年から一八六〇年の郊外の一自治体」と題され、パリ郊外の村であったベルヴィルがパリに合併されるまでの時期を対象としている。一八一七年のベルヴィルの人口は二八七六であったのに対し、四〇年後の五六年には五万七六九九を数え、この間に二〇倍に増加した。ブドウ栽培に従事する農民家族と金利生活者の伝統的滞在地であったベルヴィルは、この時期に急速に都市化する。一八四八年から五七年に土地は細分化され、売買された。土地の販売者は地主、金利生活者、農民、寡婦であり、購入者は商人や手工業者であった。一八三〇年代から商工業が発展し、四〇年代から労働者が大量に流入した。工業化は一八五三年までは緩慢だが規則的に発展し、それ以後急速に発展して、五九年には企業数はセーヌ県の市町村では三番目に多くなった。この時期のベルヴィル社会において、農民は急速に消滅していき、地主・金利生活者が高い割合を占めていたが、製造業者、卸売商は自由業とともにベルヴィル社会の上層部を占め、商店主、手工業者、事務職が中間階層を構成していた。民衆階層では、一八五一年時点で労働者が労働人口の六三・二％を占めていた。一八五二年以後貧民の数が急増したが、これはベルヴィルに安価な食糧と低家賃を求めてパリ中心部から移住してきた労働者の増加による。その多くが、パリの最も民衆的なカルチエで数年過ごしたかつての地方出身者からなっており、彼らの大部分はパリで働いていた。

ベルヴィルの地域行政は保守的なメンバーによって占められていた。一八三〇年の七月革命に対するベルヴィル人の反応は鈍かったが、一八四八年の六月蜂起では、ベルヴィル社会は根底から揺さぶられることになった。当時郊外であったベルヴィルでもバリケードが構築され、蜂起者が市役所に侵入し、武器を奪取し、軍隊と激しく衝突した。国民衛兵の大部分がはじめて反乱側と手を結んで闘った。秩序と結びついた農村住民の古い基礎が、数年来のパリからの労働者の流入によって飲み込まれてしまった。六月蜂起の参加者はパリ中心部出身の労働者であり、彼らはベルヴィルへの移住とともに、パリの中心部で熟成された革命的伝統をベルヴィルにもたらした。こうしてパリの革命運動の中心がフォブール・サン・タントワーヌからベルヴィルへ移行することになった。ジャクメは、これがベルヴィル伝説を解く鍵であったとみている。

第二部は、「パリで最もパリジャン的であるが、最も都市に統合されなかったカルチエ(一八六〇〜一九一四年)」という暗示的な題が付されている。それを象徴するかのように、第一章は「ベルヴィル人とパリ・コミューン」で始まっている。

第二帝政末期の一八六九年の立法院選挙では、共和派のガンベッタを支持するベルヴィル委員会が結成されたが、この委員会には一四名の労働者が参加していた。パリのブルジョワは、帝政末期の公開集会運動と立法院選挙後の六月の暴動以後、ベルヴィルに不安と危惧を抱くようになった。さらにパリ・コミューンでベルヴィル人が果たした大きな役割によって、ブルジョワと民衆の双方にとって、ベルヴィル伝説は確固としたものとなり、以後長く持続されることになった。

ベルヴィル人は、国民衛兵中央委員会を除いて、コミューンの指導的組織においても、行政次元でもほとんど表立った存在ではなかったが、軍事行動において大きな役割を果たした。ベルヴィルの国民衛兵は、パリの多くの人びとの目には武装した民衆の観念の具現化にみえていた。ベルヴィルの国民衛兵の八五%が労働者であり、パリで最も活動的な大隊が集まっていた。パリ全体の中隊のうち三〇%がコミューンの国民衛兵連盟に加盟していたが、二〇区では八一・二%に達していた。

蜂起者の年齢は、パリ全体の平均よりもかなり高く、かつセーヌ県生まれの割合が高かった。職業は、蜂起者の八四%が労働者で、伝統的な職種(手工芸、宝石細工やアクセサリーなどのパリ小物、皮革や織物)が多く四〇%近かった(パリ全体では一九％以下）。

一八七二年に二〇区はパリ生まれが四五・五％を占め一番割合が高く、九一年においても五二・二％で一番割合が高かった（パリ平均は三六・四％）。地方出身者は、長い道のりをへたのちにベルヴィルに到達し、そこからもはや出なくなる。そこは仕事場に近く、かつ比較的安上がりに生きることができた。このカルチエは、またパリの最も貧しい人びとの究極の避難所でもあった。

ベルヴィルでは、一八八〇年以来大・中企業が大きく発展した。手工業は一八七〇年代に一時衰退したのち、八〇年代に復活した。大工業は小仕事場を破壊することなく、逆にそれを活性化していた。ベルヴィルの工業を特徴づけていたのは、この小仕事場の永続性であった。そこでは小仕事場の労働者が主要な位置を占めていたが、一八九〇年代から鉄工所が急増し、それと並んで大工場も増加していた。前者の労働者はパリの手工業の伝統に結びついており、後者の労働者は工場プロレタリアであった。ベルヴィル労働運動の独自性は、この異なった労働形態の混合によって説明される。それは長いあいだパリ労働者階級の先頭に立っていたが、当時の労働運動の指導的理論であったアナルコ・サンディカリスムは、その根を深くベルヴィルに下ろしていた。

世紀転換期にパリ社会に大きな変化が生じた。都市化と結びついた住民の多様化の動きは、一八九〇年代頃に現われる。二〇区の労働人口のうちの労働者の割合は、一八五四年（七六・四％）、七二年（八一・六％）、八一年（七七％）、一九一一年（五六・三％）と変化した。この変化は二〇区だけでなく、パリ全体でみられた。雇用主と事務職が増加した。一九世紀末に現われる重要な変化は、中産階級の増加によって基本的に説明できる。しかし、ベルヴィルでは中産階級は少数であり、そこは本質的に民衆の選ばれし土地であった。

世紀転換期のベルヴィルの独自性として、ジャクメは次のように述べている。一方できわめて多様な職をもつ多くの労働者が存在し、他方ではあらゆる次元の多様な仕事場が散在していたこと。しかし、郊外に大工場（とくに自動車関連）

が出現するとともにその独自性は弱まった。それでも第一次世界大戦前夜ではベルヴィル人がパリの外へ働きに行くことはまだ習慣になっていなかった。一般に自宅近くで働く。ベルヴィルの外で働くとしても、隣接する一一区、一〇区、および三区であった。この時期でもベルヴィルでは貧困が支配的であり、一九〇八年、二〇区は「一八区と同じく全パリで最も貧しいという悲しむべき特権をもっている」と当時の文献は述べている。

さらにベルヴィルにおける労働者のイメージとして、次のように述べている。専門職としての長い伝統を引き継ぐ、パリで最も高い技能をもつ労働者で、パリ生まれの割合が最も高い。進取の気風、器用さ、知性を備え、自らの職業に自信をもつ労働者であった。多くは工芸的職種で働き、父から子へ伝えられる美的感覚をもち、労働の世界の真のエリートであることを否定しない。親戚の半分近くは二〇区に住んでおり、根無し草ではない。

ベルヴィルの民衆のあいだでは、シャンソンと演劇を中心とする民衆文化が存在していた。ベルヴィルで演劇が新しい重要性をもったのは、かつてカルチエの共同性の中心であった祭りがその地位を失ったためであったとしている。また、宗教に関して、民衆は教会の代表に敵対的ではない場合でも無関心さを示した。非宗教的葬儀の割合は全二〇区のなかで最も高く、ベルヴィルはパリで最も非キリスト教化されたカルチエであったとしている。

最後の章は、「社会主義の砦」と題され、一九世紀末から大戦前までベルヴィルが社会主義の最後の砦であったことが述べられる。ベルヴィル人は協同組合運動とサンディカリスムにおいて、重要な、しばしば決定的な役割を果たした。コミューン後のパリの労働運動のイニシアチヴは、パリ中心部と一一区に属していたが、一八八三年以来、社会主義がベルヴィルで影響力を拡大していき、さまざまな社会主義グループと党派が組織された。一八九三年以来、社会主義者の代議士を選出しており、市議会議員に関しても八七年以来つねに社会主義者を選出していた。ベルヴィルをそれ以上に特徴づけるのは、社会主義と並んでアナーキズムの伝統が根強いことであった。

大戦前夜には、パリの労働運動はベルヴィルと一体化しており、ベルヴィルは革命的カルチエになっていた。しかし、大工場が郊外に建設されるとともに、労働者はベルヴィルに住んでいても仕事を求めてパリの外へ働きに出て、そこで闘争するようになっていた。革命的ベルヴィルの衰退がすでに現われ、両大戦間期の郊外の「赤い帯」が準備された。

戦後のベルヴィルでは、工芸職と機械関係の職業の衰退が目立ち、事務職がそれらに取って代わっている。また、労働者と中産階級の住まいの分離が明瞭となっており、大戦前の民衆的ベルヴィルとの切断は異論の余地がなかった。中産階級の増加がみられ、ある地区では彼らは労働者より多くなった。民衆のカルチエはすでにブルジョワ化に向かっていた。

両大戦間期に共産党が大躍進し、一九二一年時点では二〇区の党員数がすべての区のなかで一番多かったが、労働者の行動自体は共産党の青年組織によって準備され支持されるようになる。「赤い郊外」の時代が始まり、伝説のベルヴィルの時代の終焉は近かった。

一九世紀パリ労働者の世界

一九七〇年代にみられた労働史の社会史化は、多様化し分散化していったが、一九九七年、ファブリス・ラルランディは『一九世紀のパリ労働者』[13]を公刊し、さまざまな個別研究をふまえて、一九世紀パリ労働者の世界の全体像を提示しようと試みた。当時パリには多様な職種の労働者が集まっていたが、そのなかでパリの労働者の典型とみなされるような労働者の存在が指摘されてきた。彼は、承認と独立を要求し、自己の自由と自尊心にこだわり、すべての権力を嫌悪した。ラルランディは、同書の主題を、この「パリの労働者は神話なのか実在したのか」という問いに答えることだとした。

この問いに答えるために、三つのテーマ、すなわち彼らの労働と日常生活そして抗議行動について、その発展と持続性が明らかにされていく。ここでは「パリの労働者」についての彼の問いを念頭におきつつ、一九世紀のパリの労働者の世界の構造とその変容に絞って検討していきたい。

第一部は「多様な労働者の世界」と題され、パリ中心部において支配的であった仕事場と大企業の実際が分析され、両者の構造的連関が明らかにされる。フランス革命と帝政がパリに最初の産業化の波を引き起こし、一九世紀前半にパリはフランス産業革命の中心になったが、それは手工業の周辺で生まれた。一九世紀中葉には工業化の新しい波が起こり、第二帝政下に分業化が発展・拡大していった。しかし、工業化の進展にもかかわらず、パリでは一九世紀中葉と同じく世紀末においても、仕事場が支配的であった。小さな仕事場が首都を「植民地化」していたのであった。仕事場は、一番良くて建物の一階、普通は中庭の片隅の小屋あるいはアパートの一室に設置されていた。

多くの仕事場が都市改造によってパリ中心部を追われたが、それらは隣接する通りあるいはカルチエに移り、むしろ仕事場の集中が強化された。一八六〇年に合併された周辺区では、パリ中心部を追われた大企業が圧倒的な小企業と共存していた。多様な生産活動が、多くの仕事場へ分割されており、かつそれらが集中していたことによって、手工業と大工業が結合していた。仕事場は大企業から仕事を受注し、大企業は仕事場の熟練労働者の技能の集中から利益を引き出すことによって、両者は共存関係にあった。大企業の発展は仕事場の熟練労働者の技術に依存していた。

小仕事場では、労働者と並んで、親方であり労働者でもあるような人びとが多数存在していた。彼らは普段は一人で働いているが、好況時には一人か二人の労働者を雇い、不況になると活動を停止した。この小雇用主はしばしば下請けの形態をとっていたが、これは独立を求める熟練労働者の願望に可能性を与えるものであった。

一九世紀後半のパリの中心的工業である金属工業の分布は、生産の分散的構造をよく示していた。第二帝政下では、機械工の三分の二は一〇区と一一区で働いていた。帝政期から一九世紀末までのあいだに小さな機械製作所がパリの北東部の一八区、一九区、二〇区に広がり、さまざまな金属労働の混在が北東部を特徴づけていた。パリの機械工業は無数の仕事場からなっていた。北東部の大企業は、蒸気機関、ボイラー、ポンプ、ミシン、自転車を製造していた。また仕事場は郊外の大工場のために、量産方式には向かない部品の精錬や仕上げ作業をおこなっていた。

さまざまな生産における機械化の進展は、機械工という熟練労働者の技術力を要請した。工作機械が普及する以前は、専門化は熟練労働者の手先の器用さと肉体的力に依存していた。初期の機械工(仕上げ工、組立工)は、その技術に応じて独立的であり、自分の徒弟をもち、雇用をコントロールし、自分の価格と時間を雇用主に押し付けることができた。これが一九世紀後半の技能的熟練と独立性をもった典型的な「パリの労働者」のイメージであった。一九世紀後半のパリのこのような産業構造が「パリの労働者」を生み出し、支えていたといえよう。

一八八〇年からの大不況下に、パリにおいては非工業化が強化され、ベル・エポック期にはそれが加速された。この時期にパリ市内で企業数が減少するとともに、郊外において大企業が発展し、一九〇〇年までに郊外に大規模な機械工業と化学工業が拡大した。そこでは地方出身の非熟練工が労働の階層性の底辺を形成していた。こうして二〇世紀初頭パリ郊外に新しい労働者階級が形成された。

第二部は「不安定な運命」と題され、労働者の日常生活がさまざまな角度から分析される。労働者の賃金、労働時間、貧困、物質的状態、衣服、住まい、上下水道、健康などに関して、これまでの個別研究をふまえて詳細な説明がなされ、一九世紀後半以降、労働者のおかれていた不安定な状況が、全体としては、徐々に改善されてきたことが明らかにされている。

第三部は「労働者の世界の前衛」と題され、労働者文化と労働者の闘いについて分析されている。労働者の世界には労働者文化というべき固有の文化が存在していた。ここでは労働者の家族、信仰、教育、余暇などさまざまな側面が取り上げられているが、ラルランディは、とくに労働者文化は街頭と密接につながっていたことを強調している。街頭は子どもにとっての人生の学校であり、労働の日々の道程であり、社会生活の四つ辻であり、とくに民衆自身が参加する祝祭の舞台であった。街頭はまた英雄の葬儀の場でもあり、コミューンを追憶するための行列と示威行動の場であり、メーデーが世紀末のパリの大通りを埋めていた。街頭は地域の住民によって形成される固有の社会的・文化的空間といえよう。

最後に、パリの労働者の闘いについて叙述される。パリは一九世紀を通じてフランス労働運動の中心であった。その戦闘的活動家を供給していたのはパリの仕事場であった。彼らは自己の仕事の腕に誇りをもち、自分の職業を神聖化する。自らを真の生産者とみなし、雇用主を労働の尊厳を損なう寄生者とみなしていた。

七月王政下に労働者エリートたちは、アソシアシオンによる労働者の解放を唱えていた。彼らにとって、アソシアシオンとは相互扶助と職業防衛の組織であり、また生産協同組合を意味した。一八四八年の夢は、アソシアシオンを梃子にして社会革命を平和的に実現することであった。一八四八年と第二帝政期に多くの生産協同組合が結成され、それは一九世紀の遅くまでパリの労働者を捉えていた。

一八七九年のマルセイユでの労働者全国大会において、革命的社会主義が協同組合的社会主義に勝利したが、パリの労働者はゲード的共産主義を拒否し、絶対自由主義的集産主義と直接民主主義に傾いた。この流れはやがて革命的サンディカリスムへとつながっていった。パリの仕事場の労働者たちのアソシアシオンによる平和的社会革命の夢は、やがてゼネストによる社会革命の願望へと変貌する。

労働者の直接の闘いは、ストライキという形をとった。世紀前半には建築労働者が際立っていた。遍歴職人の伝統で鍛えられていた大工は、賃金に関する抗議のリーダーであった。しかし、一九世紀後半には職人組合は闘争力を失い、第二帝政末期まで印刷工などの古い職種の熟練工が中心になった。一八七六年からは労働組合が引き継いだ。一八八八年には土木工事作業員の大ストライキ(一万二〇〇〇人参加)を最後にパリのストライキは急減する。一八七七年にはパリが舞台のストライキはフランス全体の二五%を占めていたが、九〇年には三%にまで減少した。

一九〇五〜一一年は革命的サンディカリスムの黄金時代で、要求運動が活発化した。ストライキは、一九世紀パリとは異なり、サーヴィス業従事者、電気労働者、市街電車会社従業員、鉄道員など新しい職種に拡大し、一九〇六年にはスト参加者数が三日間で二〇万人と頂点に達した。

ラルランディは、「パリの労働者」について次のように結論している。パリの労働者の世界が、ある種の文学によって伝えられてきたような象徴的で生彩に富んだ人物に還元できるような一つの同質的な全体を形成したのではなかった。郊外の大工場の登場は労働者のあいだの差異を増大させたし、生産活動の多様性と人数の多さゆえに、複数の労働者の世界について語るのがふさわしいだろうとしている。

しかし、職種の多様さと賃金格差にもかかわらず、パリの労働者の世界には確かに一つの深い一体性が存在した。それは、工業化以前の仕事場の驚くべき適応能力に基づいていた。パリの無数の仕事場には、一九世紀を通じて、非常に腕が良く、したがって高賃金で、仲間といるときはお調子者で、権威とは一悶着起こす、不屈で絶対自由主義的なタイプの労働者があちこちでみられた。彼らは、抗議行動の伝統的な指導者であり、このタイプの労働者の存在は神話ではない。彼らは、サン・キュロットの平等主義の夢の継承者であり、パリの仕事場の純粋な産物である。彼は、仕事場から仕事場へ搾取者に対する反逆の風を吹いてまわる。しかし、この御しがたい反逆児の背後には、同じように独立への大きな欲求をもつパリの労働者がいた。

しかし、一九世紀のパリの労働者の世界における最も際立った変化の一つであった分業の発展が、かつてのように仕事の腕と独立の可能性を相互に保証しあうことを不可能にしていった。仕事の細分化は、一方でプロレタリア化をもたらすとともに、他方では下請けという形での職業的独立の幻影をもたらした。

ラルランディは、パリの労働者をフランスの労働の世界の前衛にするような集合心理が確かに存在したと主張している。第二帝政期にアルマン・オディガン Armand Audiganne が、パリ労働者のなかに、社交性の本能、広い心、自由な考え、相互の助け合いをもたらす友愛に満ちた感情を指摘しているが、ラルランディはこれに加えて労働者の独立に対する強固な伝統を指摘している。結局、「パリの労働者」を生み出していたのは、一九世紀を通じて民衆によって集合的につくりだされた都市空間と共同性の存在であったといえるのであろうか。

ラルランディの「パリの労働者」のイメージは、ドニ・プロの『ル・シュブリム』に着想を得ていることは明らかである。この著書に関しては、かつて拙稿で詳述したことがある[14]。

民衆の日常と生きられた空間

二〇世紀末以来、パリ史研究はパリ郊外に重心を移していった。しかし、二〇〇〇年代後半から一九世紀パリ史に関する注目すべき研究が続けて公刊された。一九世紀パリ民衆史研究に関して、二〇〇七年にバリ・M・ラトクリフとクリスチーヌ・ピエットの共著になる『都市に生きる――パリの民衆諸階級 classes populaires（一九世紀前半）[15]』という大著が公刊された。その中心的論点は、一九世紀前半のパリはシュヴァリエが主張するような決定的・例外的な時期ではなかったということ、また移住者のパリへの同化の過程を、シュヴァリエとは異なり、移住者の視点から明らかにしたことにある。著者たちは、一八世紀のパリ史研究、パリ以外の都市史研究の蓄積、さらに英米の現代都市史研究における社会学的・人類学的・文化史的方法をふまえて、新たな視点から一九世紀パリの社会集団に検討を加えている。

一九世紀パリ民衆史研究における同書の貢献の一つは、これまでほとんど明らかにされてこなかった民衆女性史に光をあて、豊かな成果を得たことである。とくに女性家事使用人と老齢女性に関する部分は秀逸である。

フランス革命以後、貴族に雇用される男性家事使用人が減少し、一九世紀初めから家事使用人の女性化が起こり、女性の労働市場の大きな部分を構成するようになった。一八五六年時点で女性労働市場の三分の一を占めていた。彼女たちの特徴は、他の職業と比べて地方出身者の比率が非常に高いことで、約九五％が地方出身者であった。当時、女性家事使用人は道徳的に良くない評判があったが、彼女たちの五分の四は貧窮状態をまぬかれており、規則的な生活を送っていたことを明らかにしている。彼女たちの大部分は、家事使用人としての仕事を永続的な仕事として考えていたのではなく、結婚への一つの跳躍台とみなしていた。

また、これまで周縁的存在とみられてきた民衆を見直して、新たに社会のなかに位置づけている。とくに老齢女性とくず屋についての詳細な分析が興味深い。当時の社会においては、女性は五〇歳をもって老齢化の始まりとみなされていた。全国と比較してパリの一人暮らしの老齢女性の割合は高かった。老齢の女性が一人で生きていくことはほとんど不可能であった。著者たちは、老齢女性のおかれた厳しい貧困状況を数量的にはじめて明らかにしており、さらに彼女たちが公的に無視された存在であったことを示している。しかし、彼女たちは最も悲惨な状況におかれていたが、孤立していたのではなく、地域社会と結びついて生活していた。自宅でささやかな縫い物の仕事をしたり、路上で駄菓子を売ったり、小さな子どもや病人の面倒をみることによって、アパートの同じ階の隣人や家族をさりげなく手助けしていた。子どもや同じ老齢女性と同居することもあった。

一八五六年のパリにはくず屋(リサイクル業)が少なくとも一万人存在していた。彼らは都市生活の経済的・社会的そして文化的周縁にあるとみなされていたが、実際には彼らは都市を構成する一つの重要な要素をなしていた。当時の都市経済と民衆諸階級の生活においては、公式経済とともに、路上の小商いやくず屋のような非公式経済が重要で、それらは公式経済にも浸透していた。この経済の二重性は、一九世紀前半のパリを理解するための鍵であった。

著者たちは、民衆にとっての日常生活の場であるカルチエを、「生きられた空間」としてさまざまな角度から分析している。カルチエは、しばしば都市のなかの村に例えられるが、社会的な凝集力を生み出す安定した個人間の関係をもたらし、強固にすることを可能にする優れた枠組みであった。

各々特徴のある六つのカルチエ、すなわち、貴族的なカルチエ、ブルジョワ的なカルチエ、家具職人を中心とする職人的カルチエ、皮革産業中心のカルチエ、ガルニ(木賃宿)が集中する労働者の多い中心部のカルチエ、そして民衆的要素が支配的であるが社会的には混合しているカルチエを取り上げて検証している。一般的にいえることは、大半の者がパリにおいて親戚と友人のネットワークをもっていることで、これは孤立した都市の移住者という神話を否定するものであるとしている。また、カルチエを越えて都市全体へ広がるネットワークが多くみられるが、これは住民の地理的流動性と都市生活への適応を表わしている。しかし、社会階級ごとに相違がみられる。社会的エリートにとっては、友人は居住しているカルチエに限定されないのに対して、民衆諸階級では住んでいるカルチエでの友人関係が多い。カルチエの社会構成、都市における機能そして居住タイプが、密接に絡み合い、相互に強め合って、あるカルチエにその性格とまとまりを与えており、そこで展開される個人間の関係は明らかにそれらに強く支配されている。移住民はすべてのカルチエで住民の大半を構成していたが、彼らにとって、酒場はカルチエの日常生活のなかでソシアビリテの場であり、新参者の同化において大きな役割を果たした。

また、都市改造で取り壊されることになるスラム街を取り上げている。それは、モンターニュ・サント・ジュヌヴィエーヴの北斜面のスラム街である。ここでもやはり酒場が地域の民衆の日常生活の核をなしていた。酒場の主人は、出生証明書や死亡証明書を必要とするときに、戸籍係の役人への仲介者になったし、結婚に際しての証人として選ばれたりした。また、そこで仕事の情報を得たり、同じ職業や出身地の者の集会がおこなわれた。そして、この地域が経済活動の活発な地域であり、けっして荒廃した地域ではなかったと結論している。

パリ民衆の「態度と行為」と題される章では、民衆のあいだの同棲、宗教、自殺が取り上げられている。同棲に関してはこれまでの研究と同じ結論を出している。宗教に関しても、民衆はきちんと教会で結婚式を挙げ、自分たちの子どもを認知することを強く願っていたし、愛情関係における、また結婚に対する民衆諸階級の態度は、伝統的で順応主義的であったと結論している。

パリの自殺の増加率は人口増に比例しておらず、また全国の増加率より低い。パリでは四〇～六〇歳の割合が最も高い。男性が自殺者の七一%を占める。寡夫の自殺が最も多い。出身地をみると、パリ生まれより地方出身者の割合が高いということはない。自殺の原因の大部分は経済的な困窮にあり、自殺が社会的病理の兆候とはいえない。

そして、モルグ(死体安置所)にもたらされた死体の九〇%近くが身元を確認されたということは、これらの自殺者は生前において孤立していたのではなく、新しい移住者であっても、家族や同郷の者、労働仲間、近隣の人びとによって形成されたネットワークのなかに統合されていたことを示している、と結論している。

ラトクリフたちの研究は、一九世紀前半のパリ民衆の世界について多くの新たな知見をもたらしただけでなく、とくに『労働階級と危険な階級』で提示されたパリ民衆の世界のイメージを大きく修正した。シュヴァリエのパリ民衆は貧困の淵に沈んでいったが、ラトクリフたちのパリ民衆は貧困の淵を前にして、明るいとまではいかないが、ネットワークと連帯によって逞しく生きる姿をみせている。

同書は新しい視点と方法を駆使することによって、一九世紀前半のパリ民衆に関して多くの新しい事実と展望をもたらした。しかし、これで革命と暴動とコレラが連続する一九世紀前半のパリの流動的で混沌とした時代が浮かび上がってくるだろうか。民衆運動に関してはすでに多くの研究がなされているのは確かであるが、それは民衆の日常生活のなかに根ざしていたのであり、民衆の日常の一部をなしていた。それを切り離してしまうとこの時代の民衆の日常生活ではなくなってしまうだろう。このこととも関連しているが、同書には権力の問題が欠如している。民衆も権力の網の目のなかで生きている以上、権力がつくりだす統治構造を無視した民衆の日常生活史も文化史もありえないであろう。

都市空間の創造と民衆の近代

二〇一四年に公刊された、マウリーチョ・グリバーウディ『労働者の都市パリの隠された歴史(一七八九〜一八四八年)』[16]は、一九世紀前半のパリと民衆に関して、これまで未知であった事実の発見と研究方法の双方において大きな成果をもたらした。都市空間と民衆世界の研究の到達点の一つといっても過言ではないだろう。

グリバーウディは、社会現象の空間化が歴史研究の新しい領域を開いたとし、いまや地域の形態形成 morphogenèse du territoire の考察が問題となっているとする。都市空間の研究を一歩進めて、個々の地域が一つの物質的・社会的空間の統一体として形成される過程の研究が必要であると主張する。同書はまさにその試みであり成果であるといえよう。しかも各地域の統一体の形成が、住民自身のイニシアチヴによってなされていたことを明らかにしている。

全体は三部から構成されており、第一部では、一九世紀初めにパリの新しい中心がパリ西部に形成され、そこで新しい近代性が生み出されたことが示される。アンシャン・レジーム末期以来、パリ西部のショセ・ダンタンが新しいパリの中心とみなされるようになり、パリ西部と北西部への人口移動が生じていた。この都市空間にはフランス革命以後さまざまな体制の新しい支配層が定着・集中するようになった。一八〇〇年以後、グラン・ブルヴァールとアーケード街(屋根付きパサージュ)を中心に、新しい近代性の印が広がっていき、西部のカルチエは、都市の近代性の参照モデルになった。それは新しい都市文化・ブルジョワ文化そして新しい近代性そのものの象徴になった。それとともに、これらの形態やイメージに合わないすべてに対する距離が拡大し、古い中心部は進歩の歩みから取り残された廃墟、残存物、混沌そして病的な空間のイメージで捉えられるようになった。この認識の変化は、一八三〇年以後大きくなっていく。

しかし、同じ頃パリ東部や北部そして中心部の都市空間に生じていた新しい発展については、当時ほとんど触れられていない。同書は、中心部の民衆地区で、西部の近代性とは異なるもう一つの近代性が展開されていたことを明らかにしようとする。そのために中心部のカルチエと民衆をこれまでの研究にはない新しい視点から捉え直している。

第二部は、フランス革命期に始まる国有財産の売却が、この時期以降のパリ全体の更新の主要な原因であったことが明らかにされる。一七八九〜一八二〇年にパリで売却された国有財産は、教会と王家の国有化された土地面積だけでパリの空間の四分の一を占めていた。その他に亡命貴族、受刑者の所有地などを含めると、パリの面積の三分の一に達した。アンシャン・レジーム下のパリは、庭園と緑の空間が連続する都市であったが、修道院、宮殿、庭園は再開発のために、占拠され、破壊され、再投資され、都市を根本的に変容させた。それはパリ西部の都市空間に大きな変容をもたらしただけでなく、パリ中心部の都市空間と社会関係にも決定的な変化をもたらした。革命後パリ中心部の広大な土地が製造業者、手工業者、商人によって購入された。それに関わったのは投機家だけではなかった。しかし、それが中心部のカルチエに与えた影響については、これまでほとんど研究されてこなかった。

パリ中心部の産業化の第一局面は、国民公会による武器と軍需品製造計画にあった。大部分の工場は、中心部の没収された土地に設置された。一九世紀初め以来、中心部のすべてのカルチエで、産業活動の強化がみられたが、七月王政下のパリ産業を特徴づけたのは、産業活動の分業化の進展であり、大工場が中心部を離れ、化学と機械の工場が北部と北東部のフォブールや周辺の農村に広がった。他方、小さな仕事場が中心部のカルチエに一層集中するようになる。

パリの産業発展は、物理的空間の再編成をもたらした。それは「集合的工場」という形態をとった。この形態が、労働者の近代性の鍵の一つをなしていた。そこでは分業化し専門化した多くの独立した小仕事場が、相互に連携しながら完成品を製作する。地域空間全体が一つの工場を形成していた。建物の過密化は、路地（パサージュ）と呼ばれる連絡路の設置をともなった。これらの路地はブルジョワ街の華やかなアーケード街と異なり、大部分が曲がりくねった小路からなり、屋根もなかったが、仕事場と仕事場の連絡路として縦横に発達し、地域の産業と商業の発展に重要な役割を果たしていた。

中心部の民衆カルチエには、多くのさまざまな職業的・社会的特徴をもつ人びとが交じり合い、共存し、協働している。グリバーウディは、ある地域の建物に居住する人びとのミクロ分析によって、そこに濃密なつながりをもつ社会の存在を明らかにしている。各建物のなかには商人、製造業者、裕福な起業家が存在し、彼らが生産網の構築において重要な結節点をなしている。それが裕福でない他の商人や製造業者や一群の労働者たちを、地域の空間のなかに引きつけ、再編し、連帯させる。これらの網の目のなかで、安食堂と酒場は、カルチエ社会の中心の一つになっていた。これらは、社交の場と食事を提供するだけでなく、部屋を貸し、前貸しをすることで空間を構造化していた。酒場は、パリ全体に最も広がっている商いであるが、とくに集合的工場が支配しているカルチエではその存在は不可欠であった。

さらに、民衆カルチエにおけるソシアビリテは、労働と居住と余暇の場で日常的に結び合うつながりを通して展開された。これらの濃密な相互関係のなかで、パリの民衆の独自の近代性が開花していった。それはブルジョワ街の近代性とはまったく異質であり、真の革新はこれらのカルチエの領域で現われた。それは、地域の社交性の濃密なつながりのなかで構造化された労働運動の生誕と発展によってなされた。路上もまた友人集団が結びつく場であり、日常の直接的な相互行為が、しばしば労働空間を超える関係を強化した。そこでは孤児の後見人が任命され、未成年者の結婚の証人が選ばれた。

第三部では、ブルジョワの近代とは異なる民衆の「もう一つの近代」の実像に迫る。第二部でみたように、一九世紀前半、パリ民衆は独自の物質的・社会的空間を構築しブルジョワの近代とは異なる「もう一つの近代」を創出していったが、彼らは、また独自の新たな思想と政治的展望を生み出していた。

当時民衆の知識や世界との関係は、とりわけ口承を通じてなされていた。パリ中心部の公的空間を満たしていたのは、新聞やパンフレットよりもシャンソンであった。仕事場で、宴会で、祭りで、酒場で、街頭で歌われた。従来ゴゲットは、一八世紀のブルジョワの「歌う会」の民衆版と解釈されてきたが、復古王政期に発展し、七月王政期に開花した厳密に民衆的な現象であった。ゴゲットの数は、一八二〇年代末に五〇以上、四〇年代の末には五〇〇に達していた。メンバーは労働者からなり、優れて労働者の経験であった。すべて中心部のカルチエにあり、労働者街に集中していた。

他方、ガンゲットというのは公開ダンス・ホールであり、当時の労働者のもう一つの重要な社交場であった。第二帝政期にはもっぱら市門の外におかれたが、ガンゲットもまた中心部の古いカルチエの創造物であった。一年を通じて中心部のカルチエのいたるところでガンゲットが開かれていた。

帝政期から一八二〇年代までに勃発した労働争議の経験全体が、パリの民衆空間のなかにはっきり印づけられていた。団結した労働者は、都市空間のなかで強い存在感をもっていた。彼らは、一つの仕事場からもう一つの仕事場へと仕事を停止させていき、パリの路地を横切って移動する集団を形成した。これらの運動は、右岸の中心部のカルチエと東部と北東部のフォブールを含み、さらには左岸や周辺部の村をも巻き込んだ。この初期の闘争のなかで階級意識を表わす言語が労働者のなかで形成されていった。

一八三〇年の七月革命は、ブルジョワジーによって開始された一九世紀最初のプロレタリア革命であった。革命の参加者の六〇％以上が手工業者、労働者と小商人に属しており、彼らはパリの中心部と労働者のフォブールに住んでいた。先行する数十年のあいだに生まれ、成熟したすべての力、緊張、希望が、このとき自然発生的に結晶した。ジャック・ランシエール Jacques Rancière が「集合的霊感」と呼ぶ、この意識と可能性の直感的一致が形をなしたのは、この七月革命の三日間においてであった。このときパリの労働者の反乱の前線が出現した。

七月革命に続く四年間、労働者のストライキの刺激を受けて、共和主義運動の一部が急進化し共和主義蜂起が起こった。多くの労働者が共和主義活動家と並んで武器をとったが、両者の接近を可能にしたのは、中心部のカルチエ空間の存在であった。労働者は、労働を雇用主から与えられる賃金の源とみなすのではなく、努力とさまざまな能力の協働とみなし、労働に対する労働者の統制権を要求し、労働者はその職業的知識によって正当な所有権をもっていると信じていた。また、彼らがバリケードの上で獲得したと信じている発言権と社会的平等の承認を求めた。ストライキと蜂起は、この四年間切れ目なくパリの空間を印づけていたが、共和主義者の蜂起はいつも労働者の激しい抗議のあとに生じた。多くの歴史家は、労働運動の政治化は共和主義者の直接行動のもとに発展したとみるが、グリバーウディは、それは上から共和主義者によって与えられたのではなく、民衆の直接的経験を通じて下から「政治への上昇」が生じたのだと結論している。

一八三九年、共和主義急進派のアルマン・バルベス Armand Barbès とオギュスト・ブランキ Auguste Blanqui によって設立された秘密結社「季節社」が武装蜂起し、敗北した。彼らは、すべての政治変革は、強固に組織され、中央委員会によって指導された民衆の行動によってのみ実現できると考え、指導者に対して絶対的忠誠と盲目的服従を要求した。きわめて厳格で階層化された構造をもつ秘密結社による行動が労働者の闘争形態とは異なるにもかかわらず、共和主義結社がパリ中心部に根づいていたゆえに、地域の反応を引き起こした。しかし、一八三九年の蜂起と敗北、それに続く主要リーダーの逮捕が労働者の方向性を決定した。

一八四〇年は新しい時代の始まりで、この年からすべてが変わった。労働者新聞の爆発が起こった。労働者新聞の記事をめぐって酒場や安食堂が白熱した議論や交流の場になった。それは街頭、地域あるいは職種のなかの緊張を連接する神経中枢であった。政治的成熟は、学者のサークルで熟成された理論の普及によってなされたのではなく、労働の具体的経験を通して「下からの上昇」によってなされた。集合的工場の枠組みにおいては、各労働者は原料の価格、必要な労働時間、分配価格、売値について直接に知悉していた。生産協同組合計画がこの空間から生まれるべくして生まれたし、地域民主主義も具体的知を重視する社会的経験の影響を示している。

一八三九年と四〇年の出来事の衝撃のもとで、成熟した労働者は、武装闘争から距離をとることが一般的になり、体制の深い変化と、それまでとは別の解決策の可能性を信じ始めた。共和主義が能力と生まれによって階層化された社会をモデルにしていたのに対し、労働者は全市民の平等モデルを対置した。ブルジョワたちは、ブルヴァール空間の展望のなかで輝ける近代性をつくりだしたが、民衆は共和国の展望のなかで自らの近代性を生み出した。民主的・社会的共和国の労働者案は、民衆の生活・労働・余暇空間とそこでの人間関係の網の目のなかで練り上げられた。下からの民主主義と共同参加型社会の展望に基づいた、労働者の世界に固有の近代性のモデルがそこで生み出された。アソシアシオンの思想は、社会改革者とユートピア主義者の議論のなかから生まれたが、民衆独自の思想として展開していった。そこではアソシアシオンと共和国の一致がみられ、一種の自治体連合に基礎をおく国家が構想された。

グリバーウディは、これまで歴史家に無視されてきたピエール・ルルー Perre Leroux を高く評価している。ルルーは、労働者の経験に根づいた「民主的・社会的共和国」の構築の企ての主要な著者の一人であった。彼は、アソシアシオンについてのサン・シモン主義的・フーリエ主義的思想を、平等と友愛に基づいた人類史の新しい局面を開くことができる政治的提案として読み替えた。彼は自由主義の理論だけでなく、急進的共和主義や共産主義の見方とも距離をとっていた。

一八四八年革命は、三〇年のそれと異なり、労働者の二〇年に及ぶ激しい政治的闘争の結果として生じ、民衆の「もう一つの近代」を政治の世界に公然と登場させた。

オスマン(とナポレオン三世)のパリ改造は、パリのブルジョワジーによるパリ中心部の奪還であり、労働者の夢が育まれたこの古いパリ中心部の物質的・社会的絆のすべてを破壊すべく立てられた計画の実現であった。グリバーウディは、オスマンのパリ改造とは労働者の新しい近代性の中枢に対する仮借ない破壊であったと結論している。

労働者の「もう一つの近代」の方向は潰えるが、完全に消滅はしなかった。それは一八四八年を超えて間欠的に繰り返し出現した。パリ・コミューン、人民戦線、一九六八年五月革命……。フランスではその後現在にいたるまで、世界の耳目を集めるような大きな抗議行動が間欠的に発生している。一九世紀前半のような都市空間とそこにおける濃密な社会的紐帯が消滅したのち、どのようにそれが維持されたのだろうか。あるいはそこにはまったく別の新しい要因が介在しているのだろうか。

都市空間と社会文化史

グリバーウディ以後しばらく一九世紀パリ史研究は途絶えていたが、二〇二一年に刺激的な研究が公刊された。クリストフ・シャルル『一九世紀の首都パリ』(17)である。本章では、一九世紀パリ史研究を民衆との関係を中心に取り上げてきたが、同書は民衆を中心に据えているのではないが、一九世紀パリ史についての新しい研究動向を提示していると思われるので、以下に簡潔に紹介しておきたい。

一九世紀パリ史研究における同書の意義は、シュヴァリエが歴史人口学の方法によってはじめて一九世紀パリ史の全体構造を提示した七〇年後に、その間に蓄積された個別研究の成果をふまえて、都市空間と文化史を中心にして一九世紀パリ史の新たな全体像を描き出したことにある。

全体は三部から構成され、第一部は「不協和の首都(一八一五〜五一年)」と題して、さまざまな対立が共存する首都としてのパリが扱われる。とくにこの時期のパリは革命と蜂起の連続する都市であった。その理由として、シャルルはパリの都市空間の構造的特徴を指摘している。人口密度が高く面積が狭いことから、民衆のあいだの直接的接触が容易であり、他方、権力が民衆の非常に近くに位置していたこと。また、フランス革命における民衆蜂起の成功がこの直接行動に対する確信をもたらしていたこと。さらに秩序維持の主力であった国民衛兵が、蜂起を予防することもそれに抵抗することもできなかったことなどを指摘している。

第二部は「一九世紀の首都(一八五一〜七一年)」と題して、一九世紀前半の混沌としたパリの状況に対して、新しい近代的首都をめざしてなされたオスマンとナポレオン三世による都市改造が分析される。

第二帝政期のパリの都市空間は大きな変容を遂げた。すでに七月王政期にパリ中心部において東西の分化が出現していたが、この時期にパリ西部と西北部へのブルジョワの移住によって新しいブルジョワ都市が形成され、新しい生活様式が生み出された。

他方、旧中心部の都市改造の結果、それまでのブルジョワの住居の一部が事業活動の場に変化し、中流と下層のブルジョワが中心部にとどまった。パリ中心部では二つの動きがみられた。都市改造によって貧民の一部が強制的に周辺部の新区に移動したが、雇用主や顧客との関係から中心部にとどまる職種の労働者もいた。世紀中葉の危機の時代において、中心部と旧フォブールでは人口が減少したが、元郊外であった周辺部の新区で人口が増加し続けた。オスマン化は社会的次元では成功したといえる。というのも社会的危険性をパリ中心部から取り除き、労働者の貧困の一部を周辺部に押しやったからである。他方、格差がよりはっきり目に見えるようになり、社会的緊張は激化した。

第三部は「新しいパリ(一八七一〜一九一四年)」と題され、第二帝政以後の新しいパリの形成過程と変容を、都市空間と文化史を中心にして提示している。シャルルの独自の研究成果が展開されている部分であり、同書の核心部でもある。

パリは、普仏戦争による敗北ののち、新しい象徴の創出によってその屈辱を克服しようとした。万国博覧会はその一つであった。一九世紀のパリは、万博を最も多く開催し、また最も多くの入場者を集めた。万博において植民地支配の正統性を主張し、過去のドラマを忘れさせ、一時的に日常を美化することを可能にした。もう一つの新しい象徴の創出は、大学改革によってパリの世界的地位を取り戻そうとしたことであった。しかし、万博も大学改革も全体としての都市の構造を変えていない。パリは、第二帝政の都市政策の延長にあり、記念建造物による象徴的・政治的闘いにおいて、古くからの政治的・イデオロギー的立場にとどまったままであった。

一方、シャルルはこの時期のパリを共和政下の政治的首都として捉えて、政治社会史的に考察している。パリは、革命の都市から象徴的示威運動の首都へと変化し、いかなる街頭行動も体制を揺るがすことがなくなったとしている。普通選挙を中心とする政治システムの安定化と公的自由の拡大の結果、政治的暴力が後退した。また、パリが政治的にフランス全体に占める位置が変化した結果、この間のパリにおける政治闘争の分析は、一八七〇年代以前ほど興味も重要性もなくなった。これが文化を中心にする一つの理由であろう。

確かにパリの民衆運動は、この時期には以前のような決定的な政治的影響力をもたなくなった。しかし、民衆は状況の変化に対応しながら生き続けていたのであり、その歴史が一八七一年を境に終わったわけではない。ブルジョワの近代パリとは異なる民衆の「もう一つの近代パリ」が存在していたのであり、それはいわば伏流水として姿を変えて持続していたと考えられる。グリバーウディの紹介で触れたように、そうでないと人民戦線や一九六八年五月のパリを理解できなくなってしまうのではなかろうか。シャルルはこの問題に触れてはいるが、説得力を欠いている。

次いでメディアの首都としてのパリが分析される。パリは政治闘争における指導的役割の一部を失ったが、メディアの支配によって世論に影響力を及ぼし続ける。大衆的大新聞と資本主義的経済論理が支配し、新聞のオーナーが強力な政治権力をもつようになった。

パリは、大衆文化の生誕の地であるだけでなく、革新、先駆者、前衛に結びついた新しい文化を生み出したという意味で、文化の首都でもあった。一九世紀のパリは、歴史と一世紀以上の社会的・政治的緊張がすべての世代に最も並外れた経験を与えた都市であり、革命や内乱の歴史の重みが、大衆文化のなかにあっても、順応主義に対して抵抗し、革新しようとする。パリのコスモポリタニズムと社会的・文化的坩堝がそれを可能にしたと結論している。シャルルのパリ讃歌といってよいだろう。

パリはまた前衛の首都であった。パリほど思潮と討論の多様性を提起した都市はない。あらゆる分野における異議申し立ての自由の風土があった。パリが前衛の首都になったのは、一世紀にわたる異議申し立ての伝統による。前衛は、文化の商業主義化と伝統主義的権威および議会制民主主義の空洞化を批判していた。

「知識人」は、一八九〇年代に前衛の雑誌のなかに登場して、ドレフュス事件の闘いを通して一般的に使用されるようになった。「知識人」は、反権力という点では共通するが、左翼知識人にとっては、権力が一七八九年の革命的理念を裏切っているからであり、逆に、右翼知識人にとっては、危機に陥った国民的統一を権力が守れないからであった。

パリはまたヨーロッパの首都のなかの首都であった。知的活動が集中し、世界中から美術や文学のエリートが集まり、政治的かつ文化的な革新の主要な運動が脈打っていたのはパリだけであった。それは、一連の革命によって、自由主義的な社会的・政治的条件を確立したことによる。あらゆる分野における革新的運動の加速がパリの特徴であった。

最後にこの分裂した都市の影と光が提示される。第三共和政の最初の四〇年ほどのあいだにパリでは人口が百万以上増加し、二〇世紀初めの繁栄にもかかわらず、オノレ・ド・バルザック Honoré de Balzac やウジェーヌ・シュー Eugène Sue の時代以上に、貧困と富、野心と挫折の両極端が集中していた。パリは大産業都市のままであり、多くの中・小企業がいくつかの近代的大工場と共存していたが、さらに一八六六〜一九一一年のあいだにパリでは第三次産業の発展とブルジョワ化が進んだ。

パリ住民のあいだにおける生活条件は地域による格差が大きかった。上下水道、ガス、電気は、パリ西部と中心部では現実となったが、東部、北部、南部では非常に遅れ、他のヨーロッパの大都市と比較しても遅れていた。

光と影、進歩と遅れ、社会的・文化的対立は、一八五〇年以来近代化のあらゆる特徴がすでにあったにもかかわらず、一八四八年以前からずっと首都の生活のなかで共存していた。一九世紀のパリは、政治的・社会的・文化的・宗教的・様式的対立の共存であり、都市計画、革命と反革命、文化的革新、政治、日常生活、消費などあらゆる分野の実験室であったとしている。

シャルルは、パリは結論不可能なテーマであるとしながら、近代をつくりだした旧い都市であったとまとめている。

第二章

Let It Be

一九六〇年代と『社会運動史』

1　一九六〇年代とノンポリ

「戦後史学と社会運動史」という問題の設定に対して、すでに小田中直樹が二〇一一年三月のシンポジウム(1)の報告で、世代論という切り口から論じたが、ここでは世代というよりも、むしろ一九六〇年代という時代との関係において、この問題を取り上げてみたい。

大学闘争が下火になった一九七〇年代初め、社会運動史研究会から雑誌を発刊するということになり、それまで考えていたことを論文にまとめて投稿した。ところがこれが『社会運動史』の創刊号のしかも巻頭論文として掲載されることになった。これは誇りにできることではあったが、当時は驚くとともに不思議に思ったことを憶えている。というのも社会運動史研究会のメンバーの多くは、多かれ少なかれ政治運動の経験者であり、そうでない場合でも政治意識のきわめて高い人びとから構成されていて、そういうなかにあってノンポリそのものであった私は、政治的な大所高所からの議論になるといつも拝聴しているだけであったからである。

これは政治意識の高い知的グループが、ノンポリ（ノンセクトといったほうがよいのかもしれないが、ここではもう少し広く無党派かつ非政治主義的傾向を指す）に関心をもっていたことを示しており、『社会運動史』とノンポリ的傾向とのあいだに、何らかの関係がみられるかもしれないと考えた。そしてこのノンポリは、一九六〇年代に生み出された傾向であった。

周知のように、一九六〇年代は、高度経済成長とそれにともなって大衆消費社会が登場した時代であった。これは経済・社会構造における決定的な変化であったが、文化においても深い変容が生じた。とくに大衆消費文化が支配的になるとともに、大衆がさまざまな場面に登場してきた。

六〇年代の若者文化は、大衆文化であるとともに、感性の解放と自己表現をもたらした。それは、ビートルズや、ジーンズや、ミニスカートなどに表現されていた。また、世界中に拡大したベトナム反戦運動があり、フランスのスペクタクルな五月革命や、ほとんどファッションと化した全国の大学闘争があった。これらはテレビというメディアを通して、世界同時的に伝達され、たとえ一時的幻想だとしても、世界の若者の一体化の意識をもたらした。それはそれ以前のインタナショナルとは大きく異なっていた。後者は、政治党派とイデオロギーによって構築された意識であるのに対して、前者は個人の感性に基づく個人的意識であり、大衆的コスモポリタニズムとでもいうべきものであった。この新しい意識の前には、政治党派のインタナショナルはすでに古色蒼然としたものにみえた。

私自身は、ビートルズを聴くようになったのは世界中でヒットしたあとであり、しかも後期の限られた曲だけであったが、それらを通してさまざまな呪縛から感性が解放され、柔らかだが揺るぎない自己を感じることができた。このような感性からすれば、戦後史学の提示する世界は、ごく限られた特殊な世界にすぎないようにみえ、大塚史学の勉強はしても、あまり身がはいらないという状態であった。

このような若者の登場は、六〇年代における大学の大衆化と学生の非エリート化と結びついていた。彼らはかつてのように、イデオロギーや政治党派にとらわれることはなく、それらにあまり関心ももたなかった。しかし、ノンポリはエリートよりも自由な感性と発想をもちうるがゆえに、エリートに劣るというわけではなかった。このような若者の思想と行動が注目をあびるようになったのは、ベ平連（ベトナムに平和を！市民連合）の登場と軌を一にしていた。一九六五年にアメリカによる北爆が開始されて以降、ベトナム反戦運動は世界的に拡大していったが、それとともに、そこに参加する人びとにも変化がみられた。人びと自体の変化というより、参加の仕方の変化であり、六〇年安保時の大衆のあり方とは異なっていた。ベ平連は独自の運動形態を生み出した。それはイデオロギーや組織をもたない運動であった。個人の自発的な意思表示に基づくだけであり、これはノンポリにはぴったりの運動であった。ベ平連の運動の独創性は、多数のノンポリの存在を前提にしたものであったといえる。

彼らは、一九六八年以後の大学闘争の時代を特徴づける存在としてマスコミでも取り沙汰され、時に主役に祭り上げられたりした。彼らは、せっせと運動に励んでも左翼政党組織内での地位の上昇というようなものもない。これこそ草の根民主主義だなどということもない。なぜなら嫌になれば誰に気兼ねすることもなくやめてしまうからだ。Let It Be.

ノンポリを世代論で分けることができないのは、同じ世代で政治党派に所属していた者も多くおり、この世代の若者がすべてノンポリというわけではないからである。それに個人の自発性に依拠している以上、若者全体はもちろん、学生のなかでも活動的なノンポリの占める割合はそう高くはなかったと思われる。ノンポリは、本来、持続的で均質な一つの集団を構成することはない。共通するのは、あくまで個人として参加することにあり、組織化されることを嫌うというか拒否する点にあった。ただ、なかには政治組織に加入していった者もいたように思う。

他方、同じ頃、一九六〇年安保闘争をへて、イデオロギーと政治党派に呪縛されていた知的エリート世代が、それを克服しようとしていた。社会運動史研究会は、この世代が中心となって、一九六八年以後の大学闘争のなかで、六〇年代に登場してきたノンポリの世代と遭遇し、時に対立し、また時に共感するなかで形成されていったのではないかと思う。研究会は、年齢や研究経歴や地位には関係なく、自由な討論の場をつくりだし、なお大学において支配的であったアカデミズムの権威主義を打破した。冒頭であげた些細な事実も、このような文脈においてみると理解できそうに思う。それまで知的エリートは、「人民のなかへ」はいっていこうとしたが、六〇年代には、大衆そのものが知的エリートの空間に侵入してきた、といえるのではなかろうか。

ただ、ノンポリと『社会運動史』の関係といったけれども、私より若い世代のメンバーにこれを適用できるのか疑問が残る。というのも、彼らはノンポリというよりも、新しいタイプの知的エリートと呼ぶべきだったかもしれないからである。そうだとすると、ノンポリと『社会運動史』の関係というのは、自分だけが勝手に考えていることにすぎないのかもしれない。ただ、六〇年代の新しい若者文化が、『社会運動史』に影響を与えていたことは確かだろう。

そして、『社会運動史』の発刊そのものは、大学闘争がもたらした完全な自由(将来の保証からの自由?)なしにはありえなかった、ということをいっておく必要があろう。研究会やそこでの議論は、大学闘争なしでも展開されていったと思うが、雑誌の刊行はありえなかったであろう。大学闘争の結果、論文発表の場がなくなったことによる必要性ということもあるが、何よりも、当時のアカデミズムの権威主義のもとで『社会運動史』のような雑誌を出すことは難しかっただろう。東京大学の西洋史はリベラルであったが、それでも(それだから?)『社会運動史』のような雑誌は、平時においては出せなかっただろうし、そもそもそんなことをしようとする人を集めること自体が困難であったと思う。

2　民衆運動と民衆世界をめぐって

ここでは『社会運動史』に即しながら、当時自分がどのようなことを問題にして研究していたのか簡単に述べておきたい。

本郷の西洋史に進学した年に、フランスから帰国したばかりの柴田三千雄のフランス革命に関する講義に出席して、民衆運動に興味をもった。[2] ただ、柴田の意図とは異なり、ジョルジュ・ルフェーヴルによって実証的に明らかにされたという、フランス革命期の民衆運動の自律性ということに強く関心をもった。[3] さらに大学院に進学したのち、日本女子大学へ移ったばかりの喜安朗に会い、革命的サンディカリスムを熱く語る彼に接して、パリ・コミューンにおける民衆運動を研究テーマにする意を強くした。

民衆運動史研究の方法に関しては、柴田のジャコバン主義とサン・キュロット主義の概念に大きな影響を受けたが、その構図は一九世紀後半の労働者の運動には、そのままでは適用できなくなると思った。他方、喜安のサンディカリスム研究における行動的少数派の概念では、パリ民衆のサン・キュロット主義的側面を捉えることができないと考え、この両者の方法をふまえて、新たな方法を探ることがそのときの私の課題であった。[4]

民衆運動史に関する研究をいろいろ読んでいったが、そこで大きな影響を受けたのは、まず出発点としての先の柴田のバブーフ研究であった。次いで、柴田ゼミで読んだルフェーヴルの革命的群集に関する論文で提示されていた、民衆の日常生活と民衆運動の形成過程に関する客観的な分析方法に感銘を受けた。[5] この頃最も刺激を受けたのは、井上幸治の秩父事件についての研究であった。[6] その斬新な方法によって、また対象への肉薄において、とくに民衆意識の捉え方とマージナルな人びとへの注目において、目を開かれた。生活者としての民衆の視点から、民衆の意識や思想を明らかにしていく必要性を自覚させられた。民衆思想のあり方について、のちに井上は色川大吉との対談で次のように述べている。

思想面でいうと自由党盟約ですね。自由党盟約があって、自由党左派があって、その下に困民党が置かれるわけです。それで自由党盟約を農民の意識で、現実生活のなかで農民の意識をもって読みかえるんですね。そうすると自由といえば、もうお題目ではなく、解放の論理です。この思想の段階は、今までの研究であまり区別されていなかったと思うんですよ。自由党も左派も、困民党もみんな同じ次元でとらえちゃう。[7]

さらにホブズボームによる、いわゆるマージナルな人びとを対象とする刺激的な研究が翻訳された[8]。これは抄訳で翻訳も問題があると批判されたが[9]、そのような不十分な訳を通してであっても、これまでの研究に対して十分に挑戦的であった。これに匪賊の研究が続いた[10]。それまで歴史研究の対象にはなりえなかったような人びとや集団が取り上げられるとともに、その歴史的重要性が明らかにされ、歴史認識における転換を迫られた。

同じ頃、パリ・コミューンに関して、社会学者アンリ・ルフェーヴルの研究が翻訳された[11]。彼は、パリ・コミューン研究に、都市社会の構造分析とともに、「祭り」の概念を導入することによって、人類学的方法を示唆した。原書は、一九六五年に発行されており、六八年の五月革命を予言していたともいわれたが、都市と民衆運動に関して新しい視点をもたらした。

ところが修士二年の一九六八年に大学闘争が勃発し、研究計画は吹っ飛んでしまった。すでにその年の五月にフランスでは五月革命があり、コミューンをテーマに選んでいた私はその展開に圧倒されてしまっていた。ところが今度は自分の足元で大学闘争が始まり、実物の民衆運動が目の前で展開されることになった。本来私の年代(一九六三年入学・六七年卒業)は、六〇年安保と六八年の大学闘争とのまさに谷間の無風世代であったのに、突如、研究を含めた日常まで占拠されてしまった。これ以後二、三年は、いろいろ多くの経験をし、考えたけれども、それまで夢見ていた実証的な歴史研究に沈潜できるような状態ではなかった。

ただ、大学闘争のなかで、民衆運動(といえるのかどうかわからないが、少なくとも純然たる政治運動ではなかった)そのものを内側から観察できたことは興味深かった。なかでも日大闘争が、私のなかでは民衆運動の原型というか原イメージを構成していた。東大闘争それ自体は、やはり知的エリートの運動に思えた。しかも運動自体は、ノンポリの出る幕はあまりなかったように思われた。それに対して、日大闘争には、不正と暴力に対して身体をはって抵抗するという、民衆運動の原点ともいうべきものがあった。イデオロギーや組織ではなく、まず怒れる個人があった。当時日大全共闘は、ノンポリのあこがれであったが、のちには、政治的にならざるをえなくなり、かつての輝きを失った。しかし、日大闘争は、その後ずっと私が民衆運動について考察するときのアルファでありオメガであり続けた。

実証的な研究ができなかったので、その頃いろいろ考えていたことを『社会運動史』に掲載してもらった。それが第一号の論文であった[12]（本書第三章）。これは一人のノンポリ院生が、大学闘争の経験を通して、民衆運動について考察したことを自分なりにまとめたものであった。

この論文で、私は政治党派とも近代主義とも断絶した地点に自分をおくことから始めた。その根拠となったのは、一つは六〇年代の大衆消費文化と非エリート学生大衆としての経験から、大衆そのものに一体化したとはいえないにしても、大衆の視点を得たことであった。もう一つは、当時の民衆運動史研究において明らかにされた民衆運動の自律性のテーゼである。これは、民衆運動の外のイデオロギーや政治党派の問題は、さしあたり括弧に入れて考えることができることを意味していた。

他方、民衆運動の自律性を生み出し支えるものとして、共同性を強調した。このことは、共同体を否定的に捉える近代主義を、民衆運動史研究においてどう位置づけるかという問題に導く。大塚史学では、共同体の解体のなかから近代的個人が生まれてくるとし、共同体を克服すべき対象として措定する。しかし、これは中産的生産者層を中心にした見方であって、当然このような視角からは民衆を捉えることはできない。例えばフランス革命期の民衆運動は、共同体解体に対する抵抗のなかで生まれ、反封建・反資本主義を志向していた。このような民衆運動を明らかにするには、ひとまず近代主義的な見方を括弧に入れる必要がある。

こうして政治党派とイデオロギーのことも近代主義のことも、さしあたり括弧のなかに入れて、民衆の世界に専念できることになった。ただ、共同体を強調するのは、近代主義を裏返しただけではないかという疑問があった。確かに、共同体は既存の支配秩序を底辺から支えている。しかし、支配秩序に対する抵抗としての民衆運動が、共同体に依拠して生み出されるのも事実である。そこで、民衆運動というものを、既存の共同性を基盤として形成される闘争の共同体とみなした（現在ではこれは抵抗共同体としたほうが妥当だろうと思う）。つまり、近代主義のように共同体を否定するのではなく、民衆運動においては、そこから新たな共同体が創出されるとみた。

次に、このような抵抗共同体が、どのように形成されるのかを明らかにすることが必要となる。そのためには、民衆の日常生活の場と人的結合関係のあり方が、抵抗共同体へと転換していく契機を明らかにしなければならない。この場そのものは、歴史的・社会的に形成されるが、第二帝政期のパリにおいては、仕事場とそれを含んだ生活の場であるカルチエが重要になる。さらにカルチエの日常生活のなかでも、酒場が中心的な意味をもっていた。

第一号の論文を発表してすぐ留学し、二年後に帰国して社会運動史研究会の合宿で発表したのが、第五号の研究ノートである。[13] ここでは、第二帝政末期のパリの酒場での民衆の日常生活の実態を具体的に探り、そこにおいて取り結ばれる人的結合関係と彼らの世界像の一端を明らかにしている（本書第四章）。

これを受けて書かれたのが、当時毎晩のようにパリのあちこちで開催されていた公開集会に関する論文であった。[14] この集会運動は、帝政末期の政治状況のなかで重要な位置を占めていたが、それはまたコミューンを予見させる運動でもあった。この論文は、日常生活における酒場での民衆の人的結合関係と公開集会運動との関係を、パリの公文書館で見つけた史料を使って解明したもので、民衆の日常生活における共同性と、そこでの人的結合関係が基盤となって、民衆運動が形成される過程について、一つの結論を出すことができた（本書第五章）。

あとになって知ったことであるが、戦前の農民運動の指導者であった渋谷定輔が、共同体と民衆運動の関係について貴重な証言をしている。彼によると、農村共同体には、相互の嫉妬と差別が存在する一方、「もやい」にみられるような対等・平等なつながりも存在し、それが農民運動の形成に重要な役割を果たしたことを、次のように述べている。

絶えまない洪水で鍛えられた隣保共助の精神、もやいで日々保たれる自発的連帯の伝統、これが言葉でなくて、体の反射として民衆のなかに在るということなんです。その反射が動き出す所までどうして届くか、これがあらゆる民衆運動のカンどころなんですよ。(15)

前掲拙著『第二帝政とパリ民衆の世界』は、ここに示された民衆の日常世界と民衆運動の構造をふまえて、民衆運動のリーダーと政治の世界との関係を解明しようと試みたものであった。

私の民衆運動史研究における一つの夢は、研究対象の数量化に基づく客観的な研究であった。その最初のきっかけは、一九世紀パリ人口の形成過程を解明した、シュヴァリエの歴史人口学の研究であった。(16) 数量化することによって民衆を捉えることができるとは思っていないが、イデオロギー的観点を排して、歪められた研究対象を取り戻す一つの方法として有効だとみなしていた。現在でも、数量化可能な事実は可能な限りそうすべきであると考えている。

一九七〇年代以降、社会史研究が盛んになり、民衆運動史研究もより広い展望のなかにおいて研究されるようになった。他の社会階級の分析や、一八世紀のパリ史研究、あるいは他の都市史研究の進展によって、また、現代都市研究の社会学的・人類学的・文化史的方法の刺激を受けて、民衆史研究も多様で多彩になった。民衆の世界はもはや閉じられた世界ではなく、より広い世界に対して開かれている。民衆運動の自律性自体も、民衆のネットワークや他の社会グループとの関係において考察していくことが必要であろう。

『社会運動史』とはそもそも何だったのか、よくわからないところがある。たぶん人それぞれに異なるのだろう。それが『社会運動史』だともいえよう。したがって、これはあくまで私のみた『社会運動史』である。

第Ⅱ部
民衆運動と共同性

第三章
パリ・コミューン前夜の民衆運動
「労働の世界」と運動

1 パリ・コミューンの独自性

　これまでパリ・コミューンについてじつに多くのことが語られてきたが、それは事実よりも解釈をめぐってであった。ある者にとっては、コミューンはごろつきや娼婦からなる暴徒によってなされた犯罪的行為であり、ある者にとっては、史上最初の社会主義政府であった。後者の場合も、マルクス主義者とアナーキストのあいだにその解釈をめぐって対立があった。このようなイデオロギーのヴェールを取り去り、事実に即してコミューンをみていった場合、まずいえることは、それが一九世紀フランスにおける最大かつ最後の都市反乱であった、ということであろう。パリは、フランス革命以後、おもなものだけでも、七月革命、二月革命、六月蜂起、九月四日革命、パリ・コミューンと革命や反乱の舞台になってきた。これらの革命や反乱においては、民衆の介入が決定的であった。そして、それが最も鮮明な形で現われたのがコミューンの場合であった。本章は、パリの民衆の側からコミューンを捉えるための一つの予備作業をめざしている。

　民衆運動が自律的な運動であるという事実は、ジョルジュ・ルフェーヴルのフランス革命期における農民運動の研究、あるいはアルベール・ソブールのサン・キュロット運動の分析、また柴田三千雄の最近の研究などによって明らかにされている(1)。この民衆運動の自律性は、とりわけパリ・コミーンにおいて鮮明に現われるが、少なくとも一九世紀のフランスにおいては、これは一般的に確認されうる事実であり、一九世紀民衆運動のもつ意味もこの点にかかっているといえよう(2)。

問題は、このような自律的な運動としての民衆運動を成立させている内在的契機は何かということにあるだろう。民衆運動のもつ独自性は、個々の民衆の孤立した運動の総和にあるのではなく、集団的な運動として形成され、展開される全体的な運動にあるからである。そして、このような運動としての民衆運動には、それを構成する民衆のあいだに、つねに何らかの共同性が前提されていると考えられる。それは、組織以前の人的結合のあり方であり、組織(とりわけ民衆組織)の内的統一を生み出しかつ支えているものであり、また組織と対立し、時にはそれを解体するところのものである。

民衆運動に内在するこの共同性は、これまで二つの視角から取り上げられてきたといえるだろう。一つは、それを運動参加者の社会構成の同一性に求める、さらにいうなら、即自的存在の意識を直接階級意識と直結する捉え方といえるが、これは最近の民衆運動史研究の深化によって、少なくとも図式的な捉え方としては、すでに否定されているといえる。他方、民衆運動を内在的に捉え直そうとする視角から、運動そのものに即して運動参加者の意識を再構成しようとする努力がなされている。前述のフランス革命期の民衆運動に関する諸研究や、一八七一年のパリ・コミューン史研究におけるジャック・ルージュリもこの方向にそっている(3)。その結果、例えばフランス革命期の農民運動やサン・キュロット運動においては、反封建・反資本主義的平等主義という独自の志向が抽出されており(4)、また、一八七一年のコミューン運動においては、サン・キュロット主義とサンディカリスム、とりわけ前者への志向が析出されている(5)。これは、今までの段階論的な歴史認識や、革命指導者ないしグループの次元からする諸事件の歴史的位置づけや意味づけに対して、重要な論点を提出しているといえるだろう。

しかし、民衆運動に内在しその自律性を成立させているこの共同性は、必ずしも民衆の顕在化された意識からだけでは捉えきれないだろう。意識という次元で民衆運動を捉えていくならば、結局は意識の深化であるとか、階級意識の獲得という方向において民衆運動の論理が捉えられることにならざるをえない。例えば、柴田の次のような視点は、そのような方向を示していると思われる。すなわち、「特定の社会層に照応する観念形態を、「精神状態《マンタリテ》」「意見《オピニオン》」「理念《イデー》」「理論《テオリ》」という四つの成層をなして意識下の次元から高度の抽象的形態へ到るものと考えるとすれば、バブーフ主義という「理論」は、この媒介をへて、サン・キュロット層という社会的基盤に照応している」[6]。しかし、このような「成層」は、「理論」の次元を基準にしてはじめて成立する構造ではなかろうか。民衆運動が内包する論理は、「理論」という高度の抽象的形態をもった体系へと上昇する論理とは、むしろ異質なそれではないかと思われる。確かに、「理論」の水準からみるならば、民衆の意識に体系は存在しないし、戦略が欠如しているがゆえに、それを「精神状態」と規定せざるをえないとしても、民衆にとっては、ある状況のなかである特定の運動に参加する場合、明確な打倒対象への意識(それが戦略的見地からは正当であるかどうかは別問題である)と意志をもっている。それはマンタリテという概念によって示される内実とは異質であるといわなければならない。民衆の意識を問題にする際に、理論とか体系の次元との関係において捉えるのではなく、民衆の具体的なあり方としての共同性との関係において問題にされねばならないだろう。

例えば、フランス革命期の農民運動の志向した反封建・反資本主義的平等主義を内在的に統一しているものを考えてみよう。まず彼らのおかれていた利害状況とそれに対する意識を考えることができる。すなわち、農民大衆は「領主制のみでなく、主として北部にみられるような小作地を独占し共同体的用益権を侵害する近代的な大農経営、あるいは中・南部にみられるような苛酷な分益小作制にも反対し、十分な経営地をもつ自立的農業を志向した」[7]のである。しかし、ここからは民衆運動の基本的志向である平等主義は必ずしもでてこない。むしろ問題は、共同性の破壊に対する抵抗として捉えるべきではなかろうか。この共同性は具体的には農村共同体という形をとって現われているわけであるが、それは二つの側面をもっていたといえる。すなわち、一方では客観的には、封建制を下から支えるものとして機能していると同時に、他方、農民大衆にとっては、それは彼らの日常生活における人的結合のあり方であった。それゆえ、共同体的用益権の侵害を中心とする共同体の破壊は、農民大衆の利害に対する攻撃であると同時に、彼らのあいだの共同性を解体するものであったといえる。そして、農村共同体という即自的な共同性を基盤にした反封建・反資本主義的闘争の過程で、この共同体は、新たな質をもった共同性＝抵抗共同体を生み出す。それは結局、ブルジョワジーの権力獲得によって解体させられてしまうのであるが、このような新しい人間関係に基づいた運動のなかから平等主義という志向がでてくるのではなかろうか。バブーフやブオナロッティの共同体の観念も、農村共同体と分かちがたく結びついていた。(8)

民衆運動を民衆の側から捉えようとする場合、たえずこの共同性が問題になってくるように思われる。これが党派的論理とは異質な民衆運動の論理＝自律性を生み出すように考えられる。本章が意図するところは、パリ・コミューンを創出した、パリ民衆のあいだの共同性がどのような形で存在していたのか、またそこからいかに運動が形成されていったのかということを、第二帝政下の民衆運動のなかでいくつかの具体例をあげて考察することにある。

2 「労働の世界」

一九世紀のブルジョワ社会において、それとは区別される労働者の独自の世界が存在していたことは、相良匡俊によって、つとに指摘されている。(9) もちろん、この独自の世界としての「労働の世界」は、それがおかれている社会構造から切り離しえないが、逆に、社会構造からこの「労働の世界」を捉えきることはできない。なぜなら、「労働の世界」

という独自な世界を成立させている契機は、歴史貫通的なものとしての共同性であるからである。[10] しかし、この共同性は、一定の歴史的・社会的構造のなかで具体的な形をとる以上、まず、第二帝政下の社会構造に関して、若干触れておかねばならない。

二月革命、とりわけ六月の労働者蜂起を乗り切ったフランス産業資本は、帝政下に飛躍的発展を遂げる。この約二〇年間に、工業生産量はほぼ二倍に達し、外国貿易の取扱い高は、三倍以上に増加する。軽工業から重工業への重心の移動が開始されるのも、この時期である。しかしここで重要なことは、これらの経済的諸変化が、パリの労働者の世界にとって何を意味したのか、という点にある。[11]

生産の集中と機械化は、とくに一八六〇年代後半には、フランスのあらゆる産業部門を特徴づけていたが、それは必ずしも大工場の急速な増加という事実をともなわない。例えば、一八七〇年時点で、フランスの全労働者の六〇％は小企業で働いており、他方、企業主の約七五％は小企業主であった。しかも、当時の公式の調査において、大企業としてランクされる基準が、一〇人以上の労働者を雇用しているかどうかであるという点からも、そのことは想像されうる。パリにおいては、この傾向はさらに著しい。一八六〇年時点で、パリには約四二万人の労働者と約一〇万人の企業主が存在していたが、そのうち、被雇用者〇人ないし一人の企業主が約六万三〇〇〇、二人から一〇人のそれが三万一〇〇〇、そして、一〇人以上の労働者を雇用している企業主は、約七〇〇〇となっている。しかし、六〇年代後半には、かなりの集中化が現われており、前述の一八六〇年時点では、一企業当りの平均雇用労働者は四人であるが、一八六五年頃には、平均八人、六〇年代末には平均一四人となっている。[12]

しかし、この統計からただちに、大工場の増加を指摘することはできない。確かに、大企業が、パリにおいても増加しつつあったが、その具体的なあり方がどうであったかが問題である。大企業は、当時にあっては、パリのみならずフランスにおいても、二種類の形態をとっていた。一つは、一カ所に大勢の労働者を集めて働かせる、いわゆる近代的な大工場であり、例えばカイユ Cail やグアン Gouin のような機械製作工場は、二〇〇〇人の労働者を働かせていた。しかしこの工場労働者は大工場の仕事に飽きると小さなアトリエに職を求め、またしばらくすると大工場に戻るというような工場労働者であった。しかも、当時においては、これらの労働者は数的にも少数であった。「実際、パリは、急激な経済的・社会的転回の時期であるといわれている帝政下において、職業的にはほとんどあるいはまったく変化しない。一八七一年前夜において、「伝統的」と呼びうる職種がつねに広く支配している。すなわち、衣服・熟練を要する工業・パリ商品・家具など。それらは、軽度の後退にもかかわらず、少なくとも労働人口の半数の生計を成り立たせている」(13)。

他方、このようなパリの大多数の労働者の働いている部門の大企業は、どのような形態をとったか。それは、六〇年代前半についてのオギュスタン・コシャン Augustin Cochin の次のような証言に明瞭にみられる。「八二五万五〇〇〇フランの取引をしているある衣服製造業者は、四〇〇〇人の労働者を雇用している。そのうちの何人が彼の工場で働いているのだろうか。一〇〇人である。残りのすべては町に散らばっている」(14)。以上のことから、当時のパリの労働者が、一方では手工業的形態を保持しながら、他方ではますます大資本の支配下に吸収されつつあった状況が浮かび上がってくる。

最後に、当時の労働者の存在形態に関して、今まであまり触れられてこなかった問題に言及しておかねばならない。それは当時の労働者は、熟練労働者ないしは、それへと移行しつつあったということである。それはすでにアルチザンではなく、以上にみてきたように工場プロレタリアでもむろんなかった。アルマン・オディガンによれば、一八六〇年以前に、パリの労働者の存在形態は、すでに次のような変化を遂げつつあった。「大部分の製造業で、細分化はその最後の限界まで推し進められている。例えば、飾り紐製造業において、八ないし一〇の主要部門が区分されるが、それらはさらに二〇の二次的部門に分割されているのである。貴金属労働や、とくにパリ工業と呼ばれている工業は、さらにより数多くの多様性とより狭く限定された専門化の光景を、つねにわれわれに与える。ガス灯部品製造のただ一つのグループにおいて、シャンデリア製造業者は、彫刻労働者、鋳物工、模様打出し工、仕上工、ニス塗り職人、青銅細工職人、旋盤工等々を雇っている」[15]（以下、さまざまな部門の具体例が列挙されているが省略）。そして、この分業化の進展は、ますます小仕事場の増加に結果するのであって、労働者の大工場への集中化を促進するのではなかった。再び、オディガンによれば、「このような多くの分割は、小人数の労働者を擁する仕事場を予想させる。実際、労働が分解されればされるほど、ますます諸集団は増加しながら、その成員を減少させる傾向をもつに違いない。……製品は、一段一段と新しい工程をへながら、ある工場から、他の工場で原料として使うために加工された商品として、離れ、このようにして、消費の要求に合った形態に達するのである」[16]。

インタナショナルを構成する労働者は、ほとんどすべてこのような熟練労働者からなっていた。パリ・コミューンの主体も、そこに小ブルジョワを加えなければならないが、これらの労働者であった[17]。

以上簡単に第二帝政下のパリの労働者の存在形態をみてきたが、そこから予想されることは、労働者の日常生活におけるカルチエの重要性である。すでにみたように、彼らの労働の場は、小さなアトリエであり、しばしば自宅であった。そこでは、ロシア革命時のペトログラードやモスクワの工場労働者のような、工場を核とした人的結合を生み出さない。もちろん次節でみるように、いくつかの部門では、少なくともそのような方向性をもったものも存在していた。しかしその場合でも、労働者の日常生活においては、現代のように労働の場と個人的な生活の場が分離された状態にあったのではなく、両者はカルチエという場を媒介にして結合していた。彼らの生活は、カフェや街頭での生活と切り離せない。結論的にいうなら、当時の労働者の人的結合のあり方＝共同性は、二重の仕方で存在していた。一つは、労働の場における人的結合のあり方であり具体的にはさまざまの職業組織として現われるが、徒弟修業やその組織の伝統も含まれる。もう一つは、カルチエにおける人的結合のあり方であり、それは特定の職業の労働者の結合ではなく、生活の場におけるさまざまな職業の労働者の結合のあり方を生み出す。一九世紀における独自の世界としての「労働の世界」を形成しているのは、このような二重の共同性であった。

この「労働の世界」の構造は、パリの全面的な改造、いわゆるオスマン化によってより一層明瞭な形で現われることになる。一八六〇年に、パリは郊外まで拡大され、それまでの一二区から二〇区になったが、同時に、古いパリの中心部が改造され、家賃の高騰によって、そこに住んでいた労働者は周辺の新しい区に移動した。こうして、フランス革命以来、パリの革命の震源地であったサン・タントワーヌは、ベルヴィルにその地位を譲ることになる。帝政下における、パリの構造の変化がもたらした結果について、一八六三年にアンチム・コルボン Anthime Corbon は次のように述べている。「パリの変化が、強制的に中心部の労働者住民を町はずれに逆流させたので、首都に二つの都市ができた。一つは豊かな都市であり、もう一つは貧しいそれ。後者は前者を取り囲んでいる。貧困な階級は、裕福な階級をしめつける帯のようである」(18)。

以上のように、パリ・コミューン前夜には、労働の場をも含み込んだ労働者の生活の場そのものが、ブルジョワ社会に対立していた。次節では、まず労働の場における共同性のあり方を、第4節では、それをも含んだカルチエでの人的結合のあり方を具体的に考察してみよう。そして、さらに各々の共同性が運動へと形成される過程をも追求してみたい。

3　労働の場における共同性

労働の場における人的結合のあり方は、その組織的表現としては、相互扶助組合、職人組合、抵抗組合、生産協同組合、消費協同組合、信用組合、あるいは労働組合評議会などとして現われている。これらは互いに性格の異なる組織ではあるが、必ずしも段階的発展の相違ではなく、共存していた。そして、これらの労働者諸組織を核として形成される運動が、労働運動であり、固有の意味での労働運動がフランス史上はじめて一定の力を獲得したのは、この第二帝政下においてであった。また、そのような新しい運動のなかから、最初の労働者自身による労働者の党派として、インタナショナルが登場したのであった。しかし、この時期の労働運動は、必ずしもいわゆる労働組合運動ではない。民衆運動の本質が、その自律性にあるとするならば、一九世紀の労働運動は一般的に民衆運動であるとしてさしつかえない(19)。

当時の労働者の職業組織が労働者の生活においてもっていた意味は、二つの面から捉えることができると思われる。一つは、労働者の日常生活に密着した相互扶助的な側面で、例えば、負傷者・病人・障害者あるいは老齢者への援助、また葬式の費用の分担などにみられる。このような組織は古くから存在しており、それは彼らのあいだに助け合いに基づく自生的な共同性を生み出していた。

他方、この職業組織は、前記の相互扶助的な即自的共同性を前提として、独自の内在的論理をもった世界を形成していた。ストライキの際に、換言すれば即自的な共同性が抵抗共同体へと形成されるのは、この独自な内在的論理を媒介としてである。

この過程を、印刷工組合を取り上げることによってみてみよう。印刷工組合は、一八六〇年頃に復活するパリの労働運動の中核をなしており、青銅工組合などとともに、六七年頃までパリの労働運動のなかで主導的位置を占めていた。当時、印刷工や青銅工は、熟練労働者のなかでも最も知的なエリートの部分を形成しており、彼らの組合も多くの革命を経験してきた古い伝統を誇る組織であった。他方、一八六〇年初め頃から、これらの部門にも機械化の波が浸透してきて、一〇〇人前後の労働者を雇用する企業もいくつか登場していた。ストライキ運動が発生するのは、このような機械化とそれにともなう合理化が実施された工場からであった。そういう意味では、一八六〇年から六七年にいたるパリの労働運動の担い手は、機械化の導入によって脅威にさらされつつあった熟練労働者のエリートであったといえるだろう。

一八六〇年代初頭の印刷工にとって、機械化とそれにともなう合理化としての女性労働の導入が最も大きな問題であった。それに対して、印刷工は伝統的な労使間の協定を根拠にして抵抗した。これは協定によって熟練労働者の地位を防衛しようとするものであった。同時に、それは、主婦は家庭にとどまって子どもの教育に専念すべきであるという彼らの倫理観に裏打ちされていた。このような脅威にさらされつつある熟練労働者としての地位を守ろうとする志向は、一八六七年に労働組合評議会として再編されたあとも一貫してみられる。彼らは、雇用者が徒弟や臨時雇いを、協定で決定されている割合以上に雇用していることに対して、抵抗を繰り返しているし、評議会は次のようなことさえ提案している。それによると、徒弟は、調停委員会(これは労使から構成される)の前での十分な審査を通過することなく認承されない、という内容をもっていた[20]。

以上のように、印刷工の志向したものは、一般にいわれるように、過去復帰的なものを強くもった没落しつつある小ブルジョワ的志向であるといえる。しかし、重要なことは、そういう歴史的規定性を受けている面にあるのではなく、それにもかかわらず彼らの抵抗力を生み出し、かつ彼らの抵抗を支えているものは何か、という点にある。この点に関して、次のような興味深い印刷工の発言がある。これは、女性労働の導入をめぐって、一八六二年にデュポン印刷所で起こった自然発生的なボイコットに参加した印刷工が、裁判の際になした発言の一部である。印刷工ドゥボックは、ストライキが事前に仲間のあいだで合意されていたのかという質問に対して次のように応答している。

応答―いいえ、われわれのあいだには協議さえなかったです。問題はすべての者にとって同じでした。われわれが全員、同一の感情《サンチマン》をもったとしても何ら驚くに足りません。

質問―しかし、では、いま語られた印刷工のこの伝統とは何なのか、そして、それをどこで獲得するのか。

応答―それは、旦那、子どもが乳を吸って育つように、徒弟修業から吸収するのですよ![21]

このドゥボックの発言には、労働者と彼の職業組織との関係について、重要なことが語られている。一つは、彼らが同一の感情をもっている（それを事前協議を否定するための弁明ととることができるとしても）という点であり、ここには女性労働の導入阻止という要求では捉えきれないところの抵抗運動が形成される過程がヴィヴィドに現われている。彼らを結合しているのが、単なるあれこれの要求ではなく、感情であり、そういうものを彼らが共有しかつそのことを自覚しているのである。それはまさに即自的な共同性が抵抗共同体へと形成される過程である。そして、第二に重要なことは、さまざまなイデオロギーや慣習とともに前述のような行動に対する感覚が、徒弟修業の過程で伝受されるという事実である。いわば、彼らは徒弟修業によって熟練労働の技術を獲得すると同時に、抵抗運動の熟練者にもなるわけである。彼らが蜂起のカードルを形成するのも、このような背景に基づいている。

徒弟修業の過程で伝えられる伝統のなかで、重要なそれの一つは、組織における直接民主主義の伝統である。それは次のような事実によってもうかがえるだろう。彼らの伝統に従えば、賃上げの要求でさえ、総会でそれが討議されることなしには、たとえ全組合員の信任を得た事務局によってであろうと決定されえないことになっていた。[22]

以上のことから、労働者の職業組織が表現している独自の自律的な論理の一端が明らかになったと思われる。それは党派的な指導・被指導の関係に基づいた人的結合ではなく、共同体的論理をもったそれであった。組織外の共和主義者や社会主義者が、イデオロギーの面で何らかの影響を及ぼしたということは考えられるであろうが、ストライキのような実際の行動においては、ほとんど何の影響も与えていない。例えば、この「労働の世界」で生活している労働者によって組織された労働者の党派であるインタナショナルでさえ、職業組織の完全な自律性を前提することなく成立しえなかった。ストライキに関しても、それへの介入は指導という形でなされたのではなく（インタナショナル・パリ支部は、原則としてストライキは反対していた）、物質的・精神的な面での支援にすぎなかった。むしろ逆に、帝政末期のストライキの激化によって、インタナショナルがそのストライキ観を変えたのであった。[23]

次に、このような独自の内在的論理をもつ共同性が、民衆蜂起においてどのように現われるのかをみてみよう。ほとんどの労働組合やインタナショナルの諸支部は、普仏戦争とプロイセン軍によるパリ包囲の過程で、組織としては壊滅しており、この時期からパリ・コミューンの樹立にいたる期間の民衆運動の中核になるのは、カルチエのクラブや国民衛兵軍であった。しかし、いくつかの労働組合は(というより正確には、組織としての組合ではなく、それを生み出し支えている人的結合であるが)、これらの民衆運動を形成しえた。前述した印刷工の場合がその一つであった。例えば、第四区のラユール印刷工場で働いていた印刷工たちは、国民衛兵軍第一三六大隊を組織するのに成功している。その組織は次のような過程をへてなされた。まずラユールの印刷工が自分たちの工場の労働者を中心に集まり、近隣の印刷工場の労働者に義勇軍の創設を呼びかけ、その結果数日にして、一二〇〇名の志願者を集めることができた。一八七〇年九月九日には、彼らのあいだで士官が選出されたが、そのうち大隊長を含む七名が印刷工によって占められた。この第一三六大隊は、五〇〇名の印刷工を含んでいた。この他に印刷工のイニシアチヴによるものとして、「出版義勇軍」という組織が確認されており、これは一八七〇年一〇月二八日の出撃で最も果敢な戦闘をおこなっており、コミューンにおいても戦闘的であったことは、コミューン直後に、「ほとんどすべての者が殺された」と証言されていることからもうかがうことができる。(24)

このように、労働の場における人的結合は、単に労働運動を形成する最も重要な契機であっただけでなく、民衆蜂起を形成する契機へも転化しえたのである。しかしこのような例は実際にはまれであり、それは一つの方向性を示したにとどまったといえる。帝政末期には、そのような方向性はかなり明確に現われていたが、一八七〇年九月四日以後に始まるコミューン運動においては、カルチエの共同性が労働の場の共同性を圧倒した。その理由の一つは、普仏戦争への動員などで労働組合のほとんどが壊滅していたことであり、組織が解体したあとに残るのは人的結合だけであったからである。すなわち、カルチエにおける組織されざる共同性が、コミューン運動の出発点となる。次節では、このカルチエにおける人的結合のあり方と、それが運動へと形成される過程を検討してみよう。

4　カルチエにおける共同性

すでに第2節でみたように、当時の、パリの産業の存在形態は、一方で郊外の新しい区に大工場(当時の基準からみて)が登場しつつあったが、より一般的には小仕事場が支配的であった。このような産業構造における労働者が生み出す人的結合は、たえずカルチエを媒介としていた。当時にあっては、「居住地の共同性が、労働の場の共同性にはるかに優越して」いたのである。(25)

例えば、帝政末期の反帝政運動とコミューン運動において主導的な役割を果たすベルヴィルの労働者とそのカルチエとの関係をみてみよう。(26) 当時のパリでは、ベルヴィルというカルチエの名称は、単に二〇区の一つのカルチエを意味したのではなく、一九区と二〇区にまたがる地域の一部を指していた。すわなち、それは次のカルチエを含んでいた。ベルヴィル、コンバ(一九区)、ペール・ラシェーズ(二〇区)それにサン＝ファルジュオー(二〇区)とアメリカ(一九区)の各半分である。これは、一八六〇年にパリに合併される以前の旧コミューンの枠とほぼ一致していた。ベルヴィルは当時最も労働人口の密度が高かった(ベルヴィルは二〇区と完全に一致はしていないが、一八七二年の調査では、二〇区の人口の七〇・六二%が何らかの生産活動によって生計を立てていた)。そして、このベルヴィルは、他のカルチエとは区別される独自の世界を形成していた。それは、行政的区分とは無関係に、ベルヴィルという旧コミューンの生活空間に基礎をおいた一定の同質性をもった空間が存在し、かつ民衆のあいだでそのようにイメージされていたことにも示されている。また、ベルヴィルに住む労働人口の職業的・社会的構造が隣接する労働者街のそれとはかなり異なっており、むしろそれはパリの中心部のカルチエのそれに近かった。事実、ベルヴィルの労働者の多くが、家賃の高騰によってパリの中心部を追われてきたのであった。しかも彼らの多くはなおパリの中心部に働きに出かけていた。そういう点では、一八区や一九区のカルチエと非常に異なっていたのであり、職業的・社会的構造のみならず、精神的にもパリの中心部のカルチエに近かった。このような他の隣接するカルチエと区別されるベルヴィルの同質性は、一八六九年の選挙やコミューン選挙の結果にもみられる[27]。

以上、ルージュリの詳細な研究の労働者の存在形態に関する部分を簡単に紹介したが、今後さらに他のカルチエや区にまでこのような研究が広げられねばならないだろう。ただルージュリは、カルチエの共同性の重要さを指摘しながら、それを労働者の存在形態から説明しつくそうとしていること、またベルヴィルの労働者の意識も彼らの存在形態から説明してしまっている点は問題がある[28]。労働者の存在形態は、共同性の具体的なあり方を規定するとしても、同値ではない。民衆の意識は、この共同性とそれが運動へ形成される過程において捉えられないならば、結局、社会経済史的把握か上部構造自立論的把握に終わる(ルージュリの研究にはこの二つが分裂的に存在する)。

それはともかく、次にカルチエでの労働者の日常生活のあり方の一端をみよう。労働者の日常生活においては、カフェやキャバレが重要な意味をもっていた。彼らは仕事を終えたあと、自分の屋根裏部屋へ戻る前の時間をそこで過ごした。一杯やりながら歌ったり、ビリヤードに興じたりして、カルチエの労働者の自然な結合がそこにはあった。また、そこでは新聞が皆の前で読み上げられ、それを聞いた労働者は聞きそこねた仲間に口伝えした。こうして、カフェやキャバレはカルチエのさまざまな労働者の接触の場であっただけではなく、「労働の世界」とその外の世界との接触の場でもあった。ピエール・ポル・ルルワ＝ボーリュウ Pierre Paul Leroy-Beaulieu がいったように、「労働者にとって、現在の社会におけるキャバレは、過去の社会における教会の位置を占めている[29]」のであった。

このような即自的な共同性のなかから、多数のグループが生まれてくる。なかには政治的グループも存在したであろうが、多くは同好会的なものであった。しかしそこには結社的な結びつきの仕方も認められる。例えば、冶金労働者の一つのグループであるランス＝パント会 Société des Rince-Pintes への入会資格は、二パント(二リットル弱)の酒を二分以内に、口をビンにつけずに飲みほすということであった(30)。

ウジェーヌ・ヴァルラン Eugène Varlin が、労働組合における共同性のもつ意味を対象化しようとしていたことは、すでに触れたが(註23)、同時に彼はカルチエにおける共同性をも捉えていた。インタナショナルの支部が労働組合だけではなく、多くのカルチエ支部をもっていたことは、カルチエの共同性に介入しようとしていたことを示している。それはプロパガンダとカルチエの組織を意図していたにしても、いわゆる党の細胞というようなものではなく、カルチエ支部は自律性をもっていた。ヴァルランは、さらに幾人かの同僚と、マルミトという名の共同食堂を設立しているが、これは協同組合運動の理念とカルチエの共同性を結合しようとしたものであったと思われる。このマルミトの様子を、その会員の一人は次のように回想している。

私はそれについて素晴らしい思い出をもった。そこで人はつつましいが十分に調理された食事をとった。そして、テーブルのまわりには陽気さが充満していた。会食者の数は多かった。各人は自分自身で調理場へ料理を取りに行き、その値段を登録カードに記入し、それをお金と一緒に受取りの任を負った仲間に手渡すのであった。一般に長居はせず、他の者に席を譲るために、自分の食欲を満足させると立ち去った。しかし、しばしば幾人かの親密な仲間は会議を長引かせて話し込んだ。歌も歌われた。美しいバリトンのアルフォンス・ドラクールは、われわれにピエール・デュポンの「労働者の歌」「機関車」などを歌った。市民ナタリー・ル・メルは歌わなかった。彼女は哲学し大問題を傑出した簡潔さと自在さをもって解いた。われわれは皆彼女が好きであった(31)。……

そして、このようなカルチエにおける即自的な共同性は、帝政末期のストライキの激化(それはフランスのみならずヨーロッパ全域に及んでいた)や政治的騒擾の頻発の過程で流動化していった。こういう状況のなかで、パリ民衆の政治的・社会的生活の核として現われたのが、さまざまなカルチエを中心とする公開集会 réunion publique であった。これは一八六八年六月に帝政によって許可されたもので、六八年七月から翌六九年三月の九カ月間だけで延べ三〇〇〜四〇〇の集会と二〇〇〇〜三〇〇〇の演説がおこなわれたといわれる。[32] しかし、これらの集会では政治と宗教に関するテーマを論じることは禁じられ、また警察の監視下におかれ、警官は弁士の発言を中止させたり、集会の解散を命じることができた。さらに、集会がクラブ化する危惧から、集会の議長団は毎回その場で選出されねばならず、一切の常設的機関の設置が禁じられていた。

この公開集会は、労働者にとって、カフェやキャバレと同様一つの気晴しになっていた。M・G・ド・モリナリは次のように述べている。「ともかく、これらの集会はわれわれのあいだに決定的に根を下ろしている。それは、とくに安価な知的気晴しが欠如している民衆の階級をとりわけ引きつけている」。しかし、それは知的気晴しであるがゆえに、カルチエでの日常生活と外部世界＝政治世界との接点として機能した。それは一方では、カルチエの日常的・即自的な共同性を流動化させつつ、他方ではそれを新たな形で凝集していった。それは二つの事実によって確認できる。一つはカルチエ次元の無名のミリタンの登場である。公開集会は最初自由主義的な経済学者やブランキストやジャコバン、また協同組合運動の指導者あるいはカトリックの青年たちによって主宰されていたが、一八六九年頃から無名の労働者が演壇に立つようになる。彼らはどの党派にも属さず、カルチエ次元にとどまる影響力しか保持しないが、アクチヴな民衆を代表していた。[33] もう一つの事実は、集会での聴衆の反応の仕方の変化である。モリナリは次のように続けている。

当初は、聴集はなおうぶであり、すべての玩具のなかで最も大きな音を立てるもの、太鼓だとかトランペットをまず選ぶ子どもに似ていた。彼らをとりわけ魅惑し拍手喝采させたのは、大げさな言葉であり、美辞麗句で飾り立てたくどくどしい口上であり、大胆なほのめかしであった。今日では、それはもはや十分ではない。そして、数日前のことであるが〔一八六九年九月〕、くどくどしい口上に飽きてうんざりしたフォリ・ベルヴィルの聴衆が、大声でわれわれは事実が欲しいのだ、事実が！　と要求しているのを聞いて、快い驚きを感じた。また、ある集会では植民地問題が議題にのぼっていた。[34]

集会では、当局の禁止にもかかわらず、あらゆる問題が論じられていた。集会の参加者は、労働者街では二〇〇〇人を超えることがしばしばあった。こうして公開集会は、実質的にはクラブの機能を果たしていた。一九世紀のフランスにおいて、とりわけパリにおいて、クラブがもった意味については、イギリス風の自由主義を理想としそこでの集会が静かで社会改革に役立つ働きをもっていると考えたモリナリは、次のように述べている。

フランスにおいては、クラブは情念を過度にかきたて、不毛な騒動を引き起こすことにしか役立たなかった。一般にいわれてきたように、フランスにおいては、集会の自由はかつて革命の付随的結果でしかなかったからだろうか。それは未だなお、クラブが、本質的にフランス的な慣習に従ってすべてを牛耳りすべてを規制することに専念することを通して、あらゆる種類の問題に干渉する小政府であろうとする意図をもつからではなかろうか。

次に、カルチエの共同性が運動へと形成される過程をみてみよう。この街頭を媒介にした人的結合のあり方は、それが街頭を媒介しているがゆえに、労働者をより素早く蜂起者へと転化させ、また蜂起は一気にカルチエ全体に広がる。[35]それは、組織を媒介としてなされるのではなく、既述した印刷工が述べているような、共同性から生まれる同一のサンチマンに基づいているからである。例えば、一八六九年六月のパリの暴動の経過をみてみよう。[36]この暴動は、立法院選挙の結果の発表があった直後の六月八日から一二日にかけて、労働者街で自然発生的に起こった。労働者は、さまざまな物を打ち壊し警官隊と激しく衝突しバリケードも登場したが、結局五〇〇名の逮捕者を出して終わった。のちに重罪裁判所へ換問された一三名の被告のうち一一名がベルヴィルの労働者であったことからも知られるように、この暴動はベルヴィルで最も激しかった。

ベルヴィルでは、暴動は酔っ払いのけんかから始まったと当時の新聞は伝えている。六月八日のベルヴィルのキャバレで一人の機械工が酒代を支払うことを拒否して外へ放り出され、その仕返しに「場末の浮浪者」の一群を引きつれて、その店を略奪し通行人に乱暴を働いたといわれる。しかし、これが単なるけんかではなかったことは、この夜、同様の事件が多く発生していることからも知られる。この事件の少しあと、同じ大通りの酒屋が鉄棒で武装した三〇〇人ほどのグループに襲われているし、八時から真夜中にかけていくつもの略奪グループがたえず徘徊して、打ち壊しをおこなった。そして、翌九日には、赤旗を先頭にして、「共和国万歳」と叫びかつマルセイエーズを歌いながら、三〇〇〇〜四〇〇〇人がバスチーユへと降りて行った。彼らは、途中市場を打ち壊し、そこで鉄片で武装し、新聞売場や街灯、家の窓ガラス、工場の門を壊し広場の交通監視所に火を放った。

以上がベルヴィルの暴動の経過である。それは警官隊との激しい衝突で終わったが、このような暴動の外からの描写では確実なことはいえないとしても、次の点は重要であろう。一つは選挙結果の発表の直後であること。また、一見けんか騒ぎのようにみえるが、同時に多発していること。そして一夜にして三〇〇〇〜四〇〇〇人という多数の民衆が、赤旗を先頭に「共和国万歳」と叫びながら示威行動をおこなったということである。しかも、何らかの党派がこの運動を組織した痕跡はない。

以上、帝政末期のパリ民衆の具体的あり方としての二重の共同性と、それを媒介として運動が形成される過程の一端を甚だ乱暴にみてきたが、次に、一八七〇年九月四日以後のコミューン運動において、共同性と運動の形成がどのように現われるかを、簡単にみておこう。

5　パリ・コミューンへの道

一八七〇年の普仏戦争の開始は、帝政末期の労働運動や政治的示威運動が志向していた方向をそらせたが、九月四日の共和政の宣言後、再び民衆運動が復活する。コミューン運動はここから始まった。すなわち、共和政の防衛とプロイセン軍によるパリ包囲という状況のなかからそれは出発したのである。

戦争への動員によって、パリの労働者の職業組織のほとんどは解体していた。インタナショナルも組織としては壊滅しており、それが再編されるのは、翌年三月一八日の直前になってからであり、しかも三月一八日の蜂起には組織としては参加を拒否している。組織が解体したあと残るのは、人的結合だけであり、前述したようにそれはカルチエを媒介とした人的結合であった。さまざまなカルチエにクラブや共和主義委員会が開かれ、それが個々のカルチエの運動の核となった。

こうして、革命的状況のなかではじめて、カルチエの即自的な共同性が組織される。カルチエの共同性の組織化は、それが民衆の生活全体を貫いているがゆえに、民衆の生活全体の革命に突き進んでしまうだろう。そして、このときカルチエの組織化を革命的戦略の視点から捉える革命指導者の論理とは異質な論理をもった抵抗共同体が形成される。両者は、ある一定の状況のなかでは交錯するだろう。このようなカルチエの組織を統一しようとしたのが全二〇区共和主義中央委員会であり、それは包囲下におけるコミューン運動に決定的影響を与えた。しかし一八七一年一月六日に有名な「赤い掲示」で蜂起を訴えて失敗したあと、二次的な意味しかもたなくなってしまう。

コミューン運動において、最も重要な契機は国民衛兵軍の存在である。国民衛兵軍の数は、一八七〇年の九月初めに六〇大隊であったのが、同月末には二六〇大隊(一大隊は八個中隊、一五〇〇人)へと急増したが、それは地区ごとに組織されていた。彼らは戦闘から帰れば、カルチエのクラブや共和主義委員会に出入りしていた。いわば、カルチエの抵抗共同体は武装されたそれであった。しかも、アンリ・ルフェーヴルの指摘するように、「包囲のあいだに、市民生活と軍事生活のあいだの境界、住民大衆と武装人民のあいだの境界、いいかえると駐屯衛兵と遊動衛兵のあいだの境界は消滅する。多くの「遊動隊員」は民家やバラックに泊まり、苦もなくそこをとび出して街中に広がる[37]」。こうして、カルチエの武装された抵抗共同体は、個々のカルチエを超えてパリ全体に広がる。

プロイセンとの休戦後の国民議会選挙の結果、王党派が議会の多数を占めたとき、臨時の国民軍中央委員会は、三月一〇日に国民衛兵軍の組織の最終的な規約を決定し、「共和政は普通選挙に従属されえない」という宣言を出したが、これは当時の状況のなかでは決定的な意味をもっていた。つまり、武装され組織された抵抗共同体が合法的な国家権力に対して Non を宣言したことの意味であり、それは結局、国家権力に対して自己を自律した、また武装された権力として登場させたことを意味した。そして、パリというこの武装された抵抗共同体が、とりもなおさず、パリ・コミューンそのものの構造であったと考えられる。

第四章

酒場と労働者と政治

第二帝政末期パリの労働者の世界

1 シュブリムとは？

第二帝政下の労働者の日常生活については、すでにジョルジュ・デュヴォによる大部の研究がある。[1] その研究は網羅的ではあるが、われわれの関心の対象である民衆の日常生活と民衆運動の関係という観点からみるとき、直接的には多くのことを語ってくれない。しかし幸い、デュヴォがしばしば引用しているドニ・プロの『ル・シュブリム』[2]を読む機会があったので、これを素材にしてパリの労働者の日常生活について若干論じてみたい。

『ル・シュブリム』は、ドニ・プロによって、一八六九年に書かれ翌七〇年に出版された。一八八七年には第三版が新版の形で出されている。筆者はこの第三版によった。エミール・ゾラが『居酒屋』を書いたとき、その下敷きにしたのが同書である。著者プロに関しては詳しいことはわからないが、『ル・シュブリム』の本文と第三版の序文から同書を取り扱うに必要十分な情報を得ることができる。彼は第二帝政下に機械工から雇用主へと社会的上昇を遂げた人物で、第三共和政下では大統領ジュール・グレヴィからパリの第一一区役所の指導を委ねられている。思想的には反帝政の熱烈な共和主義者であり、進歩と秩序の擁護者である。喜安朗が明らかにした第三共和政初期における「共和政信仰」の典型的な「信者」の一人にやがてなることになる。[3] プロが同書を書くことになった直接の動機は公開集会 réunions publiques での弁士たちの激しいアジテーションだといえる。また同書においてプロが意図しているのは、第二帝政下のパリの労働者の悲惨な生活と社会的無秩序そしてそれらと密接に関係しているアルコール中毒の実態を示し、それに対して平和的手段による社会改革の方策を提示することにある。このような試みはすでにそれ以前に多くなされているが、同書のように当時の労働者の日常生活を自己の体験を通して具体的に描いた著作は稀である。ただ既述したように、プロの視角は筆者のそれとは逆の方向を向いているので、同書の解説を意図しているのではないことをお断りしておきたい。本文の〔　〕内の頁はすべて同書第三版のそれである。

2　シュブリムの世界

『ル・シュブリム』が対象としているのはおもにパリの機機工の世界である。彼らは当時のパリの労働者の七分の一を占めていた〔二二頁〕。[4] 当時の機械工というのは、生産過程のなかに機械が導入され、しかも未だ高度の分業化にまで達していない段階の典型的な熟練労働者で、旋盤工・機械組立工・鋳物工・鍛鉄工・鎚打工・鉄板製造工などの鉄の加工に携わる労働者を総称していう。プロによれば、同書における機械工に関する叙述はパリ全体の労働者にも適用しうるとしている〔二二頁〕。

著者は、第二帝政下のパリの労働者のなかに現われた著しい現象を次のように述べている。「それ以来〔一八四八年以来〕過ぎ去った二〇年のあいだに、この恐るべき上げ潮であるシュブリミスム sublimisme が、この血ぬられたぞっとする恐怖政治によって押しつけられた暗い沈黙の前で大発展を遂げた」〔二一三頁〕。プロは「シュブリム」の数はこの二〇年間に二〇%増加したと評価している〔二三一頁〕。また、第三版の序文（一八八七年）によれば、この時点では「シュブリミスム」の発展は停止しただけでなく後退している［Ⅱ頁］。もう一つの新しい現象としてプロは雇用主と労働者の関係の変化をあげている。彼によれば、一八四八年以前には両者のあいだに相互尊重と相互理解が存在したが、第二帝政下では労働者は雇用主を敵とみなすようになり、そうしたものとして対応している。とくにパリではこうした考えが一般的になっている［二〇三〜二〇四頁］。このような現象を帝政末期のいくつかの民衆暴動やパリ・コミューンにまでいたるいくつかの蜂起に直結することは無論できないが、一つの手掛りとして検討することは許されるだろう。事実、プロは次のように述べている。「シュブリムは全体としては文物破壊者と同じく英雄も生み出すだろう」［二〇一頁］。また他の個所ではこう書いている。「ルドリュ・ロランは革命時にはしっぽが頭をリードするといった。しっぽ、それはシュブリムである。頭がどんなに強力でも、革命においては、しっぽが頭を支配する」［二四二頁］。つまりプロは「シュブリム」を蜂起参加者とみなしている。あるいは蜂起に参加する連中を「シュブリム」としたほうが彼の見方に近いのかもしれない。しかし、われわれの視点からはどちらであってもさしつかえない。重要な点は、プロが一八四八年革命のとき目撃した蜂起参加者のイメージを基準にして、帝政末期の労働者のある部分に類似のものを認めていることである。つまりわれわれは潜在的蜂起参加者の日常生活をプロの叙述から逆に捉えることができる。もちろん、それはプロがみた四八年革命参加者のイメージが基準になっているという限界をもっているが。

さて、まずこの聞き慣れない「シュブリム」とは何を意味するのかみておかねばならない。これはプロがある種の労働者を指すときに用いる表現である。例えば酔っ払った労働者が仕事を求めてある工場を尋ねたが雇用主に断わられ、さんざん悪口雑言を吐いたあと、「神の喜ばれるもの、それは崇高な（シュブリム）労働者である」と、劇的な調子と身振りで見えを切ることからプロが命名したものである［一九〜二〇頁］。このせりふは当時のシャンソンの歌詞を変形したもので、もとの歌詞は「陽気な労働、それは神の喜ばれる聖なる祈り、この崇高な（シュブリム）労働者」となっている。具体的には行論のなかで述べるとして、さしあたりは酒場にとぐろをまく反社会的労働者を指していると考えていただきたい。

プロは労働者を以下の八つの型に分ける。①真の労働者 Ouvrier vrai, ②労働者 Ouvrier, ③混成の労働者 Ouvrier mixte, ④単純なシュブリム Sublime simple, ⑤前科のある、また没落したシュブリム Sublime flétri et descendu, ⑥真のシュブリム Vrai sublime, ⑦神の子 fils de Dieu, ⑧シュブリムの中のシュブリム Sublime des sublimes［二〇〜二一頁］。そして、その割合を各々順に、一〇％、一五％、一五％、二〇％、七％、一〇％、一六％、七％と振り分けている［二二九頁］。この分類の基準は仕事のうえの能力とも知的水準とも関係なく［五九頁］、もっぱら一年の労働日数によっている［六七頁］。つまり、プロにとっては労働日が少ないということは、その分だけ酒場に入り浸っていることを意味し、そこを根城に反社会的な集まりが催され、害悪が繁殖されるということになる。しかもそれは労働者の一部というのではなく、シュブリムの合計は労働者全体の六〇％に達する。もちろんこれらの数字がどの程度の信憑性をもつかを問題にすることができるし、可能なら正確な数値が望ましい。しかし、目下のところさまざまな区別されうるカテゴリーの労働者が存在すること、そしてそのあるカテゴリーがある観察者をして筆をとらしめるほどに多いということで十分である。本章の意図は問題の所在を示そうとすることにあるからである。

プロは右記の順を追って各カテゴリーの労働者の具体的な特徴を微細にわたって描写しており、それ自体非常に興味深い。しかし、われわれの関心は労働者の日常生活そのものを描写することにあるのではなく、民衆運動を形成する契機との関係で日常生活をみようとすることにある。したがってこの観点からみて重要でないと思われる点は省略する。

① 真の労働者

このカテゴリーの労働者は知的にも仕事の能力の点でもエリートを形成する。一年間の労働日は三〇〇日以上［四三頁］。経済的にも余裕があり、家庭を大切にする。約束は守り、自分の機械や道具はつねに整備が行き届き身なりもつねに清潔である。政治が彼の関心の大きな部分を占める。彼は確固とした共和主義者である。酔っ払うことはけっしてない。ヴォルテールやルソーそしてコルネイユなどを読んでおり、家にはルイ・ブランやラマルチーヌの本がおいてある。彼は肉体労働によって生きることに誇りをもっている。行動の人ではなく理性の人である。このカテゴリーに属する労働者のなかから雇用主や職工長に社会的上昇を遂げる者が多い。プロ自身このようなコースをたどったと思われる。彼は「シュブリム」を軽蔑しており工場の同僚とはほとんど交際しない。ごく少数の友人しかもたない〔以上二九〜四一頁〕。このカテゴリーの労働者はプロが絶賛する労働者であるが、われわれの関心からは、少なくともカテゴリーとしては、重要性をもたない。大衆の外にあるからである。より正確には、大衆との関わりを避けているからである。

② 労働者

このカテゴリーの労働者は年三〇〇日以上働き「真の労働者」にほぼ近い生活をしているが、知性の点ではるかに劣る。彼の愛読するのは『ガゼット・デ・トリビュノー』(裁判の記録の報道を主とする新聞)であり、『みんなの科学』である。「真の労働者」を除くすべてのカテゴリーの労働者は独身時代には同棲しているが、「労働者」はある時期がくるとそれを清算して同郷の娘と結婚して堅実な家庭をもつ〔以上四三〜五二頁〕。彼は公開集会の聴衆の一部を形成する〔六〇頁〕。いわば正直な働き者にあたる労働者で大衆の一部をなすといえる。

③ 混成の労働者

良い労働者であり、家庭を愛し、身なりも清潔であるが、意志が弱く、他人の影響を受けやすい。そのため「シュブリム」の誘いを断れず、ときどき仕事をさぼって酒場に沈没する。一年の労働日は最高で三〇〇日。雇用主にある作業班の指導を委ねられても引き受けることは稀である。というのは「シュブリム」をおさえきる力量がないことを自覚しているから。「真の労働者」の作業班にいるときは、彼は良い労働者になるが、「神の子」の作業班に加わっているときは、なされるがままになり、その作業班が酒盛りを始めれば、彼はすぐ仲間に加わる。ほとんど本を読まない。読むとしても、それは「神の子」がとくに薦める本を好んで選ぶ。お祭りが好きで、見世物などに飛入りで参加するのは彼である。独身であれば夜は大通りの店をからかったりする。大道香具師の前で列をなすのも彼である。怪力家は彼の賛嘆の的である。疲れを知らぬ野次馬で、大きな閲兵や祭りはどんなに遠くても欠かさない。夜はダンス・ホールに通うのが決まりである。公開集会の聴衆の一部を形成する［五三～六一頁］。これも大衆の一部、それも流動的な部分をなすと思われる。

④　単純なシュブリム

このカテゴリーからプロのいう「シュブリム」にはいる。プロは「シュブリム」の見分け方を次のように書いている。「もしあなたが漆喰だらけの石工が通行人をよごすために彼らに体をすりつけているのを見たら、それはシュブリムである。……もしあなたが一人の男が交通の激しい通りあるいは大通りを空威張りの無関心さを装ってゆっくり横断しているのを見たら、そして彼が誰が俺の体に触れるか見たいものだというのをあなたが見たとしたら、それは「シュブリム」である」［七八頁］。しかし、なかには「シュブリム」の御者もいて、彼はかまわず馬車を前進させる。そこで喧嘩が始まる［七八～七九頁］。「乗合馬車、客車、公共の乗物の中で、もしあなたが、自分には無作法である権利があると思っている男を見たら、そして彼があなたのおずおずした注意に対して、それは俺が仕事着を着ているからだとか手袋をつけてないからだと答えたら、それはシュブリムである」［七九頁］。要するに、自分の立場を誇示したり、人を侮辱するために卑下してみせる尊大な労働者が「シュブリム」である［七九頁］。

さて「単純なシュブリム」とはどんな労働者だろうか。彼は年二〇〇～二二五日働く。彼は金がある限りは働かず、手持ちの金がつきると仕事を探す。家賃を払うことは困難で、夜逃げができる場合はこの手を使う。彼にとっては金を払わないことは光栄であり、雇用主に損失を与えることは習慣以上のもの、義務である。親や友人を騙すのは当然となる。彼にとって、仕事場は監獄であり、雇用主は搾取者であり、職工長は鼻もちならない奴である。彼にとって圧制者とは雇用主と家主である。暴力的で精力的だが、彼の攻撃の対象は他人の思想や行為ではなく、身なりとか挙措また話し方というように外見的なものに向けられる。しかし、時には反省して、しばしばまじめに働く決意をして、それを実行する。この点で「真のシュブリム」と区別される。また共和主義者と自称している［六七～八〇頁］。公開集会の聴衆の一部を構成する［六〇頁］。このカテゴリーの労働者も大衆を構成する部分と考えられる。

⑤　前科のある、また没落したシュブリム

このカテゴリーの「シュブリム」はさらに三つに分類できる。(a)売春婦のヒモで生活している者（労働手帳はもっているのでプロはデクラセとは区別している）。泥棒や人殺しが生まれるのはこのなかから。(b)前科者。他人や雇用主の道具を平気で盗む。職工長や作業班長にへつらう。一月に一五日働く。(c)没落したブルジョワと小ブルジョワ。これもいわゆるデクラセと区別される。自分の知識をひけらかすためにのみ政治を語る。彼は若者が好きで酒宴をリードする。たまたま「神の子」がそこに居あわせた場合、「神の子」の「出しゃばるんじゃねえ、破産野郎」という一喝でしっぽをまいて退散する［以上八一～九〇頁］。また公開集会の常連である［五〇～五一頁］。

⑥　真のシュブリム

禁断症状をともなう完全なアルコール中毒の労働者。一年に多くて一七〇日働く。一般的には「真のシュブリム」は優秀な労働者であった。この成功が彼の堕落の主要な原因の一つである。称賛に取り巻かれているうちに、酒場のカウンターの仕事の味をおぼえ、これが仕事場の仕事の味を忘れさせる。しかし、彼は自分が未だ能力をもった不可欠の存在であると信じている。機機工の世界における伝説的人物の多くはこのカテゴリーに属する。労働者の世界における英雄像については後述する。彼は少ししか政治を語らず、本を読むことはほとんどない。ときどき新聞の三面記事を読む。しかし、「神の子」の朗読、とくに批評を注意深く聞く［九一～一〇四頁］。公開集会に出席することはけっしてない［五〇頁］。

⑦　神の子

このカテゴリーと次の「シュブリムの中のシュブリム」の労働者は、右記の三つの「シュブリム」とは大きく異なる。

とくに理論的な側面で抜きん出ている〔一〇五〜一〇六頁〕。

「神の子」は非常に優秀な労働者で仕事の指揮を委ねられている。工場において、「真の労働者」と対をなしている。年二六〇〜二七〇日働く。身なりも清潔にしている。毎日新聞を読み政治的事象を批評する。ほとんどつねに話し手であるが、「真のシュブリム」のような自慢癖はない。彼が政治を語るとき、他の人びとは神託のように聞く。彼は他の「シュブリム」ほどには酔っ払わない。彼は機械よりは政治に熱中する。「神の子」のなかには殉教者の素質がある。彼は自己の政治信念を支持するためには何を前にしても退かない。彼は危険に身をさらすことを辞さない。哲学者ではなく、党派的なそして行動の人である。彼の全理論は力と変化への檄である。若い「神の子」は一般に独身である。彼にとって家庭は束縛であるから。しかし、大部分は同棲している。「神の子」はお互いのあいだでよく交際しているが、会話の基本はつねに政治である。彼は他の労働者、とくに「シュブリム」に対して絶大な影響力をもっている。いわば工場の魂であり、そこには多くの称賛者がいる。彼はドン・ファンを気取り、次々に情婦を変える。彼はつねに借金していて、仕方のないときは返済するが、あまりうるさく催促すると、鉄拳が飛ぶ。彼は公開集会の常連であり、聴衆のなかにあって聴衆を煽動するヤジ将軍である。自分の考えに反対のことをいう弁士はヤジり倒し、自分の気に入りの弁士がヤジられるとヤジの方向に向かって「犬は失せろ」と怒鳴り返す〔以上一〇六〜一一八頁〕。以上から「神の子」が民衆次元で直接的にもつ影響力がうかがわれるが、この点に関しては後述する。

⑧　シュブリムの中のシュブリム

このカテゴリーの労働者はエリートを構成する。彼は「神の子」よりも深い考察力をもっており、政治・経済・社会理論を生み出す知性の持ち主である。余談ながら、彼の知性が労働者としてはという限定つきのエリートに属するというのではないことをいっておきたい。彼は公開集会の弁士でもあるが、ある公開集会で公式の経済学者たちと労働者の弁士たちが対決したとき、後者は前者を理論的に完全に圧倒している（公開集会に関しては第五章で論じている）。「シュブリムの中のシュブリム」を供給する職種は主として手工業や事務員が多い。例えば、帽子工・靴工・デザイナー・理髪師・事務員・洋装店の店員など。非常に多くのものを読んでいる。立法院への立候補を薦められれば一〇〇人のうち九九人までは受け入れるだろう。しかし、彼は危険に身をさらすことはしない。彼は公開集会や選挙集会の弁士である。彼は「神の子」以外とはほとんど交際しない。彼は若い頃はドン・ファンであり、大きなダンス・ホールに通って多くのまた有名な女性と浮名を流す〔以上一二二～一二七頁〕。

最後に第二帝政末期の傾向としてプロは次のように述べている。「「真の労働者」と「労働者」は減少している。「混成の労働者」は増加し、「単純なシュブリム」は発展し始め、「神の子」は消滅に向かっている。しかし、逆に、「シュブリムの中のシュブリム」は発展している」〔一〇七頁〕。

3　シュブリムと民衆運動

以上簡単にプロのいう八つのカテゴリーの労働者をみてきたが、次にわれわれにとって問題となるのは、これら八つのカテゴリーのあいだの関係とその関係の結ばれ方である。そしてさらにそれらの関係を形成している労働者の意識が問題になるだろう。もちろん素材が限定されているので、それらの問題を十分に検討することはできないが、少なくとも民衆運動に内在する独自な論理の一端に触れることは可能である。

前節で述べた八つのカテゴリーのうち、「真の労働者」は他の労働者と仕事以外ではほとんど接触しないことから孤立した存在といえる。また「シュブリムの中のシュブリム」は「神の子」以外とほとんど接触しない影の大物である。もちろん公開集会の弁士として大衆のなかに支持者ももっているが、日常生活においては大衆との直接的接触はもたない。民衆運動参加者の一つの指標として公開集会の参加者の構成をみると、前述のようにそこでの大衆的部分を形成するのは「労働者」「混成の労働者」そして「単純なシュブリム」であり、これは先にあげたプロの割合からすると合計で全体の五〇%になる。また民衆次元における直接のアジテーターとして「神の子」をあげることができる。これが民衆運動の最末端における単位と考えられる。「真のシュブリム」は大衆のなかの伝説的人物＝英雄を供給するが、民衆運動のアジテーターではないと考えられる(もちろん個人的にはその大胆さによって、蜂起参加者にある局面において影響力を与える者もいるが、カテゴリーとしては一貫性がない)。「前科のある、また没落したシュブリム」のなかから蜂起参加者も出るが、やはりカテゴリーとしては一貫性を欠いているといえる。

次に労働者の日常生活においてこれらの関係がどのように結ばれるのかをみてみよう。すでに『社会運動史』第一号の拙稿において述べたが、(5)それらの関係が結ばれる場は酒場である。「酒場はシュブリムがつくられる工場である。酒場はシュブリムにとって医者であり薬屋である。その広間は彼らの公開集会であり小部屋は社会改革あるいは酷評の実験室である」[一五七頁]。各職種によって集まる酒場が決まっている。これはある職種がある地区(カルチエ)に集中しているからであろう(機械工の場合はベルヴィルとヴォジラール)。「シュブリム」は二種類の酒場を区別している。一つは強い火酒を飲ませる店で客はすべて常連からなる。もう一つは食事のとれる店で、そこでは労働者は快適に過ごす。飲んだり食事をとったりあるいはカードやビリヤードに興じる。あるいはその日の新聞を囲んで議論する。興味深いのは、酒場における各カテゴリーの労働者の関係で、例えば二つの大部屋と一つの小部屋のある酒場では、一つの大部屋は「真のシュブリム」が占拠し、もう一つの大部屋は「労働者」と「単純なシュブリム」それに幾人かの「神の子」が占め、小部屋は「シュブリムの中のシュブリム」と幾人かの「神の子」が占拠する点である。「真のシュブリム」の部屋ではおもに三面記事と裁判が話題の中心になり、もう一つの大部屋では政治が中心になる。また小部屋では政治について激論が戦わされる[以上一五七〜一六四頁]。この各カテゴリー間の関係は、既述した公開集会におけるそれにほぼ近い。またプロは「シュブリムの中のシュブリム」と「神の子」そして大衆の関係について次のように述べている。「シュブリムの中のシュブリム」は、政治家や影響力のある人物と接触をもっており〔一二一頁〕、そこで得た情報をすべて「神の子」に語る。後者は電光の速さでそれを伝達する。「労働者」や「シュブリム」はこれによって支配者についての意見を形成する〔一二四頁〕。もちろん大衆の意見がすべてこうして形成されるとはいえないだろうが、このような回路が存在することは注目に価するだろう。

さて、次にこれらの諸関係を貫いている労働者の自己意識を検討してみよう。もちろん、プロはそれについて直接述べていないので、角度を変えてそれへの接近を試みるしかない。一つは労働者の世界における伝説的人物あるいは英雄像の分析を通じて。もう一つは彼ら自身の自己像の分析を通じて。

労働者の世界における英雄像は、労働者のもっている価値観の一つを表現していると考えられる。プロは、パリの機械工の世界で最も名が知られており、若い機機工の称賛の的である「名士」の仇名を六四個収集している〔一五四〜一五六頁〕。これらの「名士」であるための資格を調べると、以下の四点に要約できる。(a)仕事のうえでの能力が優れていること。(b)腕っぷしが強いこと。(c)女たらしであること。(d)並はずれた胃袋をもっていること。これら全部を満足させる必要はないが、少なくとも(a)は不可欠のようである。これらの条件を満たす労働者のカテゴリーの多いのは、「真のシュブリム」と「神の子」であろう。前者は(a)と(b)と(d)を満たす例が多く、後者は(a)と(b)と(c)を満たす例が多いと考えられる。

プロは最近亡くなった機械工で、その世界では誰一人知らぬ者のなかった「真のシュブリム」の伝説的人物のプロフィルを次のように述べている。「彼はAr...in〔以後、Aとのみ記す〕といい、非常に知的で非常に器用な男であった。優れた製図家で、かつて時計師をしていたが、機械の世界に飛び込んだ。コンセルヴァトワルのモデルの一部は彼によって設計された。彼はその能力ゆえに酔いどれの冠を得た。没落し人間のすべての堕落を経験したのち、彼は酔いどれの皇帝と好色王を宣言された」。その載冠式がおこなわれたが、その輝かしい名誉は、彼が生きたこがね虫のサラダを食べ、死んだ猫に喰いついたからであった。「一リットルのブドウ酒のために生きた小ねずみを食べたA、一ミリメートル四方のなかにアンリ四世の肖像を描いたA、二時間である飲食店の壁を図案でうめてしまったA、同僚の一人を乳母が赤ん坊を抱くように抱き上げたA。Aは権威をもっていた」〔九八～九九頁〕。

次に労働者が自己をどのようなものとして捉えていたかを(もちろん間接的でしかありえないが)いくつかの例によってみてみよう。「単純なシュブリム」についてプロは次のように述べている。「彼らを怠け者、寄生虫の飲んだくれと呼んでも、彼らはこの非難を無関心に聞くだろう。しかし、もしあなたが彼らに、きたない仕事着で散歩でもしておいでといったら、そのときの彼らを見、聞かねばならない。彼らはあなたに最もよく選びぬかれた侮辱を浴びせるだろう」〔八〇頁〕。また、彼らのあいだでの最も恐るべき非難は犬 roussin と呼ばれることであるが、「シュブリム」にとって犬はどういう人を指すのか。「もしあなたが良い身なりをしていたら、それは犬である。もしあなたがいつもお金をもっていたら、それは犬である。もしあなたが彼の意見に賛成でないなら、それは犬である。もしそれが工場の問題のためなら、それはおべっか使いである。もしあなたが酒場で休息日を過ごさないなら、それは自分を他の連中より上だと信じている鼻もちならぬ奴であり、アリスト aristo である」〔三六～三七頁〕。あるいはまた公開集会で、ある弁士が仕事着で場合によっては汚れた手で演壇に登ると、「シュブリム」のすべての共感を獲得する。彼らはいう「あれはアリストじゃない、あの男は。あれは仲間だ。聞こう」〔八〇頁〕。また第2節で述べた「シュブリム」の見分け方を想起されたい。他方、このように挑発的な労働者も彼らのあいだではじつに簡単に親しくなる。「われわれは労働者が彼らのあいだで簡単に親しくなるのにいつも驚かされた。もし火曜日に一人の労働者を雇うと、土曜日には彼は自分の作業班のすべての同僚とお前・俺で話している。彼らはそれ以前に面識がなかったことに注意されたい。この非常にすばやい慣れ慣れしさは彼らをして急速に親密な関係をもたせるにいたる」〔一九九頁〕。

またプロは「神の子」について次のように述べている。「もし彼が、彼が拒否したか彼の友人の一人がしたくなかった仕事をある労働者がしたことを知るや、出口で殴り合いが始まる……。噂によるとごろつきだという職工長を殴る機会をもつためにある工場に雇われに行く者までいる。雇用主をどやしつけるために、ある工場へ行った何人かをわれわれは知っている」〔一一六～一一七頁〕。あるいは労働貴族攻撃の組織さえ存在する。それは「一〇人組 Dizaines」といった。「彼らは一工場につき一〇人であった。そして彼らの憎しみを受けた労働者は消え去らなければならなかった。もし彼がある工場を去り、他の会社にはいったことが知られたら、すぐに合言葉がその仲間に伝わる。そこに仲間がいなければ、彼らは雇用主のところへ、彼を密偵で無能でごろつきだとさえ密告しに行った」〔一一七頁〕。

以上みてきた労働者の世界における英雄像と自己像を通して、労働者の自己意識をどのようなものとして定式化すればよいのか筆者にはわからない。そこに労働者が労働者であることに対する誇りをみることもできるだろうし、ブルジョワ社会の偽善に対する挑戦をみることもできなくはない。しかし、それはやはりきれいごとにすぎると思われる。いえることは、近代社会の足下にそれとは異質の論理をもった社会が存在することであり、惨憺たる生活条件のもとにありながら生き生きとした野生の世界が存在していたということである。

最後に、民衆蜂起の際に民衆運動の最末端でどのようなことが起こるのか、プロから引用してみよう。

一八五一年一二月の犯罪がなされたとき〔ルイ・ボナパルトのクーデタ〕、その夜プワソニエールの市門の外に六〇〇～七〇〇人が集まっていた。一台の飾りつきの大型輸送馬車がたまたま通りかかった。それをひっくり返すことがそのときの仕事であった。御者は、弁償させられるだろうといって泣き出した。寛大な気持ちが群衆を捉え、馬車は元に戻された。われわれはそこにはじめて人間的な波の力強さをみた。御者が引き具をつけているあいだに、一人の堂々たる神の子が、彼の称賛者である三～四人のシュブリムと労働者を従えて現われた。よく通る声と威圧的な調子で、彼はその馬車を元に戻させる度胸をもった犬を自分に示すよう要求した。ある男が指し示された。何の説明も加えず、彼は、血を噴き出させた恐るべき拳の一撃でそのいわゆる密偵を殴り倒した。それから彼は急に向きを変え、命令口調で御者に馬を引き具から離すよう命じた。再び馬車はひっくり返された。六〇〇人の見物人が一言もいわず従った。この例は「神の子」の強力さの程度を示している。〔一一三～一一四頁〕

以上、プロの『ル・シュブリム』を素材にして労働者の日常生活の一端をみてきた。それはわれわれが一般にもっている一九世紀のパリの革命的労働者像の輝かしいイメージとは必ずしも一致していなかった。その一つの理由は、著者プロの視点あるいは意図によるだろう。しかしプロの意図にもかかわらず、彼の著書に登場する無名の労働者たちは奇妙に生き生きとしている。そしてその生き生きとした感じは、バリケードの上に登って正規軍の銃口に胸を広げ、「君たちは兄弟を撃つのか」と叫ぶ民衆のイメージとどこかでつながっているように思える。

それはさておき、残念なのはプロが例えばインタナショナルのヴァルランやトランあるいはブランキストのデュヴァルがどのカテゴリーに分類されるのかを具体的に示していたなら、第二帝政末期のパリの民衆運動のイメージがじつに鮮明になっていたであろうことである。もちろん大体の見当をつけることはできるが。これは今後の課題である。

第五章

第二帝政末期パリの公開集会

共同性・言葉・もう一つの世界

はじめに

公開集会 Réunion publique[1] というのは、いわゆる「自由帝政」の政策の一環として集会の制限つき自由を認めた一八六八年六月六日の法律に基づく集会をいう。これに基づいて開催された集会は、一八六八年六月から七〇年五月の二年足らずの期間にセーヌ県だけで一〇〇〇回以上に達した。この法律は集会の自由を保証することから程遠いものではあったが、ともかくこれによって第二帝政下ではじめて公然と集会を開くことが可能となり、その結果、帝政下で最初の持続的かつ大衆的な運動が展開されることになった。

この集会運動が展開された時期は、帝政末期における反帝政運動の昂揚・激化の時期にほぼ重なっている。共和主義運動においては、一八六八年のボーダン Baudin 事件が契機となって公然たる反帝政運動の口火が切られる。一八六九年の立法院選挙では、官選候補者が大幅に得票数を減じる一方、大都市においては急進共和派が圧倒的な勝利を収めた。また第二帝政下に著しい発展を遂げる労働運動においては、一八六九年から七〇年にかけてストライキの波は頂点に達し、組織面においてもいくつかの都市に労働者諸組織の連合体が結成されるにいたる。また、インタナショナルの指導部の主導権が相互主義者から集産主義者へと移行するのもこの時期であった。

このようなさまざまな性格の異なる運動が、反帝政という一点において交錯したのが一八六九年であった。「一八六九年という年は、さまざまな潮流が混ざり合い衝突し合う十字路[2]」であった。しかし、これらの諸潮流は、各々固有の運動の構造をもっており、各々が固有の回路をへて反帝政という名の十字路で遭遇したのであった。そして、それらがこの十字路で同時に見出したのが毎夕あちこちの労働者街で開催される公開集会に集まる民衆であった。そして、この民衆が展開する運動もまた一度開始されるや固有の構造を自己に賦与していく。例えば、帝政末の示威運動の頂点の一つをなす一八七〇年一月のヴィクトル・ヌワール Victor Noir の葬式の組織者の一人であったジュール・ヴァレスは、このときのことを次のように述べている。「群衆は心の中に無言の意志を秘めている。誰がどんなお説教をしようとも、そんなものは何の役にも立ちはしない。指導者が蜂起を説くとき、蜂起が起こるのだといわれている。それは違う。戦いを心底渇望している二〇万の人間は、「戦うな」という隊長たちの命令に耳をかそうともしない。彼らは、士官たちが邪魔だてしたらその身体の上を踏み越え、士官たちの傷ついた残骸を踏み台にしても向かって行くものだ[3]」。さまざまな潮流は、民衆の展開するこのような運動と反帝政という立場とのあいだで、揺れ動き、「混ざり合い衝突し合」ったといえるだろう。そして、このような交錯の過程から、パリ・コミューンへといたる流れと、第三共和政へといたる流れが分かれ、明瞭な形をとっていったのである。それゆえ、帝政末期の民衆運動の構造を明らかにしない限り、諸党派・諸組織の運動も十分には解明できないと考えられる。またパリ・コミューンまで射程にいれて帝政末期の政治・社会運動を考察するためにも、このことは不可欠である。

本章の意図は、したがって、この帝政末期の民衆運動の構造を、パリの公開集会運動の分析を通して解明し、この集会運動を帝政末期からパリ・コミューンにいたる政治・社会運動史のなかに位置づけることにある。

1 研究の現状と問題の所在

公開集会運動のもつ重要性については、つとに指摘されており、例えば、アルベール・トマは、その『第二帝政』のなかで次のように述べている。「ここで語られている時期について、私が話をすることができた社会主義者の同志たちは、われわれの会話のなかで、公開集会のもつ特異なしかし無視されている重要性について力説するのが常であった。例えば、ランドラン Landrin〔第一インタナショナル会員で公開集会の弁士〕によれば、帝政末のすべての社会主義運動はそこから出発した」(4)。それは、帝政末期の社会主義運動史のうえで重要な位置を占めるだけでなく、一八七〇年から七一年にかけてのプロイセン軍による包囲下のパリのさまざまな民衆クラブの出発点ともなったことが指摘されている(5)。

このように公開集会運動のもつ重要性が指摘されてきたにもかかわらず、直接これを対象とした研究は、現在までのところ存在しない(6)。それは、一つには史料の未発掘によると考えられるが、しかし、当時の新聞には集会の議事録を含む公開集会に関する記事が多数掲載されており、これらの新聞を徹底的に利用するならば、ほぼその全容を明らかにすることは不可能ではない。問題はむしろ対象自体のもつ捉えどころのなさにあると思われる。公開集会は、その性格上、不特定多数の聴衆を前にしたさまざまな弁士によるアジテーションの場でしかない。したがって、政治クラブやその他の組織のような具体的綱領はむろん特定の会員ももたない。これは、集会でのさまざまな弁士の言説を特定組織の動向との関連において位置づけるという分析方法が適用できないことを意味する。すなわち、運動体としての公開集会を総体として捉えるためには、弁士と聴衆の関係を具体的に解明する必要があるのである。

これまでの第二帝政史研究で公開集会運動に言及される場合、それは大体において弁士のイデオロギー次元の分析に限定されていたといえよう。そこからは次のような結論しか引き出せないだろう。「公開集会は、積極的で明確な一つの反対派を構成するというよりはむしろいくつかの意見の大胆な表明であった」[7]。このような視角からは、例えば、保守的なルルワ＝ボーリュウ Leroy-Beaulieu の公開集会についての次のような描写が意味するところさえ把握しえないだろう。「小さな子どもを腕に抱いた多数の女性を含む三〇〇〇人、友愛と希望の同一の感情に結ばれたこの群衆、平静さに満ちたこの静けさ、この外見のすべてがいかに社会主義が労働者階級の想像力と心を捉えたかを示している」[8]。つまり、公開集会運動が民衆に対してもった意味を明らかにしない限り、公開集会運動を運動体として全体的に把握することはできないし、したがってこれを具体的歴史過程のなかに位置づけることもできないのである。

公開集会運動が民衆に対してもった意味を解明するためには、これを第二帝政下のパリ民衆の生活と意識のなかで捉え直す作業が必要であろう。なぜなら民衆の具体的あり方というのは、まず生活者として生きることにあるからである[9]。本章では、このような観点から、まず第二帝政下におけるパリ民衆の生活と意識を検討し、次いでそこで明らかにされたパリ民衆の生活と意識において公開集会運動がどのような位置を占めたか、また逆にこの運動がパリ民衆の生活と意識をどのように変化させたかを検討してみよう。さらに、公開集会運動に現われた民衆の歴史意識と世界像を分析し、最後に公開集会運動を第二帝政末期の政治・社会運動のなかに位置づけ、パリ・コミューンへの展望を提示したい。

次に史料について簡単に触れておこう。本章の公開集会に関する部分の記述の基本になっている史料は、オディロン・バロ関係文書のなかに収められている公開集会に関する草稿である[10]。またルーエル関係文書に収められている公開集会関係の草稿も参照した[11]。これはどちらも今まで利用されていない。印刷史料で最も重要なものは当時の新聞である[12]。また当時出版された公開集会に関するさまざまな小冊子も貴重である。その他に、公開集会の弁士がパリ・コミューン以後に出した回想録の類も役に立つ。これまでの研究からは新しい事実を得ることはできないが、ある場合には同時代人の生き残りからの聞き取りが掲載されており、これを利用した。

2　第二帝政下のパリ民衆[13]

①ブルジョワのパリと労働者のパリ

パリ民衆の生活と意識を明らかにするために、まず当時のパリ住民の社会構成を概観しておこう。一八六六年の調査では、パリの住民総数は一七九万九九八〇人であるが、そのうち雇主とその家族三六万九四四三人、使用人とその家族一九万五〇二七人、労働者とその家族七二万九五四八人、自由業者とその家族一一万八三九七人そして家主と金利生活者およびその家族一二万二五九三人である。[14] 他に農民と定職をもたない人びとが存在するが、ともかく九二万四五七五人[15]が賃金によって生計を立てている。さらに、この数字に一一万四〇七四人の召使いとその家族それに四万五一〇六人の門番とその家族を加えるならば、パリ全住民の六〇%以上が生活の資を賃金によっていることになる。[16] 他方、住民の職業構成をみると、一二三万七九八七人が商工業に従事しており、これはパリ全住民のほぼ七〇%に相当する。[17] 以上から、ルージュリの指摘するように、当時のパリが「労働の都市 Ville du Travail」[18] であったことを確認できるだろう。

次にパリの各区 arrondissement ごとに住民の社会構成を検討してみよう。一八六六年の統計からはこれを析出できないので、ここでは一八七二年の調査の結果を利用した。[19] 図1は、各区の住民総数に対する賃金生活者(労働者、使用人、日雇い労働者)の割合を図示したものである。[20] これからいえることは、当時のパリ住民の社会構成が居住地の分離として具体的な形をとったことである。これはコルボンの次のような指摘を裏付けている。「パリの改造(いわゆるオスマン化)が、強制的に中心部の労働者住民を町はずれに逆流させたので、首都に二つの都市ができた。一つは豊かな都市であり、もう一つは貧しいそれ。後者は前者を取り囲んでいる。貧困な階級は、裕福な階級をしめつける帯のようである」[21]。

このようなブルジョワの町と労働者の町の分離という事実を、民衆の日常生活の変化という観点からみるならば、次のように定式化できるだろう。すなわち、それ以前にすでに進行していた雇主と労働者のあいだの家父長的職業共同体の分解が、オスマン化によって加速されると同時に、その分解が居住地の分離として具体的な形をとったのである。例えば、一八七二年におこなわれた労働条件に関する議会調査で、ある労働者は次のように証言している。「かつて私たちはT親爺の鋳造所で二〇人ほどでした。皆お互いに知り合った仲でした。夜は雇主の家でロウソクの灯のもとで夕食をとったものです。今日では私たちは四〇〇人です。行き当たりばったりに雇われます。……あなた方は私たちをパリのはずれに追いやりました。かつては五階の労働者と二階の住人のあいだには礼儀正しい関係があり、必要な場合には助け合いの関係がありました。二階の家庭の母親は五階の母親に良い模範を示したものです……」[22]。

このような家父長的職業共同体の分解が居住地の分離として現われる傾向は、第二帝政下に労働者から雇主へと社会的上昇を遂げる道が狭くなったことと相まって、パリ周辺部の諸区にいわゆる労働者街の形成を促進させた。他方、このパリ周辺部には地方から流入した労働者が住みつく。彼らは、これらの労働者街に設置された工場に働く者が多かった。パリの周辺部の労働者街の住人は、一般的にいって前述のようなパリの中心部を追われた手工業的色彩の強い伝統的職種の労働者と、地方出身の工場労働者から構成されていたといえるだろう[23]。

このような労働者街の形成は、この時期のパリの社会構成を分析するに際して、地域を媒介することの重要性を示している。換言すれば、地域を媒介することによってはじめてこの時期のパリ住民の社会構成を具体的なものとして把捉できる足場を得るのである。地域の重要性は、単に住民の社会構成を検討する場合だけでなく、彼らの意識を考察する際にもあてはまる。例えば、一八七〇年五月の人民投票の結果をみてみよう。これは周知のように自由帝政憲法を承認するか否かを問うたもので、フランス全体では、七三五万の賛成(八二%)、一五八万の反対(一八%)で、圧倒的に承認されたが、パリでは反対票が賛成票を五万票上回った[24]。この人民投票の結果を区ごとに分析したのが図2である。賛成

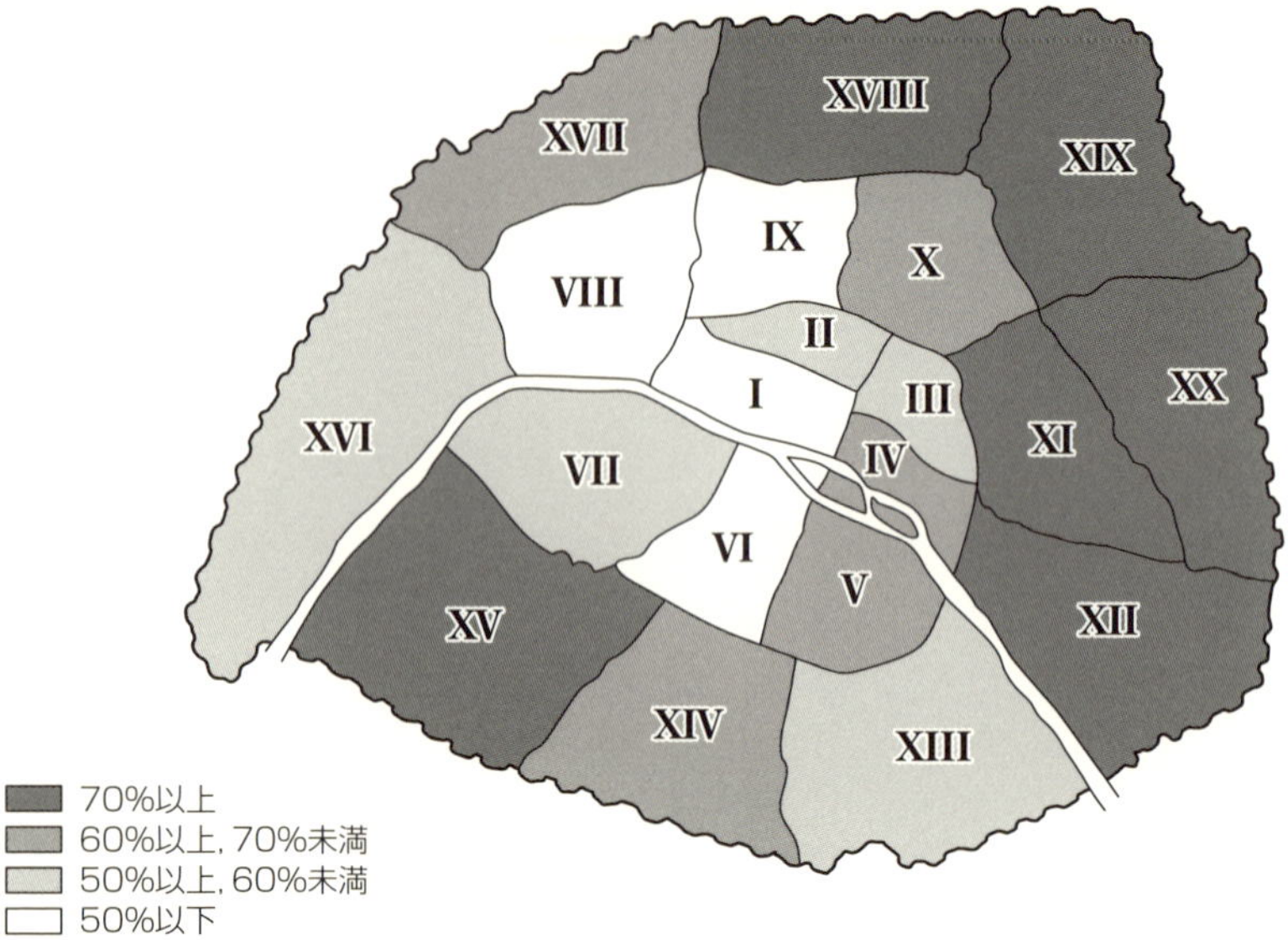

図1　住民総数に対する賃金生活者の割合
出典：T. Loua, *Atlas statistique de la population de Paris*, Paris, 1873, p.68.

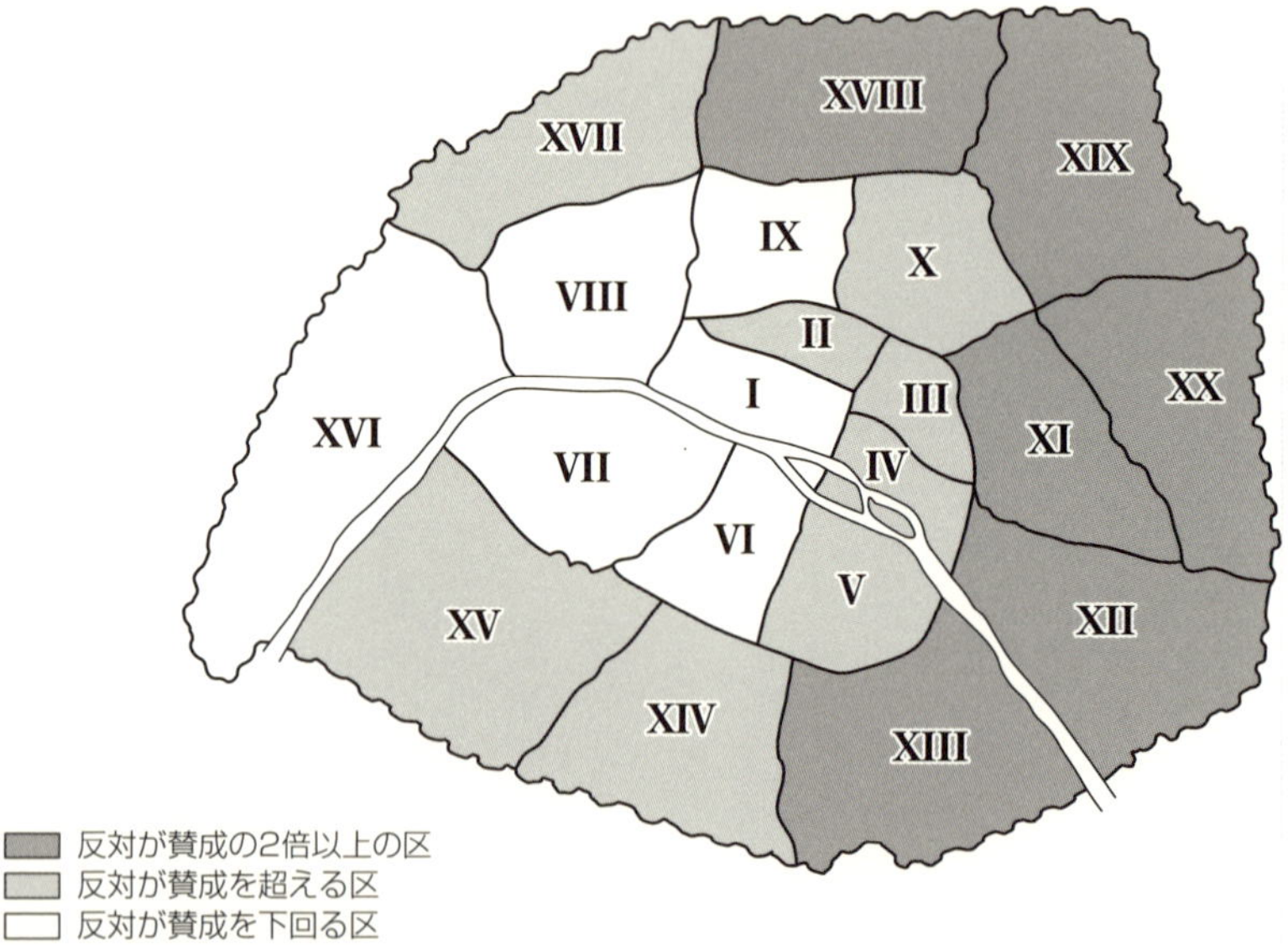

図2　1870年の人民投票の結果
出典：*Le Rappel*, 13 mai 1870.

票が反対票を上回っている区、反対票が賛成票を超えている区、さらに後者のなかでも反対票が賛成票の二倍を超える区の三段階に分けて図示されている[25]。

さて、ここで前掲の図1と図2を比較してみると、第二区と三区それに一三区を除いて、賃金生活者の割合が高い区ほど反対票を投じている割合も高くなっていることが判明する。とくに第一一区、一二区、一八区、一九区、二〇区のパリの東北部で両者の相関関係が明瞭に現われている。逆に、第一区、六区、七区、八区、九区、一六区のパリの西部のブルジョワ諸区では賛成票が上回っており、逆の強い相関関係がみられる。第一三区は例外的であるが[26]、第二区と三区、とくに後者の場合は元来革命的なパリの一部でありその伝統によって説明できよう。雇主などの割合が高いといっても、小さな町工場が普通であり、パリ西部のブルジョワ諸区の住人とは質的に異なっている。インタナショナルや労働者諸組織連合の本部も第三区に設置されていた。コルボンやルイ・ラザールの指摘した居住地による階級分離の状態は、社会構成上だけでなく、意識においてもそうであることが、図1と図2によって示されている。

一般的にいって、経済学的にある人間が労働者階級に属しているということが、必ずしも彼がその階級の一員としての意識をもっていることを意味しないならば、この事実は注目に価する。すなわち、居住地を媒介として社会構成と意識を統一的に把握できるのではないかと考えられるのである。労働者街を場にした日常生活における民衆相互の結びつきのなかに、そのような構造が存在したと考えられるのである。次項では、この労働者街の住人が取り結ぶ関係と意識を検討してみよう。

②「労働者の世界」と革命的伝統

第二帝政下のパリの「労働者の世界[27]」の具体的イメージは、例えばエミール・ゾラの『居酒屋』から得ることができる。あるいは、ゾラが『居酒屋』を書いたときその下敷にした、帝政末期のパリ民衆についての特異な観察記録ともいうべきドニ・プロの『ル・シュブリム』[28]によってより生々しいイメージを得ることができるだろう。そこに示されているイメージは次のようなものである。「泥酔と怠惰のはてには、家族関係の弛緩、男女混淆の不潔、誠実な感情の漸進的忘却、ついで結末として汚辱と死とがある」[29]。「労働者の世界」についてのこのようなイメージの一面の真実性を否定することはできないが、それがブルジョワ倫理のフィルターを通して得られるイメージであることも否めない。なぜなら、フランス革命以来、一八三〇年、一八四八年そしてパリ・コミューンと革命を繰り返し、多くの民衆蜂起を生み出した革命的民衆のイメージもまた真実であるからである。問題はこの二つのイメージを統一的に捉えることにある[30]。

「労働者の世界」が、ブルジョワ社会のなかにあってそれとは区別される一つの世界を形成していたことは、例えば、ジュール・ミシュレ Jules Michelet の次のような言葉にも示されている。「私は民衆として生まれた。私は民衆の心をもっていた。……しかし彼らの言葉、彼らの言葉、それは私には近づきがたいものであった」[31]。この「世界」の基本的特質をなすのは、共同性であった。オディガンは、フランスの他地域の民衆に比較してパリ民衆が強い「社交の本能 instincts de sociabilité」をもっていることを指摘している[32]。またプロも次のように述べている。「われわれは労働者が彼らのあいだで簡単に親しくなるのにいつも驚かされた。もし火曜日に一人の労働者を雇うと、土曜日には彼は自分の作業班のすべての同僚とお前・俺で話し Tutoyer ている。彼らはそれ以前に面識がなかったことに注意されたい。この非常にすばやい慣れ慣れしさは彼らをして急速に親密な関係をもたせるにいたる」[33]。

「労働者の世界」のこの共同性は、この世界の外の人間に対しては閉鎖的に働くとしても、この世界の住人にとっては外に開かれたものであった。コルボンによると、パリ民衆の特徴は、自分の職業をめぐる問題＝経済闘争に固執するよりもむしろたえず外部世界に刺激を求めて飛躍する点にある。「パリの典型的労働者を地方の典型的労働者から区別するもの、それは外的生活への飽くなき欲求である。それは極度の精神活動と結合された鋭敏な極度の感受性である。典型的なタイプの労働者が仕事場で働いているとき、彼の精神が仕事場の外にあって政治の世界で生起する大事件を最大の関心を払って追っていないとしたら、それは奇跡である……」[34]。コルボンの評価によれば、このように政治に対して強い情熱をもっている労働者は、パリの労働者の少なくとも半分に達する[35]。彼らにとって日々の労働は賦役にしかすぎず、「一般に自己の労働に真摯な持続的愛着をまったくもっておらず、彼の知的能力の最小部分しかそこに注がない」[36]。このようにたえず関心が自分の世界の外へ向かっている民衆が最も求めているのはドラマである。しかもそれは自らが演じるドラマでなければならない。例えば、パリ民衆は祭りを熱狂的に愛するが、どんな祭りに対してもそうだというのではない。「賞品のついた宝棒や野外劇、また花火が主役を演じるこれらの「公式のお祭り騒ぎ」において群衆がどんなに冷淡かに気付かない観察者はいない。民衆を燃え立たせる祭りは彼自身も役割を演じる祭りである」[37]。そして、パリ民衆にとって自ら演じる最高のドラマは政治的ドラマ＝革命であった。「かつて労働者が暴動へ走ったとき、彼らは日々の型にはまった生活を破る機会をもてることを喜び、明日のことを気にもとめず、祭りへ急ぐのと同じ潑剌さをもって暴動へ突進した」[38]。

しかし、パリ民衆のこのような志向は、第二帝政の抑圧体制下においては十分に展開されえない。民衆がドラマへの参加を拒まれているとき、コルボンも認めるように、「酒場・賭博・身持ちの悪い女が彼の情熱の対象となり、彼の頽廃の確実な原因となるだろう。そして、不幸にしてそれはまったくありふれた事実である」[39]。これはまさにゾラやプロの描くパリ民衆のイメージである[40]。

ところで、プロは第二帝政下のパリに現われた新しい現象の一つとして雇主と労働者の関係の変化を指摘している。彼によれば、一八四八年以前には両者のあいだに相互尊重と相互理解が存在したが、第二帝政下では労働者は雇主を敵とみなすようになり、そうしたものとして対応するようになった[41]。そして、労働者は雇主を敵とみなすようになっただけでなく、労働者であることを誇示するようになった[42]。一八四八年時点のパリ民衆が自己をブルジョワジーに対して劣った存在とみなし、自分にも自己の階級にも自信をもっていなかったというコルボンの指摘[43]と比較するとき、この事実は四八年革命後パリ民衆の意識に大きな変化があったことを示している。その最も決定的要因は六月蜂起の経験であったといえる。この共和国による労働者の弾圧は、ブルジョワ共和主義者と労働者のあいだに深い亀裂を生じさせたのであり、六〇年代の労働運動や社会主義運動も六月蜂起の経験を一つの出発点としているといっても過言ではない(44)。そして、このような民衆意識の変化は、労働者街の形成という目に見える形での階級分離によって一層促進されたのである。こうして階級としての労働者の問題が六〇年代の政治・社会運動を、またパリ・コミューンをも規定する要因となるのである。

しかし、以上述べてきたことだけでは未だ十分に「労働者の世界」を明らかにしたとはいえない。一九世紀のパリ民衆を論じる場合、フランス革命から一八七一年のパリ・コミューンにいたるいわゆる「革命的サイクル」を生み出したパリ民衆という側面をも捉えねばならない。そしてこのような観点から問題になるのは、一九世紀のパリのいわゆる革命的伝統であろう。すなわち、ある政治的・社会的危機においてパリ民衆が決起するとき、彼らはそれ以前にすでに蜂起のイメージをもっており(45)、したがって、彼らが赴くべき先、とるべき行動は暗黙のうちに了解されている。それゆえ、一度決起がなされるや、それはどんな統制のとれた組織よりも迅速かつ圧倒的となる。このような一つの様式にまで達した行動のパターンに革命的伝統の一つの表現をみることができる。しかし、伝統という概念は、それが維持・伝達される具体的過程が明らかにされないと歴史研究の装置としては曖昧さをともなわざるをえない。民衆次元においてはなおさらである。それゆえ、次に一九世紀のパリの革命的伝統が民衆の生活と意識のなかでどのように維持・伝達されたかを検討してみよう。

ヴァレスは六月蜂起の歴史を書こうと企て、蜂起参加者から直接話を聞くために労働者街の一つを訪ねたときのことを次のように述べている。「ドウラン Doullens 監獄出のある男が経営している安食堂で私はさまざまなことを知った。給料がたんまり入った晩とか仕事にあぶれた朝など、蜂起の残骸ともいうべき仲間が全部ここへ打ち上げられてくる。

その一人一人が自分の証言を述べ、悲劇的な数時間に自分が見たことの証人となり、陰惨な戦闘についての記憶を要約して話すためにここへやって来る」[46]。そのなかには蜂起参加のゆえに終身刑を宣告されている者もいた[47]。このように労働者街のあちこちの片隅に二月革命や六月蜂起の参加者が散らばっていたと思われる。彼らのなかの幾人かは長い牢獄生活で身をもちくずしていたが、大部分の者はなお蜂起参加当時の意志を持続していた[48]。例えば、ある老くず屋はヴァレスを夕食に招いたとき、次のようにいっている。「……あなたはわしに約束してくれますね。もしいつか、わしがあの六月二四日の夜、ゴブラン Gobelins 工場の裏に埋めておいた小銃を探しに行かねばならなくなったとしても、あなたはここへ来るのと同じように、バリケードの夕食に来て下さるでしょうね[49]」。またヴァレスは次のようにも述べている。「私が会った多くのみすぼらしい服装をした人びと、食うや食わずのあのたくさんの人びとは、皆プルードンを読み、ルイ・ブランを慎重に考察していた[50]」。このように労働者街の片隅には、革命への意志を持続している無名の民衆が一生活者として日常生活を営んでいたのである。

次に、右のような革命への意志を持続していた民衆が労働者街での日常生活において他の民衆とどのような関係を取り結んでいたかを検討してみよう。この時期のパリ民衆の日常生活における酒場（キャバレ）のもつ重要性についてはすでに拙稿でも指摘した[51]。もちろん当時の民衆が酒場だけで相互に接触する機会をもったのではないが、少なくとも最も重要な接触の場の一つであった。例えば、オギュスタン・コシャン Augustin Cochin は次のように述べている。「私が、場、それも労働者が身体上のまた精神上の会合がおこなえる唯一の場を求めるなら、酒場（キャバレ）と新聞をあげる。……精神上の会合である新聞は、それを読んだ者が他の者に繰り返す。新聞は突然二つの世界、住み慣れた世界と想像の世界への窓を開ける……[52]」。そして、一般に労働者が新聞を読み、ニュースを知るのは酒場においてであった[53]。一八六六年にパリには、九七六軒のカフェ cafes と一万六一〇軒の酒場 marchands de vins が存在していた[54]。

酒場での民衆の生活それ自体は、必ずしも民衆運動形成の積極的要因をなすものではない。それはむしろ当時の民衆の悲惨な生活と表裏一体であることはゾラやプロの叙述に的確に表現されている。しかし、酒場が、集会・結社の自由のなかった帝政下の状況のなかで、民衆が日常的に会合できるほとんど「唯一」の場であったことは重要な事実である。前述した六月蜂起の参加者が若い労働者や地方出身の労働者に自己の経験やそこから得た思想を語るのも酒場の集まりにおいてであった。再びヴァレスから引用してみよう。「マビル老人は、もと彫金師であったが、拘禁中の残酷なまでの無為のために手先の器用さをすっかり失い、今は露店商となっている。……この商人は闘争の哲学者といった風貌をしている。……彼の講座は彼の生活同様放浪的である。彼の教壇は、みすぼらしい酒場の彼が肘をついているテーブルであり、そこで若者に反逆を説く。あるいはまたバリケードからもってきて突っ立てられた樽が教壇となり、彼はそこに登って反逆児に演説する」[55]。

帝政末の酒場における民衆の生態を最も生き生きと描写したプロによると、「シュブリム」(これは酒場の常連を指す)は、パリの労働者の六割に達する[56]。酒場での生活は当時の民衆に次のような二面の作用を及ぼした。一つは、それが民衆を堕落と破滅に陥れる場になったことで、多くの腕の良い労働者が酒場の常連となりやがてアルコール中毒となって破滅していく有様を、プロは自分の身近にみた例をあげて示している[57]。他方、この酒場を中心とする民衆の集まりは民衆の政治的自己教育の場でもあった。既述のように、民衆が新聞を読み、ニュースを知るのは酒場においてであったし、六月蜂起の参加者が自己の経験を伝えるのもそこにおいてであった。労働者の職業組織の会合もしばしば酒場でもたれた。またトランプやドミノなどの賭事に際しても、その組み合わせがさまざまな歴史上のとくに革命や反乱に関した人物や事件になぞらえられていた。例えば、トランプで九三は「革命」と呼び慣わされ[58]、ドミノではハイチの黒人革命家たちの名前が使われていた[59]。以上のように、民衆は酒場でさまざまな形で政治的知識を得たのであった。

しかし、酒場は民衆の政治的自己教育の場として機能しただけでなく、より重要なことは、そこにいわば組織されざる組織ともいうべき人的結合関係が存在したことである。プロによれば、酒場に集まる民衆をいくつかのカテゴリーに分類できるという。そのなかに、プロが「神の子」と「シュブリムの中のシュブリム」と命名するカテゴリーに属する一群の労働者が存在し、他のカテゴリーの「シュブリム」と区別されている。どういう点で区別されるかというと、この二つのカテゴリーに属する労働者は政治や革命を論じ、政治的信念をもっていることである。[60] とくに「シュブリムの中のシュブリム」は自ら政治・社会理論を構築する能力をもっている。[61] 彼は「労働者の世界」における「名士」であり、政治家や影響力のある人物とも関係をもっており、[62] 公開集会や選挙集会の弁士でもある。[63] 彼は酒場では「神の子」とし か接触しない。[64] 他方、「神の子」は酒場のアジテーターであり、他の「シュブリム」に取り巻かれている。「シュブリム」は「神の子」の酒場での演説を「神託」を聞くように傾聴するという。[65] 彼は暴力的で自己の政治信念を貫くためには、身を危険にさらすことも辞さない。[66]

プロは、一八五一年一二月のクーデタのときに目撃した情景をあげて、この「神の子」が直接大衆に対してもつ影響力の強さを指摘しているが、それによると何となく集まった六〇〇人ほどの群衆を一人で自己の意志に従わせている。[67] 「神の子」のイメージは、ジャン・メトロンの『フランス労働運動人名辞典』[68] のなかに登場する無名の活動家の記述のなかにしばしば発見することができるが、インタナショナルやブランキストの活動家たちも酒場で直接大衆と日常的に接触していたと思われる。例えば、ランヴィエ Ranvier, パンディ Pindy, ジョアナール Johannard あるいはガヤール息子 Gaillard fils なども酒場の常連であったし、[69] 公開集会でその暴力的な言辞によって最も人気のあった弁士の一人であったガヤール親爺 Gaillard pere も常連であった。彼は酒場でドミノをやっているとき、ドミノの札でバリケードの模型を組み立てては酒場の常連の賛嘆の的になっていた。[70]

またプロが、酒場は「シュブリム」の公開集会であると指摘しているように、[71] 酒場の集まりは民衆の日常生活におけるいわば「政治クラブ」の役割を果たしていたのである。「シュブリムの中のシュブリム」はこの民衆の「政治クラブ」の理論家であり、「神の子」はアジテーターであったといえるだろう。このような酒場での組織されざる組織としての人的結合関係のなかで、いわゆる革命的伝統が維持・伝達されていったと考えられる。事実、プロは酒場の常連＝「シュブリム」について次のように述べている。「シュブリムは全体としては文物破壊者と同じく英雄も生み出すだろう[72]」。あるいは、「ルドリュ・ロランは革命時にはしっぽが頭をリードするといった。しっぽ、それはシュブリムである。頭がどんなに強力でも、革命においては、しっぽが頭を支配する[73]」。

革命的伝統の維持・伝達という場合、パリの街自体——建物・通り・地区（カルチエ）など——が喚起する数々の蜂起や革命のイメージもまた重要な契機として考察の対象となろう。オスマン化はこの過去の日々を喚起させる媒体を取り除く結果をもつ。ある公開集会でペルラン Pellerin は、オスマン化を批判して次のように述べた。「行政者たちが欲しているこど、それは過去を喚起させるすべてのものを破壊することである。彼らはパリが国際的な帝都になるよう全力を傾けている。王を追い出し、断頭台にかけたこのパリが今日もパリと呼ばれているのは奇妙なことだ。その本当の名はナポレオン市とすべきだろう[74]」。しかし、オスマン化によるパリの大改造にもかかわらず、労働者街ではなお多くの街区が昔のままに放置されていたのであり[75]、このような地区の通りや建物に刻み込まれた数々の蜂起の追憶もまた革命的伝統の維持に一定の役割を果たしたと考えられる。

以上のように、労働者街、とくに酒場の日常生活における人的結合関係を基盤にして、革命的伝統がいわば構造化されていたといえるだろう。しかし、この伝統は平常時においては、酒場のなかの閉鎖的小グループの枠内に閉じ込められた形で維持されているだけである。この伝統が酒場のグループの枠を超えてパリの全労働者街へ波及し、民衆を捉えるにはなお別の契機が必要となる。

3 公開集会と民衆

①公開集会の概要

公開集会は、法的には公開非政治集会 Réunion publique non politique と公開選挙集会 Réunion publique électorale の二種類の集会に分けられる。前者においては政治と宗教に関するテーマを扱うことは禁じられており、後者は選挙の期間だけで、しかも参加できるのは選挙区の有権者住民に限定されている。また両者とも当局の代表が臨席して弁士の発言の中止を命じることができ、場合によっては解散を命じることができる。さらに警視総監（地方では県知事）はすべての集会を延期させる権限をもち、内務大臣は集会を禁止することができる。以上のように集会の自由の実現には程遠いものであったが、この法律によって事前に集会の許可を得る必要はなくなり、前もって届け出るだけでよいことになった。(76)

本節は、右の二種類の集会のうち公開非政治集会のみを対象とする。右の法律に依拠して開催された集会は、このほかに一八六九年五、六月それに一一月に立法院選挙のための選挙集会、また七〇年五月の人民投票集会があるが、これらは選挙目的のための集会であり、公開非政治集会とは一応区別して扱うのが適当である。なぜなら、これらは立法院の代議士クラスあるいは大衆とは直接接触をもたない共和主義者の大物クラスと大衆の関係として扱うべき対象に属するからである。以下断りのない限り、公開非政治集会を公開集会とのみ記す。

まず公開集会運動を量的側面から分析してみよう。一八六八年六月一八日に最初の集会が開催されてから七〇年五月に禁止されるまでの二年足らずのあいだにセーヌ県で開かれた公開非政治集会は一〇二三回に達する。(77)これは筆者が確認しえたものだけで、実際は若干多くなるだろう。表1は、セーヌ県の非政治公開集会の開催数の変化を月ごとに調べたものである。一八六八年一一月に急激に増加を開始し、六九年三、四月に頂点に達している。同年五月に大幅に減少しているのは、非政治集会が立法院選挙の選挙集会に取って代わられたからで、この点を考慮すると集会数そのものは増加している。(78) しかし、選挙集会は非政治集会とは異なる目的・弁士・聴衆をもっている(とくにブルジョワの参加が多くなる)ので、その集会数を非政治集会と同列に論じることはできない。ただ、労働者街においては、非政治集会の聴衆とほぼ同じ聴衆が選挙集会へ流れているのであり、選挙集会が民衆にとってもった意味を別に考察する必要があるだろう。一八六九年六月から七月末まで集会が禁止されたが、九月にはほぼ盛時の数に戻っている。一一月に減少しているのは立法院の補欠選挙があったからで、一八七〇年二月は集会が一時禁止されたために減少している。一八七〇年五月以降は集会が全面的に禁止されるにいたり、再び集会の自由が戻るのは七〇年九月四日の帝政瓦解後である。解散数は、当局の態度と集会内容の激化との関係を表わしている。表2は、集会場の数の変化を月ごとに分析したもので、集会運動の広がりを示している。一八六八年一一月から急増する集会数に応じて会場数も増加し、一二月には集会場の数は一気に二倍になっており、この時点で集会運動が急激に拡大を開始したのがわかる。そして、集会数と同様一八六九年三、四月に頂点に達するが、これはパリ市郊外にまで集会運動が広がったからである。

次に、区ごとに集会数と解散数を検討してみよう。表3から、集会運動がパリ中心部とパリ東北部に集中していることが判明する。とくに第三区と第二〇区は最も多く、この両区だけでパリ全体の三三%以上を占めている。中心部の第一区、二区、三区の合計はパリ全体の二九%以上、他方東北部の第一〇区、一一区、一二区、一八区、一九区、二〇区の合計はパリ全体の三八%以上になり、パリ中心部と東北部の合計はパリ全体の六七・八%に達する。最も民衆的な区である一一区と一九区に集会が少ないのは、前者が三区と二〇区に、後者は一八区と二〇区に各々隣接していることから、一一区と一九区の民衆は各々の隣接区の集会に参加したと考えられる。ここで重要なことは、集会運動が前節でみたような酒場を中心とする閉鎖的な枠を打ち破ったという点にあるが、これは後述する。他方、第一三区は、前節図1

表1　月ごとの集会数の変化（セーヌ県）

年度＼月	1	2	3	4	5	6	7	8	9	10	11	12
1868						2 (0)	16 (0)	11 (0)	13 (0)	13 (0)	33 (0)	43 (0)
1869	77 (0)	89 (2)	119 (22)	103 (18)	15 (1)	0 (0)	2 (2)	31 (14)	86 (20)	88 (18)	20 (2)	39 (4)
1870	67 (10)	21 (2)	48 (8)	85 (24)	2 (0)							

（　）内は解散数　計1023集会（147解散）

表2　月ごとの会場数の変化（セーヌ県）

年度＼月	1	2	3	4	5	6	7	8	9	10	11	12
1868						1	4	3	5	5	7	14
1869	14	19	22	25	8	0	1	9	15	15	12	12
1870	17	10	15	16	2							

計75会場（パリ市内：69会場）

表3　各区ごとの集会数

区	Ⅰ	Ⅱ	Ⅲ	Ⅳ	Ⅴ	Ⅵ	Ⅶ	Ⅷ	Ⅸ	Ⅹ
開催数	88	28	171	6	35	11	55	7	27	58
解散数	8	0	25	0	1	0	2	0	1	5
区	XI	XII	XIII	XIV	XV	XVI	XVII	XVIII	XIX	XX
開催数	8	61	86	46	36	1	5	60	33	155
解散数	2	15	21	7	7	0	0	13	12	28

パリ市内：977集会　　パリ市外：45集会　　不明：1集会　　合計（セーヌ県）：1023集会

註：不明の集会は史料に会場の番地が記載されておらず確定できなかったものだが，パリ市内である。

でみたように賃金生活者の割合が低い区の一つであるが、集会数が多くかつそれはすべて民衆的な集会である。第七区にかなりの集会があるのは学生街に近いからで、事実この区の集会の聴衆は学生が多かった。(79)

聴衆の人数に関しては史料的に一貫したデータを得ることができなかったので詳細な分析はできないが、労働者街の集会では二〇〇〇人程度の参加者があった。聴衆の構成は、女性や子どもを含めて社会的にもさまざまな階層の人間からなるが、労働者街では圧倒的に労働者が多い。また弁士に関しては、代議士、文学者(大デュマやルナン)、経済学者から女性、少年さらには酔っ払いまで多様であるが、労働者街の集会では弁士のほとんどは民衆次元のアジテーターであったといえよう。代議士や文学者が出席する集会はブルジョワが聴衆の多数を占めるブルジョワ街の集会に限定されている。また労働者街の集会の弁士は普通ブルジョワ街の集会には登壇しない。

集会の議題そのものの分析は、前もって政治と宗教を扱うことが禁じられているのであまり意味はないが、主として社会問題である。しかし、実際の集会では討論議題とは関係なく政治・宗教の問題がしばしば論じられた。(80)また集会が始まるのは夜八時、終わるのは一一時が普通で、日曜日は午後と夜に二回開催されることもあった。

以上、公開集会運動の量的側面の検討を通して、この運動が相当大規模なそして民衆次元の運動であったことを結論できるだろう。最後に、この運動が優れて民衆次元の運動であったことをより明確にするために、共和派と公開集会運動の関係を検討しておこう。共和派と公開集会運動の関係は、例えば共和派の新聞の公開集会についての記述を分析することによって知ることができる。公開集会運動の初期に集会の議事録を公にしたのは主として保守系の新聞であって、自由主義的あるいは共和派の新聞は黙殺した。(81)例えばシャルル・ドレクリューズ Charles Delescluze の主宰する『ル・レヴェイユ *Le Réveil*』は、ときどき公開集会について論評を加え、一八六八年一二月には公開集会のために特別の欄を設けるにいたるが、その内容はその週の集会予定表でしかない。前述のように一八六九年三、四月に集会運動は頂点に達しているが、この時期にもほとんど変化はみられない。他方、翌五、六月の選挙集会の期間には毎日数集会の議事録を掲載しており、この点からみても共和派の新聞がいかに公開集会を無視していたか、また彼らの関心がいかに立法院選挙に集中されていたかが推察される。『ル・レヴェイユ』が公開集会の議事録を毎日のように掲載するようになるのは、一八六九年夏から秋にかけてであるが、七〇年初め以後は再び集会予定表のみになる。とくに一八六九年末の集会運動の激化に対して、ドレクリューズはむしろ運動の沈静化を訴えている[82]。以上から明らかなように、共和派が公開集会運動のイニシアチヴをとったのでもなく、また外から積極的に介入・指導したのでもなかった。むしろ民衆運動の自律的展開を前に揺れ動いたのであった。集会で最も人気のあった弁士の一人であるルフランセは次のように明快に述べている。「共和派であろうとなかろうとすべての新聞にとって公開集会は敵である。彼らはそこに彼らの力を破壊することになるだろう新しい力を予感している[83]」。

この時期に登場する若い急進共和主義者たちも公開集会（とくに労働者街のそれ）にほとんど関係しない。ガンベッタはボーダン事件の弁護によって一躍反帝政運動の中心人物となったが、選挙集会を除いて、公開集会にはほとんど出席していない。第二帝政末期に登場し、やがて第三共和政の指導者になる急進共和主義者の多くが選挙集会のアイドルであったのに対し、コミューン議員に選出される人びとの少なくとも大半が公開集会の弁士であったことは示唆的である。

②公開集会と民衆

前項で公開集会運動が民衆次元の運動として展開されたことをみた。本項では、この運動が第2節で考察された民衆の日常生活における人的結合関係と意識のなかでどのような位置を占めていたか、また逆にこの運動が民衆の日常生活における人的結合関係と意識をどう変化させたかを検討してみよう。

まず公開集会の具体的イメージを捉えておこう。筆者が参照しえた文献のなかで、公開集会（とくに労働者街でのそれ）の全体的な様子と雰囲気を最もよく伝えているのは、インタナショナル会員でこれらの集会の弁士でもあったウジェーヌ・シュマレの次の文章である。

二〇〇〇名の市民(それはごく普通の数であるが)が開会の一時間前に、新しい使用目的には一般に狭すぎかつ適当でない広間に侵入する。

そこで両世界、諸島そして植民地からの帰国者、旧い人間と新しい人間が出会う。

その会話は、議題にのぼっている問題よりも現在のあるいは将来の諸事件について始められ展開する。

齢とった者は彼らの思い出について語り、若者は彼らの希望について話す。そして、そのざわめきは必要不可欠の鈴の音が鳴り響くまで昂まっていく。

集会は議長を選ぶことになる。二五あるいは三〇の声が二、三の名前を連呼する。鈴が再び振られる。そして、最初に手をあげた者が、群衆を引き込んですべての票を自分の意見に合わせようとして、腕を振り回しながら「皆んな、皆んな、皆んな」と叫ぶ。

集会はこの訴えに感動的な満場一致で答える。被選出者の宣言が選出者たちの拍手喝釆で応じられ、議長目録は新しい名前で豊かにされる。

議長は感謝の意を表明し、討論が始まる。

たえず活発に振る舞い、弁士に質問を浴びせ、自分の意見を、もうたくさんだ、異議なし、否、続けろ、つまみ出せなどの叫び声で表明する者がそこに登場する。

そして他の人びとは、それはほとんどすべての人びとであるが、静かに耳を傾け、弁士が群衆をいつもかき立てる力をもついくつかの言葉を発しない限りこの態度を棄てない。

自由という言葉はこれらの大衆集会において熱狂と埃の波を引き起こす。拍手が沸き起こり、帽子が打ち振られ、激しい間投詞が四方から発せられる。そして鈴はこの瞬間的爆発を静めるのに成功するとは限らない。

場合によっては逆のことが起こる。耳障りな一言は聴衆をぞっとさせる。そして多少とも議会主義的な形容語は群衆に無視され彼らの気持ちを示す。

……

またある場合には、聴衆の一部が立ち上がり、目で誰か紳士を探し、彼を見もしないで、そいつは犬だ、つまみ出せ、と叫ぶ。

やっと静けさが戻る。討論が再開され、そしてその夕べは出席者に次のような朗読がなされて終わる。八ないし一〇の同様の夕べがその週にもたれる、そしてその一つたりとも欠かさないことがここの出席者の義務である。

……

ついに群衆は徐々に出て行く。やっと半分ほどが退場するやすでに腰掛が片づけられ、議長団席は取りはずされる。ほんの少し前に自由への熱烈な喝采を生み出した演壇は急いでオーケストラ席に変えられる。明日、人は広間でダンスをするだろう。(84)

具体的分析は後述するが、ここでは集会がさまざまな人間が出会う場になっていること、また聴衆のなかにあって彼らと区別されるアジテーターが存在することに注意されたい。

さて、民衆の日常生活のなかで公開集会はどのような位置を占めていたであろうか。それはまず民衆の日常生活の延長上に位置していた。一日の仕事を終えた民衆が酒場やダンス・ホールで気晴らしするのと同様、公開集会は民衆の新しい気晴らしの一つであった。(85) それゆえ、集会で最も喝采を浴びるのは最も大胆なことを述べる弁士であり、その演説のために刑の宣告を受けた者は一種の英雄として扱われた。(86) 集会が民衆の日常生活の延長上にあることは、集会が各々「固有の表情」(87) をもっていることにもみられる。つまり、集会はそれが開かれる地区の住民の社会構成、生活習慣、意識を反映しているのである。(88) また、集会場は、とくに労働者街においては、ダンス・ホールを借りる場合が多かったが、これは酒場とともにマクシム・デュ・カン Maxime du Camp が悪徳の場所の筆頭に掲げている民衆のたまり場であった[89]。しかし、民衆の日常生活との関係で最も注目すべきことは、酒場における人的結合関係が公開集会にも持ち込まれている点である。前掲シュマレの叙述にもみられるが、聴衆のなかにはいくつかの活発な小集団が存在し、集会全体をリードしようとして他の小集団と争っている[90]。そして、これらの集団とその中心になっている民衆は、第2節でみた酒場のアジテーター＝「神の子」とその取り巻きから構成されている[91]。これは労働者街における民衆の日常生活のなかに民衆運動を形成する最小単位が存在していて、何か事があると表面に現われてくるという構造の一端を示しているといえよう。

しかし、以上のように公開集会が民衆の日常生活の延長上にあるとしても、それは酒場の集まりの単なる量的拡大にとどまるのではない。民衆のあいだの人的結合関係からみた場合、酒場を核とする人的結合のあり方がいわば常連からのみ構成されていたのに対し、公開集会ではその地域のさまざまな人間が接触する。さまざまな職業の人間、新旧世代の人間、地方出身とパリ生まれの人間、植民地からの帰国者、あるいは女性や少年などがそこで接触する。ルフランセは次のように聴衆の様子を描写している。「広間は自分の印象を自由に交換し合い、前の討論について話し、今度の討論で述べられるであろうことを予測しようとする開け放しの顔つきをした男女労働者であふれている。いかなる強制も、とりわけいかなる思惑もない。各々が自分の感じるままに話している[92]」。また酒場におけるアジテーターと民衆の関係が公開集会に持ち込まれているといってもすでに酒場での閉鎖的関係ではなくなっている。弁士はもちろん聴衆のなかのアジテーター自身も集会で聴衆によってしばしば批判を受けるが、これは酒場の人的結合関係ではみられないことである。前項でみたように、第一一区と第一九区の民衆が隣接諸区の集会に参加していたと考えねばならなかったことは、地区(カルチエ)や区(アロンディスマン)の枠を超えて労働者街全体として考察しなければならないことを意味するが、この点からも日常的な人的結合関係が変化していることがわかる。各集会は「固有の表情」を保持しながらも、他の集会での事件に敏感に反応を起こすようになる。そして集会が続けられるに従って、各集会場で人気のある弁士が一定してくる。すなわち、集会は地区の活動分子の結集点になっていく。

このような新しい人的結合関係のなかからさまざまな組織化への志向が現われてくる。一つは既成諸組織による宣伝と組織化であり、もう一つは公開集会運動のなかから生まれる組織化である。前者の代表的な例はインタナショナルである。インタナショナルが帝政末期に急激に勢力を拡大し、大衆のなかに影響力を獲得するのは公開集会を通じてであった。[93]労働者街の集会で最も人気のあった弁士でインタナショナルに所属していた者は少なくなかったし、[94]インタナショナルが組織した集会も存在する。[95]またインタナショナルが直接関係していない場合でも、インタナショナルの諸理論は公開集会で討論の対象となり、このような過程をへて民衆のあいだに浸透していったのである。[96]労働者諸組織連合評議会 Chambre fédérale des sociétés ouvrières の結成も公開集会で準備されたし、[97]さまざまな職種の労働者も公開集会の形を借りて組織化を企てている。[98]

他方、公開集会運動のなかから生まれた組織化への志向は集会のクラブ化という形をとった。これらの集会は「警視の臨席にもかかわらず、しばしばクラブへと堕した[99]」のである。それは、集会を繰り返す過程で集会によって弁士が限定されてくること、また集会の傾向が明確になってくることに示される。立法院選挙のための地区の選挙委員会のいくつかは公開集会で準備されており、[100]公開集会が地区の民衆の政治活動の核になっていることが推察される。

以上、公開集会運動が民衆の日常生活において占めた位置を人的結合関係から考察してきたが、次にこれを民衆の意識との関係において検討してみよう。まず公開集会は民衆に自己表現の場を与えたことを指摘できる。公開集会を皮肉な調子で観察していたある週刊紙は、公開集会の意義を次のように述べている。「わが改革者たちがそれを望むか望まないかはともかく、公開集会は今までのところ唯一の結果しかもたらしていない。その結果というのは、古いゴロワの陽気さとパリっ子の良質の機知の維持である[101]」。弁士と聴衆のやりとりは確かに機知に富んだ陽気でかつ鋭いものが多い。公の場でこのように潑剌としたパリ民衆の自己表現がみられるようになったのは帝政下ではじめてのことである。これは前節でみたコルボンによるパリ民衆の特徴としての政治的ドラマへの欲求(それは帝政下においては「酒場・賭博・女」へ向かっていた)が表面に現われてきたことを示している。ガヤール息子は彼の主宰する週刊紙で、民衆がダンス・ホールへ通うのと同じ熱意をもって集会に通うことに驚きを示していた。[102]

しかし、公開集会がパリ民衆の意識に対してもった最も重要な点は、これによって民衆が歴史意識を獲得したことである。前節でみたように、民衆はブルジョワジーに対して自己を区別し対立意識をもっていたが、自己を自立した一つの階級として歴史的に位置づけて把握してはいなかった。公開集会に現われた民衆の歴史意識については後述するが、ここでは歴史意識が民衆の内部に喚起される過程を一つの例を取り上げて検討してみよう。弁士が集会で演説を始めるとき、普通「紳士淑女諸氏 Mesdames et messieurs」と呼びかけていたが、ブリオヌ Briosne がある集会で「市民諸君 Citoyennes et citoyens」と呼びかけたときの聴衆の反応をルフランセは次のように述べている。「この男は明瞭で十分に響き渡る声で四半世紀来まったく忘れられていたこの呼びかけ「市民諸君 Citoyennes et citoyens!」を発する。広間は拍手喝采でわれんばかりになる。このように歓迎された人間は、多分他の者がいったこと以上に興味深いことは何もいわないだろう。それがどうしたというのか。この「市民諸君 Citoyennes et citoyens!」を発することによって、彼は、それを承知のうえかどうかは知らないが、思い出と希望の一つの世界全体を喚起したのだ。皆、はっとなり、身震いする……その効果は絶大である」[103](傍点は筆者)。これ以後「市民諸君」と「市民何某 Citoyen X」という呼びかけが一般化し、「何某氏 Monsieur X」という呼びかけは相手に対する侮辱を意味することになる。[104] 他方、ブルジョワ街の集会では終始「紳士淑女諸氏」と呼びかけられていた。こうして民衆は労働者街の集会で過去の革命的な日々のイメージを自己の内部に喚起する。それは過去の革命の単なる言葉のうえでの繰り返しを意味するのではなく、過去の革命的日々の一つの世界全体の喚起を意味したのであり、民衆にとってそれは同時に未来をも意味したのであった。[105] そして、民衆は自己のおかれている日常世界を超えた一つの世界の存在を意識し始める。民衆が現実を批判するのは、このような世界を自己のおかれている状況に対置することによってである。この点は後述する。

このような民衆による革命的日々のイメージの奪回の過程は、また民衆による集会のイニシアチヴの奪回の過程でもあった。公開集会運動を民衆次元で問題にする場合、この運動をほぼ三つの時期に区分できる。第一期は一八六八年六月から同年一〇月、第二期は六八年一一月から六九年五月まで、第三期は六九年九月から七〇年五月までである。

第一期の特徴は、集会届け出人と集会の議長団がいつもほぼ同じで、前者のなかから後者が選出されていることである。すなわち、集会組織者と集会議長団が一致しており、集会は一定のグループによる大衆の教育・宣伝活動の形をとっている[106]。前項の表1と表2に示されているように集会数と集会場の数も横ばい状態である。弁士も聴衆もいつも同じ顔ぶれで、聴衆の数も少ない[107]。この時期に解散数がゼロであることからも推察されるように、当局も介入を控えており、また集会自体も一般に静かである。しかし、一八六八年九月末頃から徐々に新しい傾向が現われてくる。一つは、カトリックや経済学者の主宰する集会でこれらのグループに属する弁士に対して議論をふきかける弁士が登場すること。他方、聴衆も集会で帽子をとらず、煙草をすったり、足を踏みならしたりして騒然となるようになる[108]。この傾向は一一月のボーダン事件を契機として一挙に拡大する。

第二期は集会運動の爆発的昂揚期であると同時に質的転換期である。前項でみたように一一月に集会が急増し、一二月には集会場の数も二倍に増加する。公開集会の機関紙『ラ・トリビュン・ポピュレール』も一八六九年一月に発刊されている[109]。第二期の特徴は、公開集会が特定グループによる民衆の啓蒙の場から民衆による直接民主制の実践の場となったことである。それはまず集会の主導権の交代という事実にみられる。それまでのカトリックや経済学者のグループによる議長団と弁士の独占に対して[110]、その大半が無名の民衆次元の活動家からなる社会主義者グループが集会の主導権を奪い、また自ら独自に集会を組織するようになった[111]。他方、聴衆のなかから必ずしも活動家にはならない民衆が登壇して自己の個人的不満を表明したり、少年や女性も演壇に立つようになる。[112] 公開集会はいわば民衆の政治的・社会的生活の核となる。公開集会はさまざまな潮流がそこで「混ざり合い衝突し合う」坩堝であり、またさまざまな政治的・社会的事件もそこを通して民衆のあいだに敏感に反応を起こすようになった。[113] こうして酒場の閉鎖的関係のなかで維持・伝達されていた革命的伝統が公の場に噴き出してくる。ロベール・ホールが革命ホール Sallede la Révolution と改名され、[114] 第一三区の集会場の一つであった倉庫が友愛ホール Salle de la Fraternité と命名されるのもこの時期である。[115] このような民衆の自律的な動きに対し、当局は直接・間接の干渉を加える。他方、民衆はこれに対して解散命令を無視して集会を続行し、やがて警察力によって排除される事態を生み出す。[116]

第二期の昂揚は、そのまま一八六九年五月の選挙集会に流れ込み、さらに五月と六月に暴動を惹起する。このため集会は一時禁止されるが、九月にはほぼ盛時の勢いに復している。第三期の特徴は、第二期にみられた直接民主主義の開花にさらに強制委任（マンダ・アンペラチフ）への志向が現われることである。例えばある弁士は、「代議士は大衆集会で彼らの着想を得なければならない」と述べている。[117] また一八六九年一〇月一八日には各選挙区の委員会の代表がセーヌ県選出の代議士を招いて一〇月二六日の立法院開会に関して説明を求めている。[118] ジュール・ファーヴルやガルニエ・パジェスまたガンベッタらは口実を設けて欠席している。この集会は院内共和派に対する激しい批判の集会となり、以後の政治状況に対して決定的な意味をもった。[119]「それ以後、二つの反対派が存在することになる。一つは共和派左翼の代議士であり、もう一つは多数の労働者、使用人、小《プチ》ブルジョワに支持された社会主義者である」。[120] 集会それ自体もついに警官隊との流血の乱闘をみるにいたる。[121] また政治犯を名誉議長として選出することが一般化する。[122] 他方、弁士全員が労働者である集会が存在するように、[123] 公開集会を通じて一群の無名の活動家たちが登場してくる。こうして公開集会は、「あらゆる種類の問題に干渉し、すべてを牛耳りすべてを規定することに熱中する小政府[124]」、それも無数の小政府として現われたのである。

③公開集会のイデオロギーと民衆

前項では、「労働者の世界」のうちで維持・伝達されてきた革命的伝統が、公開集会を通して例えば集会のクラブ化というように具体的な形をとると同時に、全体化していく過程をみた。本項では、公開集会で提示されるさまざまなイデオロギーを分析することによって、民衆の世界像あるいは歴史意識を検討してみよう。もちろん弁士の思想と聴衆のそれとは区別しなければならない。弁士はいわばアジテーターとして聴衆と対峙する存在である。しかし両者の関係は固定的なものではない。聴衆は弁士の選択という行為を通して自己の意志を表現するのであり、聴衆の側からするならば、結局彼らの意志を適切に表現しえた弁士のみが残っていくのである。このような意味において、弁士の言説を聴衆の意識の一つの表出とみなしうるのである。例えば、労働者街の集会の最も典型的弁士の一人であるブリオヌの展開する理論は神秘的で曖昧なものであったが、彼の演説は最も人気があり、聴衆を深く揺り動かしている[125]。彼の理論が曖昧であるにもかかわらず、それが聴衆を感動させたということは、彼の言説がしばしば聴衆の意識の深部に触れていたからだと考えられる。前項でみたように、「市民諸君」という呼びかけを最も劇的な形で使ったのがブリオヌであった。

本節第一項でみたように、弁士といってもさまざまであり、すべてが民衆の意識を表現しえているのではない。ここではいわゆる社会主義者の弁士を中心に検討する。というのは、モリナリも指摘するように、「飲み食い以外のことに関心をもっている労働者一〇人のうち九人は社会主義者であるか、そうなりつつある[126]」からである。

まず、当時のいわば時代のイデオロギー的枠組みをなすものとして、フランス革命の伝統を指摘できる[127]。これは社会主義者、共和主義者あるいは保守主義者すべてに共通している。例えば、公開集会運動を「赤い妖怪」の復活として宣伝する意図をもって小冊子を出したオギュスト・ヴィチュは、帝政末期の状況をフランス革命におけるジロンド派・山岳派・エベール主義者そしてバブーフ主義者との対比において把握している[128]。また急進共和派の最初の綱領である一八六九年のベルヴィル綱領 Programme de Belleville およびそれに対するガンベッタの回答に明瞭にみられるように、フランス革命の原則と精神が急進共和派の価値判断の基底に据えられており、フランス革命の完成が彼らの最終目標として設定されている(129)。これは社会主義者においても同様であり、例えばミリエール Millière はある集会で、「つねに自由・平等・友愛の三原則に戻らねばならない(130)」と述べている。またルヴァル Leval は、「われわれはただ一つの共産主義しか知らない。それは大革命の共産主義だ(131)」と述べている。このような例は枚挙にいとまがないほどしばしばみられる。その内容は理論的には曖昧なものが多いが、少なくともフランス革命の原則と経験が彼らの発想と思考の枠組みとなっていることは確認できる。

しかし、同じくフランス革命を価値判断の基底に据えるといっても、急進共和派と社会主義者のあいだには大きな隔たりがある。例えば、前者が一七八九年を強調し、九二年あるいは九三年については言及しないのに対し、後者は九二年あるいは九三年を強調する。また、急進共和派が「自由」についてしか語らないのに対し、社会主義者はとくに「平等・友愛」を強調している。このように社会主義者が固有の立場を主張するようになった背景には、フランス革命以後の経験、とくに一八四八年の六月蜂起とそこから生まれた歴史意識が存在するといえる。例えば、若いブランキストのショヴィエール Chauvière は、一七八九年以後の歴史を次のように述べている。彼はまず一七八九年の「自由・平等・友愛」のスローガンが民衆を隷属から解放したことを指摘したのち、次のように続ける。

> しかし、このスローガンをみて、この理想が自らの墓穴となることを理解した敵がいた。この敵はそれを廃止した。この敵、それは今日ではブルジョワジーと呼ばれているかつての第三身分である。ブルジョワジー！　この敵！　九三《(ママ)》年には一人の若い野心家をなすにまかせた。彼は革命の偉大なフランスを受け取り、矮小化しコサックの槍の下に屈服せしめた。これがこの敵のしたことだ。一八三〇年には彼らは自らを救うためにわれわれに手をさしのべた。一八四八年二月には彼らは同じことをした。六月、諸君が諸君の順番を主張したとき、彼らは死をもって諸君

に答えたのだ。……労働者は、彼が一七九三年に自らを救うために使った同じ手段によってしか自らを救うことはできないのだ[132]。……

このように階級的観点から歴史が捉えられていると同時に、労働者が歴史の主体として位置づけられている。例えば、プティ Petit はすべてを生産しているのは労働者であることを指摘して次のようにいう。「労働は社会全体の基礎である。すべての寄食者、すべての官吏、一言でいえばすべての無為徒食の輩を養っているのは労働である[133]」。また、ブルトノー Bretonneau は次のように述べる。「誰が資本を生み出すのか。それは労働者大衆だ。誰が土地を改良し、開墾するのか。それは労働者大衆だ。誰が進歩させるのか。つねに労働者大衆だ。労働者大衆が何も所有していないのは一体どういうことなのか。……資本、進歩そして土地は労働者の生産物であるのだから、それは当然われわれのものである[134]」。

そして、すべてを生産するのは労働者であるという自覚は、労働者の尊厳と自立への志向をともなう。パスドゥエ Passedouet は雇主を攻撃して次のようにいう。「ずい分長いあいだわれわれは主人の棒の下に屈従してきた。今度はわれわれが主人になる番である。力、正義それに権利はわれわれの側にあるのだ[135]」。またペルランは次のように述べている。「市民の権利と義務について語るだけでは十分ではない。われわれがわれわれの権利を尊重させることができることを証明しなければならない。民衆の尊厳はしばしば傷つけられ踏みにじられた。この唯一真実の尊厳を尊重させるべきときだ[136]」。そして、この労働者の尊厳は労働者自身の手によって獲得されなければならない。それは、前述したフランス革命とその後の経験、とくに六月蜂起の経験から形成された歴史意識に支えられた確信といえよう。ドゥルション Drouchon は、フランス革命以後の歴史を労働者の立場から論じたあと、次のように結論している。「それゆえ、労働者は政府から、とりわけ救い主から何一つ期待してはならない。労働者は自分自身で自己を救わねばならない[137]」。そして、労働者が自己を解放するためにはお互いに結びつかなくてはならない。ブリオヌは次のように述べている。「労働者は団結し、次々と団結の輪を広げて人類全体を包含しなければならない。もはや救い主を欲してはならない。彼らはすべて抑圧者である。労働者は、教育と労働によって自己を高め、自らを指導者であると信じている連中と対等にならなければならない。偶然や、生まれや、また財産の特権者よりも優れ、力強く能力のある人間の一世代が必要である。そしてそのとき労働者は解放されるだろう[138]」。

このような労働者の尊厳と自立の主張は、その実現を妨げている現実の政治・社会体制に対する批判・告発となり、その全面否定を導き出す。ド・ボーモン De Beaumont はいう。「われわれの耐えている苦痛についてここで語られるたびに、拍手喝采が四方から起こる。それはわれわれが非常に大きな苦痛を経験しているからだ。そしてこの喝采は、われわれが苦しむことに飽きていること、そして一刻も早くケリをつけたいと思っていることを意味している[139]」。またヴィヴィエ Vivier は次のように述べている。「すべてが変わらなければならない。上にあるものはすべて下に落ち、下にあるものは非常に高く、どんな手も届かぬくらい高く昇らねばならない[140]」。

以上、民衆次元の活動家の言説を媒介として、当時のパリ民衆の世界像あるいは歴史意識を検討してきた。そこから次のようにいえるだろう。まず、フランス革命の伝統が彼らの発想と思考の枠組みをなしていたこと。次に、自らが歴史の主体であるという自覚をもっていたこと。そして最後に、労働者の解放は労働者自身の手によってしか達成されないという確信をもっていたこと。前項では、公開集会運動が民衆の自律的な運動として展開されたことをみたが、そこで表現された民衆の世界像もまた独自の構造とイメージをもっていたことが以上で明らかになったと考えられる。

おわりに

第二帝政末期のパリの公開集会運動を分析するにあたって、本章では二つの課題を設定した。一つは、この運動の分析によって当時のパリの民衆運動の構造の一端を解明することであり、もう一つは、この集会運動を帝政末期からパリ・コミューンにいたる激動期の政治・社会運動のなかに位置づけることであった。

第一の課題の解明のために、まず民衆が生活者として生きるという前提から出発して、民衆の生活と意識のなかで公開集会運動を捉え直す作業をおこなった。そして、そこから次のような結論が導き出された。まず、公開集会運動がとりわけ民衆次元の運動であったこと。それは聴衆や弁士の大部分が民衆から構成されていたというだけでなく、集会は民衆の政治・社会生活の核として機能した。すなわち、集会は民衆の自立的な地域組織として機能したのである。次に、集会はさまざまな思想潮流が混ざり合う坩堝であった。そして、そこで民衆的な世界像が明瞭な形をとっていくとともに、いわゆる革命的伝統が全体化していった。こうして意識においても、自立的な民衆的世界像を獲得していったのである。最後に、集会運動を通じて、民衆次元の一群の活動家が形成されていった。彼らは、やがてコミューン運動の中核となって前面に登場することになる。以上のように、公開集会を契機として、「労働者の世界」の即自的な共同性が、いわば一つの自立的な共同体へと形成されていったのである。

次に、第二の課題であるが、これは本章では十分に展開することができなかった。しかし、第一の課題が解明されるならば、第二のそれの展望をもつことは可能である。帝政末期の反帝政運動はさまざまな構成要素からなっており、一見すると急進共和派を頂点にして公開集会に集まる民衆を底辺にもった運動とみえるが、実際は、既述したように民衆は自立的な運動を展開していたのである。すなわち、反帝政という一定局面において両者が交錯したということであって、それゆえ、一度帝政が瓦解するや両者の矛盾は明白となった。つまり、パリ・コミューンへといたる流れと、第三共和政へいたる流れの対立は国防政府のもとで避けがたいものとなるのである。

最後に、コミューン運動と公開集会運動の関係を検討しておこう。まず、プロイセン軍包囲下のパリの民衆運動の中核をなした全二〇区共和主義中央委員会に関係したことが確実な活動家約三四〇名中[141]、公開集会の弁士であったことが確実な者は少なくとも約一一〇名に達する[142]。また、パリ・コミューンに選出された議員一〇六名（辞任した者も含む[143]）のうち、公開集会の弁士であった者は、少なくとも四一名ないし四二名を数える。(144) この簡単な統計の比較によっても、帝政末の公開集会運動がパリ・コミューンへといたる流れのなかで占めている位置の重要性の一端が明らかになったと思われる。

公開集会運動と労働運動あるいは急進共和派の運動との具体的な関係、また民衆次元の活動家のより詳細な研究がなお残されているが、その一部は本書第七章で扱われている。

第III部 労働運動とアソシアシオン

第六章

第二帝政期パリの労働運動

労働者評議会とアソシアシオン

はじめに

　フランスの労働運動は、第二帝政期に、労働者評議会 Chambre syndicale ouvrière という一つの新しい組織運動を生み出した。これは、普仏戦争とパリ・コミューンによる中断はあったが、その後すぐに再開され、やがて第三共和政下に労働組合(サンディカ)へと発展していったとみられている。

　第二帝政期のパリの労働運動史は、これまで二つの視角から捉えられてきたといえよう。一つは、これをパリ・コミューン前史として捉え、帝政末期の労働運動の戦闘性・革命性の発展を重視し、労働者評議会運動もその一つの表現であるとみなす。これはジャン・ブリュアらに代表される見方である。(1) もう一つは、帝政末の労働運動、とくに労働者評議会運動をのちの制度化された労働組合の源流と位置づける見方、すなわち、前近代的な労働運動から近代的労働運動への転換として捉える見方がある。これは、一九世紀末から二〇世紀初頭にかけて第三共和政政府の労働局に結集したグループによって集大成された膨大な労働者職業組織のモノグラフィに一貫してみられる観点である。(2) これに対して、同じく帝政末期の労働運動を第三共和政期の労働組合運動の先駆とみながらも、エドゥアール・ドレアンに代表されるように、帝政末の労働運動に革命的サンディカリスムの先駆をみる立場が存在する(3)。ドレアンにとっては、コミューンは、その意義を高く評価しつつも、これらの発展を中断するものとして捉えられている。コミューン史家ジャック・ルージュリは、帝政末の労働運動の発展にパリ・コミューンの出発点をみようとする点でブリュアらの観点に近いといえるが、同時に帝政末とコミューン期のパリの労働運動のなかにのちの革命的サンディカリスムの先駆をもみている(4)。

これらの研究が分析の対象としているのは、労働局の場合を除き、すべて第一インタナショナルの指導者たちの思想と行動である。もちろん具体的な運動、例えばストライキやさまざまな職種の組織化についても言及されているが、それらの運動を集約し、表現するものとして、結局は第一インタナショナルの指導者たちの思想と行動を中心に分析されているといえよう。個々の評議会の次元での実態の解明はもちろん、評議会運動そのものの内在的理解も、今までのところなされていない。

本章では、第二帝政期の労働運動に登場した新しい組織運動としての労働者評議会運動を、ひとまずそれ自体として、すなわち、それを担った人びとの思想と運動の具体的展開を中心に分析することによって、再構成してみたい。

1 労働者諸組織の概観

最初に第二帝政期のパリの労働者の諸組織数の全体の変化を概観しておこう。図1は、一八五二年から七〇年のあいだのパリの労働者の諸組織(相互扶助組合、抵抗組合、相互信用組合、生産協同組合、労働者評議会)の変化を示したものである(5)。図1から次のことがいえよう。①一八五二年に組織数の激減がみられるが、これは前年一二月のルイ・ナポレオンのクーデタ後に始まる結社への弾圧の帰結を示している。②一八五三年以降六二年までほとんど増減がみられず、ほぼ六〇組織前後で推移している。③一八六三年に増加局面が開始され、六八年にピークに達し、その後若干減少するが、七〇年までそれが持続している。また、④一八六三年以降設立数が増加し、他方、⑤一八六八年から解散数が増加している。この④と⑤から一八六三年以降パリの労働者組織の新陳代謝が激しくなっていること、したがって組織化活動が活発になっていることが示されている。

以上から、第二帝政期のパリの労働者の組織化は、帝政前半の停滞ののち、一八六三年から再開され、以後七〇年まで連続的に発展したことが見て取れる。

表1は、産業別の労働者組織数を示している。最も組織数の多い産業は、金属(五〇)、建築(四一)、皮革(四〇)、家具・木工(三三)で、この四産業だけで全体(二二七組織)の七二%強を占めている。

次に、組織の性質によって分類したのが、表2である。一八五二年から七〇年のあいだに存在した二二七組織のうち、相互扶助組合と生産協同組合が最も多く、全体の七三・六%を占めている。ただし、相互扶助組合のうち四つ、また相互信用組合のうち一つは、偽装されたものであり、抵抗組合に分類すべきものである。

他方、労働者の組織化が再開される一八六三年から七〇年のあいだに存在した組織に限定すると、一七九で全体の七八・九%を占める。また、この一七九組織のうち一二〇(六七%)は、六三年以降に結成されている。したがって、一八六三年以降の労働者の組織化は、当然のことながら、新しい組織の設立を通じてなされた。この新しく結成された一二〇組織の種類別分類は表2に示されている。このなかで、相互扶助組合のうち二つ、相互信用組合のうち一つは、抵抗組合とみなすことができる。また、相互信用組合は、しばしば生産協同組合設立のために組織されている。他方、抵抗組合と労働者評議会は主として職種の利益の防衛を目的としている。それゆえ、帝政後半の労働者の組織化は、大きく三つの傾向にまとめることができよう。すなわち、①相互扶助組合、②相互信用組合+生産協同組合、③抵抗組合+労働者評議会である。このうち、相互扶助組合は、活発な動きを示すことはない。したがって、一八六〇年代のパリの労働運動の復活・発展は、労働者の組織面からみた場合、生産協同組合と抵抗組合+労働者評議会に強く現われていると

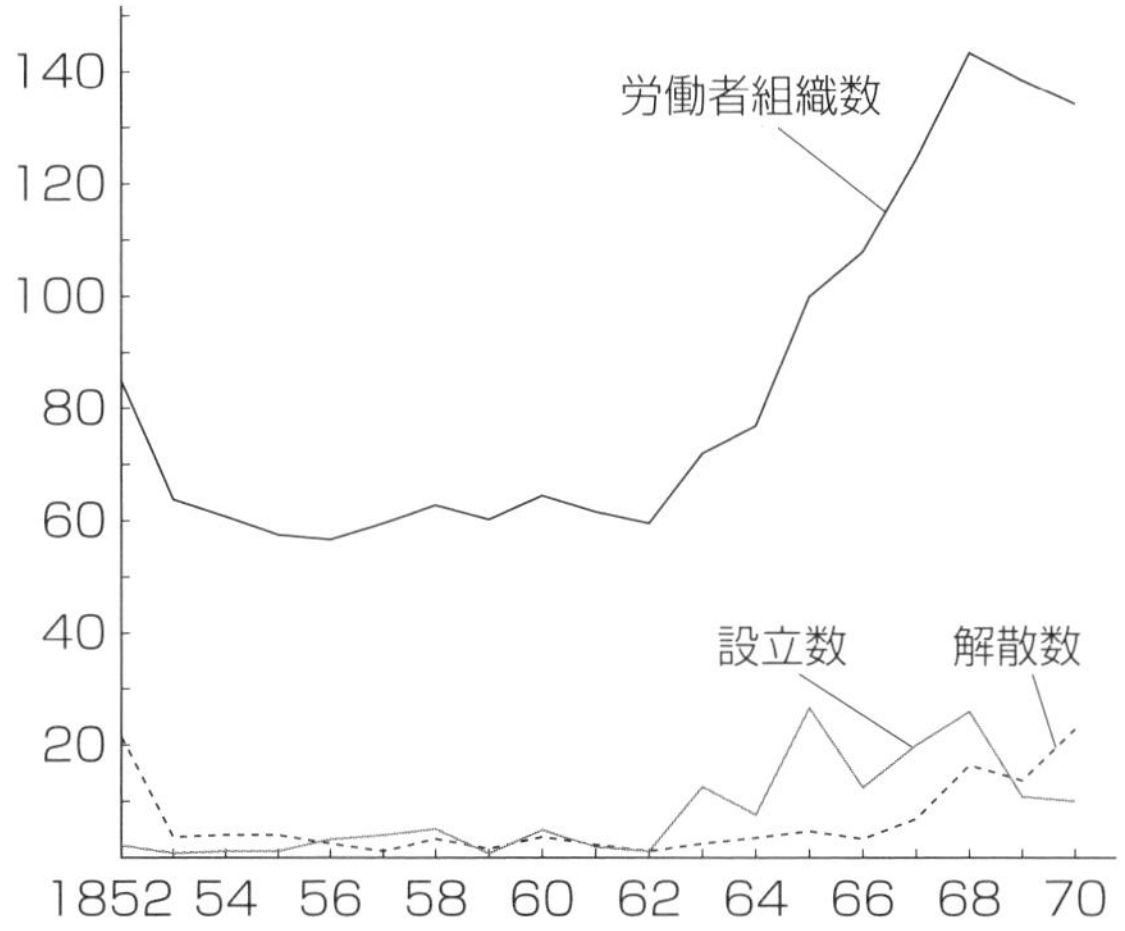

図1　第二帝政下のパリの労働者諸組織数
出典：Office du Travail, *Les Associations Professionnelles Ouvrières*, 4 vols., Paris, 1899-1904 をもとに作成。

表1　産業別組織数

農・林・漁業	1
鉱山・採石業	0
食 品 業	15
化学工業	1
印 刷 業	17
皮革産業	40
織物・衣服産業	19
家具・木工業	33
金属工業	50
製陶・ガラス製造業	0
建 築 業	41
運輸・商業	8
そ の 他	2
合　　計	227

表2　種類別組織数

組織の種類	1852〜70年に存在した組織数	1863年以降に設立された組織数
相互扶助組合	79(34.8%)	20(16.7%)
生産協同組合	88(38.8%)	46(38.3%)
相互信用組合	21(9.3%)	19(15.8%)
抵抗組合	21(9.3%)	17(14.2%)
労働者評議会	18(7.9%)	18(15.0%)
	227(100.1%)	120(100.0%)

いえよう。後述するように、評議会の数に関しては、この統計はまったく不十分であり、大きく修正されねばならない。それにともなって評議会が帝政末期においてより大きな比重を占めることになろう。

まず、生産協同組合に関しては、すでにジャンヌ・ガイヤールの研究(6)があるので、これに依拠してこの運動の特質をみておこう。彼女は、一八六二／三年から七〇年に、フランスで二度目の生産協同組合運動の開花がみられたとしている。そして、一八六〇年代における生産協同組合運動の復活は、一八四八年以前の運動とも四八年のそれとも直接の関係をもたないことを明らかにしている。この時期の復活は、ブルジョワ共和主義者のイニシアチヴによって準備され、エリート労働者に受容される形で進められた。共和主義者たちは、選挙のために社会問題を取り込む必要があったからである。したがって、この運動の出発点においては、一八四八年の平等精神はまったく存在せず、何らの社会主義への展望もみられない。それは、もっぱら自由主義的資本主義の精神によって鼓舞されたものであった。

生産協同組合は、ガイヤールの調査によると、一八六三年から六七年の五年間に三九設立され、六八年に少なくとも一四、六九年に六設立されている。また、協同組合員となったのは、パリの労働者のごく一部にしかすぎないとしても、パリのほとんどの職種において協同組合が結成されている。生産協同組合は、結局、基本的には資金不足のために十分に機能することは少なかった。また、実際にしばしばみられたのは、ストライキの指導者が職を失ってやむをえない手段として協同組合を設立するという場合である。

ガイヤールは、一八六〇年代の協同組合運動に対する労働者の意識の変化をみるために、六二年と六七年の万国博覧会における各職種の労働者代表の報告を比較検討して、次のように結論している。なお、報告は、一八六二年には四五、六七年には七七存在する(7)。まず、生産協同組合に賛意を示す報告が、一八六二年の四から六七年には一四に増加しており、この一四のうち一一は、それを資本に対する闘争手段とみなしていること。また、相互信用組合を要求している報告は、一八六二年には存在しないが、六七年には七あり、そのうち四は、生産協同組合設立を目的としていること。さらに、一八六二年には三報告が相互信用の不十分さに対し国家の援助を要請しているのに対し、六七年には五報告が公的援助の有効性を認めていないこと。以上から、ガイヤールは、一八四八年型の国家の資金貸与による協同組合の歴史に幕が降ろされたとし、労働者は共和主義者に投票するが、もはや社会問題を解決するために自分自身しかあてにしなくなった、としている。

ガイヤールは、さらに、生産協同組合運動が、ストライキ運動の激化のなかで帝政末期にその内実を変化させていったとして、次のように結論している。「協同組合は陣営と意味を変えた。一八六四／五年に私的なイニシアチヴから生まれたそれは、その企図において、階級的イニシアチヴに依存していた。それは、その起源において、賃金生活者と雇主のあいだの協調の道具であったが、今や雇主制を廃止しなければならない。社会的上昇という個人的願望によって、エリート労働者を賃金生活者大衆から引き離そうと企てられたが、今や協同組合は一つの階級全体の希望となる。それは、ストライキと抵抗に反対していたが、その企図においては、両者の到達点になる。言葉は同じでも、もはや同じ組織ではない。一方は資本を尊重し、他方は闘争を尊重する」(8)。このように、ガイヤールは、一八六〇年代のパリの労働者の組織化の一つをなす生産協同組合の展開を、ブルジョワジーのイニシアチヴからの労働者の自立の過程として捉えている。換言すれば、労働者の階級意識の深化という方向でこの展開を捉えているといってもよいだろう。

他方、ガイヤールは、労働者評議会と生産協同組合との関係についても、一八六二年と六七年の万国博覧会の労働者の報告の分析に基づいて次のように述べている。まず、評議会に関しては、一八六二年に対して六七年の報告の顕著な特徴は、労使合同の評議会ではなく、労働者のみから構成される評議会を要求している点にある。一八六二年には評議会に賛意を示す一九の報告のうち労働者固有の評議会を要求しているのは一報告のみで、残り一八はすべて労使合同のそれであった。他方、一八六七年においては、評議会に賛意を示す二五報告のうち一六は労働者評議会を要求しているのに対し、労使合同のそれは九報告となっている。それだけでなく、一八六二年において労使合同評議会を選んだ職種のなかで、六七年には四職種が労働者評議会を要求するにいたっている。また、一八六二年においては、生産協同組合と評議会が同時に要求されることはないのに対し、六七年においては、生産協同組合に賛意を示している一一の報告のうち、五報告は評議会を望み、三つは賃金表を、一つは賃金防衛のための抵抗組織を要求している。他方、相互信用組合に賛意を示す八職種のうち労働者評議会を望むのは一つで、二つが労使合同評議会を要求している。以上の分析から、ガイヤールは、一八六七年においては協同組合と評議会は対立するものではなく、「対をなしている」と結論している。(9)この場合、対をなしているとはどういうことを意味するのか、換言すれば、両者は内的にどのように連関づけられているのか、という点に関しては展開されていない。この点に関しては、次節以下で検討することになろう。

2　万国博覧会労働者委員会

前節で一八六〇年代におけるパリの労働運動の復活・発展は、組織面から考察した場合、生産協同組合と抵抗組合および労働者評議会という形態をとったことをみてきた。本節では、労働者評議会という新しい形態の組織運動に注目して、その形成過程を分析するとともに、それを担った人びとが労働者評議会をどのようなものとして捉えていたのかを明らかにしていきたい。

労働者評議会という名称そのものは、すでに存在していた雇主評議会 Chambre syndicale patronale にならったものであるが、その内実はいかなるものであったのか。これを明らかにするために、最初に労働者評議会を結成した製靴工の場合を検討してみよう。

製靴工は、すでに一八六二年のロンドン万国博覧会の労働者代表の報告のなかで評議会を要求して、次のように述べている。「賃金表の実施を監視し、労働者と雇主の仲介の役割を果たすために、普通選挙によって任命される評議会

chambre syndicale が設立されることが望ましい。それは、また、同業者 corporation の要求を明確にし、その利益を守るという使命をもつであろう。そして、それは、さらに、われわれに欠けている職業団体 société professionnelle の結成をも補佐しうるだろう」[10]。ここで述べられていることは、政府に対する配慮のゆえか、あまり明瞭とはいえないが、次のことはいえるだろう。評議会が労働者（のみとは断定できないが）の代表から構成されたもので、職業上の問題を決定する機関として捉えられていること。しかも、評議会が職業団体結成のイニシアチヴをとるものと想定されていること。また、この引用文に続いて、職業団体の模範としてイギリスの労働組合（トレイド・ユニオン）の例があげられていることからも、この職業団体という表現は労働組合を意識したものであるといえる[11]。要するに、この時点では、評議会（シャンブル・サンディカル）は労働組合を意味したのではなく、文字通り評議会ないしは委員会を意味していたのであり、労働組合はこの評議会のイニシアチヴによって結成されるものと想定されていたことは明らかである。

製靴工評議会の結成は、次のような経過でなされた[12]。一八六六年八月、雇主が独身労働者用家具付宿舎の設置を労働者に提案する。労働者はこれを拒否したが、この集会での接触を機に評議会結成の話合いがもたれ、同年一二月規約起草委員会が任命され、翌六七年四月一四日に結成された。

製靴工評議会の規約には、組織の目的として次の三点があげられている[13]。①賃金をめぐる労使の争いの結果、職を失った組合員を救済する資金をつくること。②評議会が必要かつ正当と判断するあらゆる合法的手段によって賃金を維持ないし上昇させること。③評議会は当該職種の労働者のために職業紹介所を運営すること。一八六二年の労働者代表の報告に比較して、ここでまず明らかなことは、明確に労働者評議会となっていることである。また、①と②にみられるように、労使の対立を前提とし、賃金の防衛を集団でおこなうことが目的とされている。③に関しては、当局が製靴工評議会を職業紹介所としてしか許可しなかったという事情もあるが[14]、民間の職業紹介所による手数料という形での搾取を排除することを目的としている。しかし、隠された意図としては、職業紹介を組織することによって、労働力市場をコントロールすることがめざされていたと思われる[15]。

次に、内部組織をみると、第三条に、「当該団体(ソシエテ)は、二一名からなる評議会(シャンブル・サンディカル)によって運営される」とあるように、この時点においても、シャンブル・サンディカルは評議会あるいは委員会を意味するのであって、職業団体そのものを指すのではない。しかし、この語の実際の使用においては、評議会のみを意味する場合も、評議会に代表される職業団体そのものを指す場合もみられるようになる。

製靴工によって開始された労働者評議会運動は、その後印刷工などいくつかの職種に広がっていったが、この運動を一気に拡大するイニシアチヴをとったのは、一八六七年万国博覧会労働者委員会であった。この委員会は、次のようにして組織された。一八六七年七月一日に五六名の万博労働者代表が集まったときに、各職種の労働者代表のあいだに直接的関係をつくりだす必要が同意され、このために全職種の代表からなる総会を開くことが決定された[16]。七月一四日に総会招集のアピールが出され、七月二一日に、万博労働者代表と各職種の代表選出事務局議長からなる一六八名が出席して、第一回総会が開催された[17]。そして、八月四日の第二回総会において、一九名からなる労働者委員会が選出され[18]、八月一〇日には労働者委員会の第一回会議がもたれ、事務局が組織されている[19]。また、のちに一八六七年一一月一五日には第二次労働者委員会が選出されている[20]。労働者代表の総会は、ほぼ毎日曜日に開催され、一八六九年七月一四日に最後の集会がもたれるまで、合計八〇回に及んだ。このうち三六回までの総会の議事録二巻が労働者委員会によって公刊されている。

当時、この委員会は、帝政とのつながりを疑われ、非難されていた。事実、政府は「労働者代表の研究奨励委員会」を通じて、この労働者委員会を財政的に援助したり、さまざまな便宜をはかったりしている。また、委員長を含む三名の労働者代表に対して、レジョン・ドヌール勲章が与えられさえしている。さらに、議事録を読むと、政府の意向を忖度したかのように、議論を一定の方向に誘導しようとしたり、ある方向への展開を阻止しようとする発言がみられるのも事実である。しかし、にもかかわらず、毎週のように多くの職種の代表が一堂に会して労働と産業に関するあらゆる問題を議論する場をもったことは、決定的に重要な意味をもつことになった。選挙で選ばれたすべての代表が帝政の手先というわけではないからである。労働者代表たちは、議事録を読む限り、必ずしも帝政に従順であるとはいえず、むしろこの機会を利用して、帝政に対して自分たちの要求を少しずつでも実現していこうとする現実主義的な姿勢をとっているようにみえる。とくに、労働者委員会の中心的人物であり、ずっと書記を務めたウジェーヌ・タルタレ Eugène Tartaret はその代表といえよう。

総会では、労働と産業に関するあらゆる問題が論じられたが、そのなかでも最も大きな問題の一つが労働者評議会であった。その必要性については、ほとんど異論はみられない。そこで労働者委員会は、政府に働きかけて労働者評議会設立の承認を得ようとする。委員会は、一八六八年二月三日、商業・農業・公共事業大臣宛に労働者代表の要望を提出しているが[21]、その第一番目に労働者評議会の設立をあげている。他方、一八六八年三月一日の総会において、全職種における評議会結成発起委員会を組織する必要が承認され、三月一二日にこの委員会の最初の会議が開かれている[22]。そして、一八六八年三月三〇日、政府は労働者評議会設立を許可する。もっともこれは合法化ではなく、あくまで黙認（トレランス）という形であった。この決定を受けて、発起委員会は、五月に「評議会結成促進のために任命された発起委員会によって採択された回状[23]」を五〇〇〇部刷り、すべての職種に配布した。この回状が出されて以後、翌六九年七月までのあいだに約四〇の評議会が結成された[24]。このことからも、労働者評議会運動の拡大・発展において、労働者代表総会とその中核をなした労働者委員会の果たした役割が推測できよう。

では、この評議会運動を推進した労働者たちは、そもそも評議会をどのようなものとして位置づけていたのであろうか。総会議事録を分析してまず気づくことは、労働者の意識のなかに「進歩」の観念が広く浸透していることである。これは、必ずしも労働者代表や労働者委員会のメンバーといった、ブルジョワ共和主義者との接触のある穏健なエリート労働者にのみ限られた事実ではない。例えば、パン職人評議会のあるアピール[25]には、「すべての他の労働者を鼓舞している進歩の観念に満たされた多くのパン職人」とか、「同志よ、進歩がわれわれの戸をノックしているのだ。それに答えようではないか」といった表現がみられるし、あるいは強固な組織の伝統を有する製帽工の評議会のアピール[26]には「進歩の世紀」といった表現がみられる。第二帝政期のパリの労働運動のミリタンたちに共通してみられるのは、この「進歩の観念」であり、このことは、一九世紀のブルジョワのイデオロギーが労働者の少なくともエリート層にまで浸透していることを示している。ただ、「進歩」という観念で表現されている内実は、ブルジョワジーと労働者では必ずしも同じではない。

では、労働者代表や労働者委員会にとって「進歩」とは何を意味したのであろうか。この点に関しては、労働者委員会の書記で高級家具職人である前述のタルタレの一八六八年一月四日付のアピール[27]が示唆に富んでいる。このアピールは、労働者の団結と労働者評議会の結成を各職種の労働者代表たちに呼びかけたものである。タルタレは、まず各職種を自由にかつ民主的に組織する必要を訴える。しかし、それはかつての同職組合の独裁的再建ではないとし、かつての同職組合を次のように批判する。「自ら神聖化していた由緒、特権そして独占によって不滅であるかにみえた同職組合は、一夜にして崩壊した。労働と商業の隷属の堅固な巨像を打ち倒した、この永久に記憶さるべき夜は、親方身分と同職組合会議（ジュランド）の廃止によって、労働者の解放の最初の画期をなした。教育と進歩は、労働者に新しい権利と新しい希望を与えることによって、過去への復帰を不可能ならしめたのである」。このように、タルタレは、フランス革命による同職組合の廃止を労働者の解放の第一歩として位置づけている[28]。

しかし、他方、その結果、労働者は資本のなすがままになったとし、労働の自由の障害が除去されたあとの労働者の状況を「奴隷解放後の解放された黒人」と同じであるとしている。そして、現在の状況を労働者の孤立化として捉え、次のように述べている。「貧困のために、無関心、エゴイズムが、すでに決定的に労働者の行為準則となってしまっている」。

　ここでタルタレは、一転して、同職組合の伝統を強く維持している遍歴職人組合（コンパニョナージュ）の再評価に向かう。遍歴職人組合は非難の的となっているが、「しかし、遍歴職人組合は、すべての国の労働者の団結と連帯の先駆者であり、普及者ではなかったであろうか。それは、フランスを労働者の紐帯で編み合わせなかったであろうか。職人が遍歴する都市では、メッカに向けて、約束の地に向けて、パリに向けて出発する産業の無数の巡礼者によって歌われた、しばしばあまりにも率直なあるいは荒っぽい歌が、今でも響き渡っているのではないだろうか。遍歴職人組合は、さまざまな職人組合のあいだの良い意味での産業上の競争心を、これらの組織の誇りである修業作品の作成によって、つねに維持してこなかったであろうか。人は、旅する職人の出発や到着に際してなされる友愛に満ちた宴会や陽気な振舞いを思い出さないであろうか」。このように、タルタレは、遍歴職人組合を労働者の団結と連帯の先駆者として高く評価するとともに、労働者の共同体としての側面も重視している。しかし、この組合は、権威の濫用や党派的闘争、また進歩への抵抗などの点においては批判の余地があるとし、「遍歴職人組合の時代は終わったのであり、それは進歩の道を労働者の全体的連帯に向かって進まなければならない」と結論している。つまり、遍歴職人組合のもっていた強力で生き生きとした団結と連帯を、党派的にではなく、労働者大衆全体にまで拡大することが、「進歩」であり、時代の要請であるとしているのである。

　タルタレは、次いで、やはり非難されることの多い、ストライキを前提とした伝統的組織である抵抗組合に言及し、「これらの秘密の司令部を、献身的に、また仕事と自由を失う危険を冒して支えた人びとは、連帯のすべての友の承認に価する」と評価している。ここでも一貫して労働者の連帯という観点から、抵抗組合を再評価しているのが見て取れる。そして、産業にとって致命的なストライキが生じないようにするには、豊富な資金をもつ雇主評議会に対して、「慎重さと権威をもって機能し、労働者の集会と結社の自由によってたえず啓蒙された労働者評議会」の存在が必要であると結んでいる(29)。

以上のように、タルタレは、フランス革命による伝統的社会の社会的結合＝同職組合の廃止を、労働の自由＝個人の自由の達成として捉え、労働者の解放の第一歩として積極的に肯定するとともに、他方、それ以後の労働者のおかれた状況を、労働者の孤立化、エゴイスト化、無関心化が生じたとして捉え、そのために資本のなすがままの支配のもとにおかれていると認識している。そして、このような状況を克服するためには、労働者の連帯・団結が不可欠であり、したがって、問題は労働者の連帯をどのような形でつくりだすか、ということになる。そこで、伝統的な遍歴職人組合や抵抗組合のもっている、労働者間の強力な連帯意識と団結力が再評価されることになる。しかし、それはもはやかつての同職組合という閉鎖的な共同体的形態ではなく、個人の自由を前提とし、大衆的基盤をもつ組織でなければならない。そして、それが労働者評議会である、とタルタレは主張する。労働者代表総会議事録にはアソシアシオンについての多くの意見と議論が記録されているが、これがタルタレのアソシアシオン論であった。しかし、このアピールでは、評議会そのものの具体的目標や機能については触れられていない。

評議会の具体的目標と機能に関して、労働者代表総会でなされた議論を集約した資料として、前述の評議会結成発起委員会が、一八六八年五月に出した「回状」をあげることができる。ここには、総会での議論の結果が網羅的に示されており、体系的ではなく羅列的であるが、少なくとも労働者代表たちが、労働者評議会についてどのようなイメージを抱いていたかは知りうる。以下、若干長くなるが、この「回状」を紹介してみよう(30)。

「回状」は、労働者評議会結成を推進する理由として次のように述べている。

評議会は、それが各職種の労働者のあいだにもたらすたえざる関係によって、労働者に互いに知り合い、評価し合うことを学ばせ、このようにして彼らに精神的・物質的連帯の実践を準備させる。評議会は、失業・病気・身体障害者・老齢に対する相互保険を設置する手段を研究することを労働者に可能にする。

労働者が労働を再組織し、生産・消費・信用などの協同組合を設立することを学ぶのは、この学校においてである。労働者評議会が、けっして過去への回帰ではないこと、またかつての同職組合と同職組合会議の無意識的追憶ではけっしてないこと、それは純粋に精神的な権威と完全に協調的な使命しかもってはならないこと、そして、各職種はそれを結成する、あるいはしない自由をもち、各労働者はそれに加入する、あるいはしない自由をもつこと、これらすべてのことは原則として確立されている。

強固に組織され、裁判所によって道義的に承認された権威をもつ雇主評議会を前にして、防衛の手段において均衡をつくりだすために、労働者評議会を結成することはまったく正当なことである。それは、一言でいえば、雇主と労働者が平等の基礎に立ち、対等に交渉しうるためである(31)。

賃金問題、作業場規則、労働評価、製造に際しての非衛生的材料の採用、労働者の健康あるいは生存を危うくする可能性のある劣悪な用具・設備は、雇主と労働者のあいだに分裂を生ぜしめ、ストライキにいたらしめずにはおかないような、つねに遺憾な闘争を引き起こす。これらすべての誤解は、評議会の公正な評価に委ねられることが可能となるや、消滅するに違いない。

評議会は、果たすべき一つのまったく特別の任務をもっている。それは、次のような使命をもつであろう。人びとを協同組合(アソシアシオン)へと準備するのに必要な法律・規約・細則の研究のために、会議を組織すること。

職業教育を組織すること。

各産業における最良の方法を注意深く収集して、当該職種の理論的マニュアルを再構成すること(古いそれは、製造への機械の導入以来もはや存在理由をもっていない)。

労働者によってなされた発明と改良を、合法的なあらゆる手段を使って保護し、かつ広めること。

労使調停委員会に、すべての職種の有能な調停委員を送り込むことができるようにし、委員たちの不十分さに対して備えること。
労働者評議会は、したがって、一言でいえば、個々の利益と全体のそれを和解的に保証することに貢献しながら、労働者の知的・道徳的また産業的知識を発展させるという巨大な利点をもつであろう。

以上のように労働者評議会の使命と役割を展開して、最後に、モットーとして「自由・協調・連帯」を掲げている。

この「回状」に示されていることは、きわめて穏健であり、一般的主張にとどまっているといえよう。これは、一つには、政府に対する配慮からであった(32)。しかし、その点を考慮にいれながらみていくと、労働者評議会をどのようなものとして構想していたかということは、十分に理解しうるだろう。ここでは、労働者代表が労働者評議会の役割として、次元は必ずしも同じではないが、次の点に要約できよう。①個人の自由な意志に基礎をおいた労働者の連帯の場、②相互扶助、③各種の協同組合の組織、④雇主との団体交渉、⑤賃金・労働条件の防衛と改善、⑥職業教育の組織、⑦労働者の創意を守り、発展させる、⑧労使調停委員の任命。

このうち②は相互扶助組合、③は生産・消費協同組合および相互信用組合、④と⑤は抵抗組合の機能を各々継承しているといえよう。評議会が、このように既存の労働者組織の諸要素を統合しつつ、各職種の労働者の労働生活全体の核として機能するものとして構想されているといえよう。そして、そこに通底しているのは、労働者の自立と連帯ということであり、この自立と連帯は、評議会のもとに、生産協同組合を設立することによって達成されると考えられているといえよう。タルタレをはじめとする労働者委員会の多くは協同組合主義者であった。つまり、ここではあくまで協同組合が目的であって、それを準備する中核となるのが評議会であるとみなされている。ただ、ここでは労働者評議会が指導機関であるのか、あるいは一つの共同体であるのか明瞭ではない。おそらく、指導機関であり、同時に共同体でもある。ある労働者代表は、「評議会(サンディカ)、それは凍えた者がその側で暖まり、眠り込んでいる者が目を覚ます煖炉である(33)」と述べている。また、他の代表は次のようにいう。「評議会以上に、自己教育と利益の防衛に有利な学校をどこに見出せようか。……われわれ自身を教育し、われわれ自身のことはわれわれ自身で管理できるようになるために倍の努力をしなければならない[34]」。つまり、ここでは狭い意味での評議会とそれが代表している職業団体としての評議会(この場合、サンディカという表現が使われる例が多い)との区別はみられない。いわば自主管理に基づく新たな共同体がめざされていたといえよう。

最後に、労働者評議会結成のイニシアチヴをとったのは、エリート労働者であったことを確認しておかねばならない。前掲のタルタレのアピールにおいても、万国博覧会の労働者代表選挙に対する労働者の無関心が嘆かれているし、労使調停委員の選挙においても、三万人の労働者が働く職種で四〇〇名しか投票しなかったと指摘している。生産協同組合運動においても、労働者委員会の一人は、「労働者の無関心は徹底している[35]」と述べている。労働者評議会においても、製靴工評議会創設者の一人であるクレマン Clément は、次のように嘆いている。「評議会に関しても、同じ無関心が支配している。組合費は週一〇サンチームでしかないというのに。いつも、いつも、闘うのは一握りの信念をもった人びとなのだ。しかも彼らは利己主義的な労働者の皮肉の餌食となっているのだ。ところがこの労働者たちは、たえず要求はするが、連帯を樹立するのを支援するためにいかなる犠牲をも払おうとはせず、時間も金も出そうとはしないのだ[36]」。このように、大衆の無関心に対する嘆きはいたるところにみられるが、これは、この運動のイニシアチヴをとった労働者が、労働者のなかのエリート層であることを証している。換言すれば、評議会は一面で、歴史の「進歩」を確信するエリート労働者による労働者大衆の組織化をめざした運動であったといえよう。

では、エリート労働者のイニシアチヴで開始されたこの運動は、各職種においてどのように展開されたであろうか。次節では、この点を検討してみよう。

3　労働者評議会運動

まず、労働者評議会運動の規模と広がりをみるために、その数量的側面を検討しておこう。表3は、筆者が史料で直接確認できた評議会のリストである。(37) 評議会の実数を正確に把握するのは難しいが、商業従業員評議会の機関紙『ル・コメルス』によると、一八六九年五月三〇日時点でパリには五二の評議会が存在するとしている。(38) また、エミール・ルヴァスールは、一八六九年に六五存在していたとし、(39) ドニ・プロは、一八七〇年時点で約六〇存在したと主張している。(40) したがって、表3のリストは、パリの労働者評議会のかなりの部分をカバーしているといってもよいであろう。組織率に関しては、データが不十分で一部の職種についてしか判明しないので、一般化できないが、参考までにあげておくと、一〇〜二〇%程度で、ストライキ時には、七〇%というような高い数値を示すが、ストライキ終了とともに(とくに敗北の場合は)開始以前よりも組織率が低下するのが普通である。

表3から、評議員のなかに、万国博覧会の労働者代表が含まれている職種が二三存在することが判明する(これも筆者が参照した史料の範囲内でということであるから、これより多くなることはあっても少ないということはない)。このことからも、労働者評議会結成運動における万博労働者委員会の影響力を確認できよう。ところで、労働者代表と評議員に重複がみられる職種には、一般にすでに何らかの組織が存在していた場合が多くみられる。このことから、労働者評議会が、一方では、すでにある程度の組織の伝統をもっている職種のなかで、それを基盤にして新しく結成される場合と、他方、それまでほとんど組織の伝統がないような新しい職種ないしは少人数からなる職種において結成されている場合とがあると推測される。すなわち、一方においては、評議会という新しい組織形態への転換、他方における未組織労働者の組織化という二つの傾向が存在すると思われる。

次に、何が評議会結成の契機となったかという観点から分析を加えると、製靴工や印刷工のような一部の先駆的な評議会を別にすると、次の三点に大別することができる。すなわち、①万博の労働者代表選出のための選挙集会における同じ職種の労働者の接触、②ストライキにおける同様の接触、③評議会組織運動全体のインパクト。

①の場合の例としては、家具製造関連職種、建築関連職種、皮革関連職種、機械製作関連職種、楽器製作関連職種、金銀細工職人、鞍打工、壁紙印刷工など多くの職種の評議会をあげることができる。これらの職種から明らかなように、パリの産業の中核をなす職種であり、かつ、抵抗組織の伝統のあるものが多い。先にみた、万博労働者代表と評議員が重なる職種とも、ある意味では当然とはいえ、一致する場合が多くみられる。

②の例は、絵筆製造工、金泥工、高級ブラシ製造工、白鞣し革製造工、壁紙印刷工（この場合、ストライキのなかで、万博の集会を利用して評議会を結成している）、砂糖精製工、商業従業員などの評議会にみられる。ここにみられる職種の特徴は、パリの産業の中心からはずれた少人数の職種か、大人数であるが抵抗組織の伝統の弱い職種が多いことである。少なくとも、パリの労働運動の中核をなす職種ではなかったといえよう。[41]むしろ、ストライキを契機として、①の例にあげたような職種にならって評議会を結成したのである。

③の例としては、車大工、帽子製造工、靴裁断・仮綴工、商業従業員、時計職人・店員、男性既製服店店員、薬剤師見習い、酒場店員などの評議会がある（ただし、後二者は結成の訴えだけに終わったようである）。ここにみられる職種は、強固な抵抗組織の伝統をもつ帽子製造工のような例と、まったくその伝統をもたない例に分けられる。前者の帽子製造工のような場合、強固な組織が存在するがゆえに、逆に評議会結成が遅れたといえよう。また、第三次産業最初の評議会を結成した商業従業員は、既存の相互扶助組合を、評議会運動の影響下に、評議会へと転換させたが、右の商業従業員以下の職種の場合は、この商業従業員評議会とそれが指導したストライキの影響下に結成ないしはその動きが起こった。とくに男性既製服店店員評議会は、商業従業員評議会の直接の指導によって結成されている。

表3　労働者評議会一覧

	組　織　名(1)	設立年(2)	組合員数(3)	備　考(4)
1	Chambre syndicale de l'ameublement	1868		E.
2	〃　〃　des ouvriers balanciers	1870	113以上(1870)	E.
3	Union syndicale des ouvriers en bâtiment	1867?		E.
4	Chambre syndicale des ouvriers batteurs d'or	(1869. 8. 8)		
5	Société de prévoyance et de solidarité de tous les spécialités de la bijouterie	1869	1700(1870)	
6	Chambre syndicale des ouvriers boulangers	1869		
7	〃　〃　〃　〃　des brossiers pour peinture	1869		
8	Société de crédit mutuel, de solidarité et de syndicat de la Céramique	(1869. 7.25)		E.
9	Chambre syndicale des ouvriers chapeliers de Paris	1869.11. 7	600(1869)	E.
10	〃　〃　〃　〃　charpentiers de la Seine	1870. 1.25	160(1870)	E.
11	〃　〃　〃　〃　charrons de la Seine	(1870. 4)		結成準備中
12	〃　〃　〃　〃　chaudronniers	(1870. 6.17)		
13	〃　〃　〃　〃　cordonniers	1867. 4.14	500(1867), 1000(1869)	E.
14	〃　〃　〃　coupeurs et brocheurs de chaussures de Paris	1870. 1	310(1870)	E.
15	〃　〃　〃　ouvriers couvreurs	(1869. 7. 8)		E.
16	〃　〃　ouvrière de l'industrie des cuirs et peaux	1868. 5.24	400(1868)	
17	Syndicat des ouvriers décatisseurs et appréteurs en drap de Paris	(1870. 7. 3)		

18	Chambre syndicale des dessinateurs pour étoffes	(1870. 1.28)		E.
19	〃 〃 〃 ouvriers doreurs sur bois	(1869.10.24)		
20	Union corporative de l'ébénisterie	1868		
21	Chambre syndicale des employés de commerce	1869. 1	1400(1870), 10,000(1869)	
22	〃 〃 〃 〃 〃 〃 des cuirs et peaux	(1869.10.10)		
23	〃 〃 〃 〃 〃 〃 de quincaillerie	(1869. 6. 9)		
24	〃 〃 〃 〃 〃 la confection pour hommes	1870. 1.13		
25	Association libre des employés droguiste de la Seine	(1869. 8.29)		
26	Chambre syndicale des ouvriers et employés horlogers	(1869. 9.10)		
27	〃 〃 〃 〃 feuillagistes, fleuristes et plumassiers	(1869. 8. 1)		E.
28	〃 〃 〃 〃 gainiers	(1869. 2.21)		
29	〃 〃 〃 〃 galochiers	(1870. 3.27)	53(設立時), 76(1870)	
30	〃 〃 〃 〃 gantiers de Paris	(1870. 4.25)	600(1870)	
31	〃 〃 〃 graveurs dans tous les genres			労使合同評議会
32	〃 〃 〃 ouvriers imprimeurs en taille-douce	(1869. 7.18)		E.
33	Unior des ouvriers en instruments de chirurgíe et coutellerie	(1869. 8. 8)		
34	Société professionnelle et chambre syndicale ouvrière des instruments de musiqne réunie	1868	60(1868) 900(1870)	E.
35	Chambre syndicale des garçon limonadiers	(1869.10.27)		結成の呼びかけ

36	Chambre syndicale des ouvriers maçon			
37	〃 〃 〃 〃 marbriers	(1869. 7.18)		
38	〃 〃 〃 〃 margeurs	(1870. 1.24)		
39	〃 〃 〃 〃 mécaniciens	1868. 9.27	500(1868), 5000(1870)	E.
40	〃 〃 〃 〃 mégissiers	(1870. 7.12)		E. 結成の呼びかけ
41	Initiative, Chambre syndicale des ouvriers menuisiers en bâtiment	1869. 8.20		
42	Chambre syndicale des ouvriers menuisiers en cadres	(1870. 4. 3)		
43	Syndicat du meuble sculpté	1867	60(1867), 200(1870)	
44	Chambres syndicale des ouvriers modeleurs mécaniciens	(1869. 8)		E.
45	〃 〃 〃 〃 mouleurs en plâtre	(1870. 4. 3)		
46	〃 〃 〃 〃 de l'orfèvrerie et des parties qui s'y rattachent	1870		E.
47	〃 〃 〃 〃 ornemanistes en carton-pierre	(1869.12. 5)		
48	〃 〃 〃 〃 papiers peint	1868?		E.
49	Société de crédit mutuel et de solidarité des ouvriers papetiers, régleurs et employés de la papeterie	(1870. 6. 5)		
50	Chambre syndicale du travail des ouvriers peintres en bâtiment	1869. 5. 2	1400(1870)	
51	〃 〃 des éléves en pharmacie	(1869.10.31)		結成の呼びかけ
52	〃 〃 des ouvriers plaqueurs et perceurs en brosserie fine	(1869.12.12)		
53	〃 〃 〃 〃 plombiers, zingueurs et gaziers de la ville de Paris	1870. 2	30(1870)	

54	Chambre syndicale des ouvriers portefeuillistes-maroquiniers	(1870. 3.20)		
55	〃 〃 〃 praticiens-sculpteurs	(1870. 1.27)		
56	〃 〃 〃 ouvriers raffineurs de sucre	(1870. 4.25)		
57	〃 〃 〃 〃 selliers	(1869.10.17)		E.
58	〃 〃 〃 〃 serruriers en bâtiment	(1869.10.17)		
59	〃 〃 〃 〃 taillandiers	(1870. 3.13)		
60	〃 〃 〃 〃 tailleurs de Paris	1868. 6.25	150(1868), 510(1870)	E.
61	〃 〃 〃 tailleurs et scieurs de pierre de la Seine	1868.12	60(1870)	
62	〃 〃 〃 ouvriers tapissiers	1868. 8	240(1868), 300(1869)	E.
63	〃 〃 〃 〃 tôliers	(1870. 1.22)		結成準備中
64	〃 〃 〃 〃 tourneurs en chaises	(1869. 8.31)		普仏戦争下に労使合同となる？
65	〃 〃 〃 〃 tourneurs sur métaux	(1869. 9. 5)		E.
66	Société typographique de Paris	1867. 8. 8	2131(1867)	E.

註：(1) 組織名は職種のアルファベット順。Chambre syndicale という名称をとらないものは，組織内部に Chambre syndicale を設置していることが確認できたもの。
(2) (　)内の年月日は，註(37)にあげられた史料のなかで初出の日付。
(3) (　)内は年。いくつかの数値が判明している場合は，最小値と最大値のみを記した。
(4) E. は1867年万国博覧会労働者代表が評議員のなかに含まれている場合を示す。

なお、①・②・③は、当然、相互に関連し合っており、とくに、②の場合、抵抗組合を結成すればよいにもかかわらず、評議会を結成したことは、③の全体の影響を受けていることを示しているといえる。

次に、評議会結成過程に注目すると、やはりそこには以下のようないくつかのパターンがみられる。①評議会結成のための親組織がまず設立され、それが指導して各職種の評議会が結成される場合。建築関連職種においては、建築関連の各職種の評議会結成を目的とする、セーヌ県建築労働者評議会連合を、一八六八年二月九日に結成している。[42] この親組織の指導下に結成された評議会は、筆者の確認できた範囲内では、指物職人、屋根葺き職人、鉛管工・亜鉛工・ガス工、石工の各評議会がある。ただし、石工のそれの結成は普仏戦争によって中断されているが。家具製造関連職種においても同様であった。一八六八年五月八日、家具関連職種評議会結成発起委員会が各職種の代表によって設立され、「セーヌ県家具関連職種労働者一般評議会の結成」と題するアピールを出している。[43] この一般評議会規約案第九条において、各職種の評議会結成を促進することが目的として掲げられている。[44] 壁張工の評議会は、その一例である。

②最初から、いわば産別組織として結成される場合。これは、一見すると①の場合と似ているが、①の場合は、同一産業の各職種に評議会を結成することを目的とする合同組織であったのに対し、これは、同一産業の各職種を統合しようとする点で、目的は逆になっている。皮革産業の場合、一八六七年の万博のさまざまな職種の労働者代表一七名が共同で報告を作成することに一致し、この接触のなかから六八年五月二四日に評議会が結成されている。この評議会は同一産業の一三職種の代表から構成され、最初から産別組織がめざされていた。しかし、職種により賃金も労働条件も異なっていたため十分に機能せず、やがていくつかの職種は独自に評議会を結成し、急速に影響力を失った。[45] 機械工の場合は、万博の労働者代表選出のための集会で、評議会結成のための発起委員会が任命され、一八六八年六月アピールを出している。それは六職種の代表によって署名されており、この評議会の目標として、機械製作関連職種全体を組織することが掲げられている。一八六八年九月二七日、規約が採択され、同年一一月一日、評議員が選出されている。[46] 楽器

製作労働者の場合も同様で、一八六八年に結成された評議会は、同一産業のいくつかの職種から構成されている。

③既存の組織の名称を変えることなく、その内部に評議会を設置する場合。これはとくに抵抗組織の伝統のある職種にみられ、典型的な例は印刷工の場合である。彼らは、パリ印刷工相互扶助組合(これは偽装された抵抗組合であるが)という名称を変更することなく、規約に付則を加えることによって、一八六七年八月八日、既存の委員会をそのまま評議会に名称を変えるという形で評議会を結成している(47)。また、宝石細工職人の場合は、一八六七年三月二三日に備蓄・連帯組合という名称のもとに抵抗組合を結成しており、のちにその規約を修正することによって内部に評議会を設置するという形をとっている(48)。

④既存の組織が評議会に転換する場合。商業従業員や鉄板製造工は既存の相互扶助組合を評議会に転換している。高級家具製造工の場合は、既存の二つの組織が合同して、高級家具評議会連合という名称のもとに結成している。また、製陶工の場合は、製陶工相互信用・連帯組合と評議会が併存していたが、一八七〇年に製陶工相互信用・連帯・評議会という名称のもとに両者が統一されている。

⑤既存の組織から分離する形で結成される場合。パン職人評議会は、既存の相互扶助組合が帝政から受けていた庇護を嫌ったメンバーの一部が、この組織から離脱して、一八六九年に結成している。また、大工の場合、遍歴職人組合と既存の相互扶助組合の各々の一部のメンバーが、雇用における遍歴職人組合の特権を制限することと、同職種の全構成員の統一をめざして、一八七〇年に評議会を結成している。彫刻家具職人の場合は、一八六五年のストライキ以来抵抗基金組合を維持しており、このメンバーの一部六〇名によって六七年に評議会を結成している。塗装工の場合は、連帯組合の消滅後、それにかわる抵抗組織を再組織してストライキを打とうとするための集会から結成されている。これは連帯組合と評議会のメンバーが同じであれば、④のカテゴリーにはいることになろう。

⑥インタナショナルかパリ労働者団体連合 Chambre fédérale des sociétés ouvrières de Paris の指導によって結成された場

合。砂糖精製工、木底靴製造工、パン職人のそれぞれの評議会結成にはその指導がみられた。しかし、この例は一八六九年末から七〇年にしかみられない。これは参照した史料のゆえとも考えられるが、帝政末になってインタナショナルの指導者が評議会結成にも積極的になったということを示しているのかもしれない。

以上、評議会結成過程の六つのパターンをみてきたが、実際には、いくつかのパターンが組み合わさっている場合が多い。例えば、パン職人の場合は⑤と⑥の組み合わせで結成されているというように。

最後に、帝政末期のパリの労働運動の中核をなすいくつかの職種で、評議会を結成しなかった職種があり、このことがもつ問題に若干触れておこう。まず、青銅工の場合であるが、彼らは帝政末期のパリの労働者のなかで最も強い結束力をもっており、青銅工相互信用・連帯組合は一八六七年の大ストライキを一糸乱れず闘い抜いている。その指導部の多くはインタナショナルの指導者でもあった。しかし、彼らは評議会に名称変更することも、既存の組織内部にそれを設置することもしていない[49]。同じく、帝政末のパリの労働運動の担い手であり、とくに一八六九年の大ストライキで強い結束力と組織力を示した製鉄工の場合も、六五年に設立した製鉄工組合という名称の相互扶助組合（もちろん偽装された抵抗組合）を変えることはしていない[50]。また、石版印刷工の場合は、三つの組織が抗争し、統一への方向が探られているが、評議会結成への動きはみられない。また、職種としては小さいが、インタナショナルの指導者であるヴァルラン Varlin が指導する製本工の場合、一八七〇年に名称変更しているにもかかわらず、評議会ではなく連帯組合と変えている。組織内部にも評議会は設置されていない[51]。

以上の事実は何を意味しているのだろうか。抵抗組織としての強固な伝統をもっている職種の場合、その伝統への固執から評議会という新しい名称をとらなかったとも考えられる。他方、製本工の例にみられるように、帝政末には、「連帯」という名称を付け加える組織が多くみられる点を考慮するならば、必ずしも名称変更を嫌っているともいえない。それはむしろ万博労働者委員会に対する不信が存在していたことを示しているものと思われる。事実、青銅工と製本工は万博の労働者代表の選出も独自におこない、また、報告を自費出版している。ただ、評議会という名称を拒否するのは自己の職種に関してであって、評議会そのものに否定的であるのではなく、例えばヴァルランは、帝政末期には、いくつかの評議会結成を支援ないし指導している。このことは、インタナショナルの指導部は、万博労働者委員会がイニシアチヴをとった初期の評議会運動に対して一定の距離を保っていたが、その発展とともに態度を変化させていったことを示していると思われる。

以上のように、労働者評議会の結成過程の分析から、評議会には、既存の組織をもつ職種のそれと未組織の職種のそれとがみられることが判明したが、その結成過程そのものは、各職種のおかれた状況とそれを担ったミリタンに応じて多様であり、各職種固有の運動とさえいえよう。しかし、にもかかわらず、なぜ帝政末期というこの時期に労働者評議会という新しいタイプの組織が生じたのか。そこには共通の認識が通底しているはずである。この点に留意しながら、次に、評議会の組織構造を検討してみよう。

労働者評議会の組織構造をみるために、ここでは一四の評議会の規約の全文ないしは一部を中心に検討した[52]。まず、労使合同評議会か労働者評議会かという、二つの組織形態に関しては次の通りである。前述のガイヤールによる一八六七年の万博労働者代表の報告の分析においては、評議会結成を要求した二五職種のうちなお九職種において、労使合同評議会の設立が要求されていたが、実際に結成された評議会で労使合同のそれは二職種においてしか確認できず、そのうち一つは、普仏戦争の勃発という状況のなかで合同するにいたったようにみえる。それゆえ、実際の評議会運動においては、明確に労働者評議会として展開されたことは明らかである。

次に、組合員資格に関する規定を検討すると、労働者以外の加入を拒否するとしているのが一般的であるが、名誉組合員を拒否すると明記している場合もみられる。これらの当然ともいえるような規定は、それまで許可されていた唯一の職業組織である相互扶助組合を意識したものである。相互扶助組合には二種類あり、一つは「許可されただけの組合

Société simplement autorisée」、もう一つは、一八五二年三月二六日の法律によって制定された「承認された組合 Société approuvée」である。後者は、国家からさまざまな援助を受けるが、議長は国家元首によって任命され、組合員のなかに多くの名誉組合員が含まれている。他方、前者は、国家から何の援助も受けられないが、議長と運営委員会は組合員で選ぶことができる。ただこの場合も名誉組合員が含まれている。例えば、一八六五年において、フランス全体の相互扶助組合で、「承認された組合」では平均七名弱につき一人は名誉組合員であり、「許可された組合」でも平均二三名につき一人は名誉組合員によって構成されていた(53)。つまり、評議会の資格規定は、このような帝政の庇護や干渉を排除することをめざしているのである。そこに労働者の自立への強い志向を読み取ることができよう。また、二職種評議会規約においては、書籍以外のあらゆる贈与を拒否するとわざわざ明記してあるが、これも政府やブルジョワの懐柔策に対して、労働者の自立性を守ろうとする強い意志を示しているものとして興味深い。

組合員資格に関する他の規定をみると、女性の加入を認めているのが普通で、国籍を問わないだけでなく、職種によっては年齢さえ問わない規約もみられ、その職種の労働者であるという以外にほとんど資格制限はない。また、定員制限もない。これらの点は、遍歴職人組合のような閉鎖的な組織に比較して、明瞭に開放的かつ大衆的な組織であることを示している。

次に、組織運営機構を、製靴工評議会の規約によってみると、まず、最終的決定機関として年四回開催される総会があり、そこで二一名の評議員からなる評議会が選出される。評議員は任期三年で、毎年三分の一が改選され、再選およびリコールが可能である。この評議会は毎年事務局を任命し、組織の運営にあたる。また、総会で一二名からなる監査委員会も選出され、評議会の活動の会計監査をおこなう。これも毎年三分の一が改選される。さらに、三名の弁護士からなる司法委員会が設置されている。以上は、前述のように、最初に結成された評議会の例で、その後に結成された評議会の機構には若干変化がみられるが、これが評議会の基本的な組織運営機構であるといえよう。

組織構造の観点からみて最も興味深いのは、組合費徴収係（職種により、collecteur, receveur あるいは仕事場代表と呼ばれる）に関する規定である。これはほとんどの職種の規約にみられるが、徴収係は各仕事場で選挙によって選ばれ、その仕事場の組合員の組合費の徴収を担当する。職種により、小さな仕事場の場合は、それがいくつかまとまって一人を選出したり、カルチエごとに選出している場合もある。徴収係の任務は、しかし、組合費の徴収にとどまらない。彼は、各仕事場と評議会の運営委員会のあいだのパイプ役を果たすとともに、彼が所属する仕事場が存在するカルチエの他の仕事場の徴収係と日常的にたえず接触することが義務づけられている。このカルチエの徴収係の集会は、新しいタイプの仕事の賃金を決定する権限をもち、雇主と交渉する。徴収係は、仕事場とそれが存在するカルチエにおける労働者の事実上の核となっているといえよう。これらの規約における規定の分析からだけでも、これらの労働者とその集会が、ストライキや他の民衆運動において、重要な役割を演じるであろうことは容易に想像されよう。なお、組合費は、職種により異なるが、月五〇サンチームというのが一般的である。

また、帽子製造工や大工の評議会規約は、全国組織の結成をうたっている。これは元来、全国組織である遍歴職人組合の伝統の強い職種としては当然で、事実、帽子製造工の場合、一八七〇年五月に地方にアピールを出し、各都市の帽子製造工もこれを受け入れ、全国組織結成が進められたが、普仏戦争によって中断されている。

次に、評議会の機能あるいは役割がどのように規定されているかを検討してみよう。評議会の役割のなかで最も重点がおかれているのは、労働者の物質的・精神的利益の防衛である。すなわち、賃金の維持ないし上昇と労働条件の改善である。また、機械工の場合には新しいタイプの仕事の賃金の決定も評議会の役割としている。そして、そのために評議会の代表が、雇主の評議会の代表と交渉をおこなうものとされている。ストライキに対しては否定的に述べられていることが多いが、雇主評議会代表との交渉決裂の場合（もっとも現実には雇主が交渉に応じないことが多かったが）、組合員は仕事場を放棄するということを明確に規定している職種もみられる。このようにストライキという手段が明記されていなくても、雇主との争議の結果職を失った組合員に対する補償についてはほとんどの規約に明記されている以上、当然ストライキが前提されている。この点で、万博労働者委員会の回状にみられた評議会の理念とは大きく異なっているといえよう。前述のように、この回状においては、評議会は生産協同組合設立を最終目標としていたが、実際の評議会においては、抵抗組合の伝統がそのまま受け継がれており、評議会とは何よりもまず抵抗組織であった。一八六九年末にドゥルール Dereure は、「評議会」と題する論文で評議会運動について論じ、評議会が抵抗組合であるとしている。[54] また、ストライキ中の金泥工評議会のアピールには直截に「評議会、すなわち抵抗組合」と表明されている。[55] これは、先にみたように評議会結成の契機の一つがストライキであったことからも明らかである。

しかし、評議会のもう一つの特徴は、雇主に対する労働者の利益防衛と同時に生産協同組合の設立を、社会変革の手段として捉えていることにある。筆者の調査した限りでは、全体で少なくとも一八の評議会が生産協同組合の設立を目標に掲げている。評議会と生産協同組合は、ガイヤールのいうように、「対をなしている」のであるが、それは社会変革の手段として、評議会が生産協同組合設立のイニシアチヴをとるということであった。

ところで、右の一八の評議会のうち七つは、ストライキのなかで生産協同組合設立を提起している。これはストライキで職を失った労働者を救済することを目的とするもので、いわばその場しのぎ的なものであったといえよう。それゆえ、評議会全体としてみた場合、生産協同組合を社会変革の手段として明確に位置づけていた一部の評議会と、それほど明確な意識をもたないか、あるいは評議会をもっぱら抵抗組織として捉え、生産協同組合そのものを考慮に入れていない評議会が存在するといえよう。このように生産協同組合に関しては二つの傾向がみられる。例外はあるが、前者は既存の組織をもちパリの労働運動の中心にある職種に多く、後者はその周縁にある職種で、少人数の職種や比較的新しい未組織の職種である場合に多くみられる。

評議会の機能は、しかし、右の二点にとどまらない。それは、また、職業紹介を一つの機能としている。これは職業紹介業者の搾取を阻止するとともに、製靴工の場合のように、労働市場のコントロールをも視野に入れている。また、評議会は、相互扶助機能ももっており、病気・負傷に対する救済、融資、年金についての規定がみられ、そのために、相互扶助・信用組合の設立を明記している職種もみられる。さらに、職業教育のために、職業学校か講座と図書室の設立が構想されている。これは実施された職種もいくつかみられる。また、徒弟の契約の遂行を監視することも評議会の役割に含められている。全職種の評議会の連合を規約にうたっている職種もある。

以上のように、全体として評議会は基本的に抵抗組織としての組織構造をもちつつも、生産協同組合や相互扶助組合あるいは相互信用組合の機能をも包含し、さらに労働者の労働生活に関わるあらゆる問題を視野に入れた、ある意味では曖昧な、しかし、労働者の自立への志向という点では一貫した組織であるといえよう。評議会は、社会変革の展望のなかでこれらさまざまな要素を、ある評議会は生産協同組合を軸に、またある評議会は抵抗組織を軸に、統合しようとしたものであり、その統合の仕方に評議会の独自性があったといえよう。そして、この統合の仕方を貫いているのは、労働者自身の力で労働者の解放を達成しようという、自立と連帯への志向であった。製靴工評議会書記ミションMichon は次のように述べている。「ブルジョワが勝利したのは、コミューンの名のもとに結集して闘いを開始したからである。今日では、われわれの闘いを開始しなければならないのは、労働者評議会によってである(56)」。

おわりに

第二帝政期のパリに登場した新しい組織運動としての労働者評議会が、どのような課題をもって、どのように生み出され、どのような構造をもっていたか、という問題を中心にして、評議会運動を考察してきた。評議会運動は、その理念(タルタレが鮮明に提示したように)においても、実際の運動(それまでのパリの労働運動の周縁部分をなしていた労働者の参加)

においても、確かに、フランスの労働運動における一つの転換を示すものといえよう。つまり、同職組合の伝統に連なる遍歴職人組合や抵抗組合あるいは相互扶助組合と近代的労働組合の中間にあって、前者を克服しようとしたからであり、また、その名称であるシャンブル・サンディカルやサンディカはそのままのちの労働組合に連なっているからである。

しかし、本章でみたように、評議会運動を担っていた労働者たちが構想していたのはそういう方向ではなかった。評議会は、抵抗組合、生産協同組合、相互扶助組合、相互信用組合といった既存の諸組織をある一定の仕方で、すなわち、社会変革の観点から統合しようとしたのである。それは、労働者の労働生活全体を包含するものであった。そして、この統一の仕方を貫いているのが労働者の自立と連帯への志向であった。

第二帝政期のパリの労働運動史を解明するために残された課題は、なお多いといわねばならない。まず、帝政末期に激化するストライキ運動。評議会自体もこの運動を契機として結成された場合が多い。また、他の抵抗組織、とくに帝政末期に登場する「連帯」組合の解明が必要であろう。さらに、インタナショナルと労働者団体連合を、以上の分析をふまえたうえで、研究する必要があろう。

第七章

第二帝政期パリの労働運動と民衆運動

統計的研究の試み

はじめに

一九世紀のパリ民衆を、それも民衆一般ではなくて、できれば個々の民衆の次元で具体的に捉えようとすると、民衆の歴史にはつきものの、史料の欠如に悩まされる。一九世紀のパリの個々の民衆に関する豊富な史料としては、一八四八年の六月蜂起に対する軍事裁判関係文書と、七一年のパリ・コミューンに対する軍事裁判関係文書とが知られているが、これらは、武装蜂起や内乱という、いわば非常時の民衆についての史料であるといえよう。

ところで、第二帝政期のパリ民衆に関しては、右の史料ほど豊富でもないし、史料の内容の密度もはるかに低いが、少なくとも、六月蜂起やコミューンのような非常時の民衆ではなく、平時における個々の民衆についての史料がかなりまとまって、しかも大部分が印刷史料として存在している。一八六二年と六七年の万国博覧会の労働者代表団に関する史料や、六八年から七〇年までの公開集会、そして、各職種の労働者評議会、さらに、第一インタナショナルなどに関する史料が、それである。本章では、延べ四七一一名に及ぶ人びとを数え上げることができた。もちろん、これらの史料に残っている人びとは、けっしていわば庶民というような一般の民衆ではなく、地域あるいは職種次元の名士であるか、同じ次元の労働運動や政治運動の活動家である。本章は、これらの延べ五〇〇〇名に近い人名リストに統計的分析を加えるという方法によって、第二帝政期のパリの労働運動と民衆運動の一端を明らかにしようとする一つの試みである。

1　労働運動の再生

ロンドン万国博覧会労働者代表（一八六二年）

専制帝政と呼ばれる第二帝政前半の抑圧的体制のもとで沈黙していたパリの労働者は、自由帝政への転換とともに、声を出し始める。まず、政府の許可を得て、一八六二年のロンドン万国博覧会に労働者代表を派遣するために、一一名の労働者からなる労働者委員会が結成された。この委員会は、青銅工、銅精錬工、指物師、大工、製本工、印刷工、ブリキ職人、長靴職人の各相互扶助組合の議長や労働審判所評議員で構成されていた(1)。この委員会が、パリ全体の労働者代表選出を準備した。相互扶助組合が存在している職種では、それが中心となり、それが不在の職種では、労働者委員会が選挙事務局を組織した。この選挙においては、当該職種に所属するすべての労働者に選挙権が与えられた。結局、五〇の選挙事務局が組織され、二〇〇名の代表が選出された。そして、ロンドンから帰国したのち、一八三名の代表によって、全部で五三職種の報告が出版されている(2)。このうち筆者が参照したのは、四九職種の報告で、その執筆に携わった代表は、一七二名である(3)。これに労働者委員会の一一名と各職種の報告に記載されている選挙事務局の委員を加え、重複分を引くと、合計七二五名になる。さらに青銅工の場合、選挙事務局を任命するために一四名からなる委員会が組織されている。本章の意図は、可能な限りこの時期の民衆をすくいあげることにあるので、これらの労働者も一八六二年万博をめぐって登場するパリの労働者のなかに加えることにする。結局、七三九名となる。さらに、別の資料によって[4]、前記四九職種以外の製本工代表三名と補欠三名を加え、最終的に、五〇職種、総計七四五名の労働者の名前を収集することができた。

一八六二年のロンドン万博への労働者代表の派遣は、歴史的な意味をもつことになった。周知のように、第一インタナショナルは、このときのイギリスとフランスの労働者の接触に始まったのである。それはまた、パリの労働者のあいだにも大きな反響を引き起こした。とくに、帰国後に出された各職種の報告と、その準備過程で生じる労働者のあいだの接触は大きな意味をもった。五年後のパリ万博の製本工代表の報告は、この一八六二年を回顧して次のように述べている。「報告の刊行というこの前例のない仕事は、豊かな結果をもたらした。一〇年来、暴力的に眠り込まされてきた労働者階級の覚醒は、このとき始まったのである[5]」。

六〇人宣言（一八六四年）

一八六二年の万博労働者代表派遣をめぐって、パリの一群の労働者が社会の表面に登場してきたことをみたが、彼らはさらに強く自己を主張する。一八六四年には、立法院補欠選挙に際して、労働者の立候補を訴えた有名な「六〇人宣言」が発表された[6]。これは、穏健な形ではあるが、労働者の自立を主張したもので、画期的な宣言といわれている。六〇名の署名者のうち、五二名の労働者の職種が示されており、他は相互信用組合の組合員三名、教師一名、職名無記載四名となっている。「その大部分は、一八六二年の代表であったり、労働審判所評議員であったり、信用組合や協同組合あるいは相互扶助組合の組合員であった。そして、何人もの人が同時にこれら四つの資格を兼ねていた[7]」。これは、彼らが、各職種における名士であったことを示しているといえよう。前記五二名の職種をみると、青銅工一〇名、調整工七名、機械工六名、印刷工六名、仕立て職人五名、旋盤工二名、石工二名、帽子職人二名、飾り紐職人二名、さらに大工、石版印刷工、チュール製造工、高級家具職人、彫版職人、織工、手袋職人、鞣し工、象牙細工職人、磁器絵師各一名である。青銅工は、模様打ち出し工と仕上げ工を加えた数字である。調整工というのは何の調整工なのか不詳。これらの職種は、一八六〇年代のパリの労働運動の中心をなしていた。とくに、青銅工、機械工、印刷工、仕立て職人などがそうである。

それでは、この六〇名と一八六二年万博の労働者を比較してみよう。まず、労働者委員会一一名のうち、クタンCoutantとトランTolainの二人が宣言に署名している。また、六〇名のうち、一八六二年万博の代表あるいは選挙事務局委員であったのは、一四名である。結局、一八六二年の労働者は、宣言署名者六〇名中、一六名であった。この一六名中クタンとトランを含む一〇名はのちにインタナショナルに所属することになる。(8) 以上の事実は、まず一八六二年の労働者と六〇人宣言の署名者とのあいだに連続性はみられるが、それほど強くはないと考えられる。そして、連続性がみられる労働者の多くが、のちにインタナショナルに所属することになるということは、次のことを示している。つまり、六〇人宣言の署名者は、政府の庇護のもとにあった一八六二年の万博労働者委員会に飽き足りないエリート労働者たちからなっていた。このことは、宣言署名者六〇名中二〇名が、のちにインタナショナルのメンバーになっていることとよっても裏書きされている。このように、一八六二年万博をめぐって登場した労働者が、必ずしも直線的に意識を深化させていったのではなく、この意識の深化は、むしろ担い手そのものの交代によるところが大きいといえよう。

2　労働運動の変容

パリ万国博覧会労働者代表（一八六七年）

一八六七年のパリ万博に際しても、労働者代表の選挙がおこなわれた。(9) 一一二の職種が、三一六名の代表を選出したが、(10) さらに政府の後見を嫌う八職種が別に二〇代表を任命した。したがって、合計一二〇職種、三三六代表となる。ただ、ここには帽子職人のように、二つの選挙事務局を組織して別個に代表を選出している職種とか、貧困絶滅国民協会と称するものも含まれている。さらに各職種の選挙事務局委員長と労働者委員会のメンバーをこれに加え、重複分を引くと、結局、一八六七年万博労働者代表をめぐって登場した人びとは、四一五名となる。

では、一八六二年万博に関係した労働者で六七年にも参加している者は、どの程度いるであろうか。一八六二年万博の史料では、選挙事務局のメンバーは、姓が記載されているだけか、場合によりこれに名前かその頭文字が付されているだけであるので、同定することが難しい。労働者代表の場合も同様であるが、この場合は住所が付け加えられているので、同定が若干容易である。しかし、当時の労働者はしばしば転居するので、これも決定的な要素とはいえない。他方、一八六七年の史料も、これとほぼ同様であるが、選挙事務局のメンバーについては委員長のみが記されている。ただ、その住所も記載されている。以下では、職種と姓が一致している人物を同一人物とみなすことにする。これは不十分ではあるが、確率はかなり高いといえる。ただ、職種と姓が一致していても、他の史料から明らかに別人であると思われる場合は除いた(11)。

一八六二年の五〇職種、総計七四五名のなかで、六七年の一二〇職種、四一五名とのあいだで連続性がみられるのは、一八職種、二四名のみである。前述のように、一八六二年万博は、既存の相互扶助組合を中心にして、代表選出がおこなわれたのであり、そういう意味では、本来連続性が強いはずである。事実、右の一八職種においては、そういえる。しかし、全体としては、連続性が弱いといえよう。とくに、一八六二年の労働者委員会メンバー一一名のうち、六七年の労働者委員会メンバー一九名にはいっているのは、グランピエール Grandpierre 一人だけであるだけでなく、彼らのほとんどが各職種の相互扶助組合の議長であったにもかかわらず、六七年の労働者代表や選挙事務局委員長であった者はいない。また、一八六七年には、一二〇職種が代表を選出しているので、六二年との連続性をもつ一八職種というのは、六七年全体のなかでは、小さな部分を占めるにすぎない。さらに、これからインタナショナルのメンバーのような意識的部分、すなわち本来連続性をもつ者を除くと、一八六二年との連続性があるのは、一一職種、一六名のみとなってしまう。つまり、一八六七年の労働者たちは、そのほとんどが新しい活動家たちであったといえよう。また、この点をさらに職種ごとに検討していくと、第二帝政末期のパリの労働運動の中心となる、機械工、靴修理工、仕立て職人、宝石細工職人、あるいは、かのヴァルランの製本工などの職種においては、連続性はみられない。つまり、最も活発ないくつかの職種においては、担い手自体の交代が起こっているのである。このように、帝政末期の労働運動の高揚は、[12]単なる運動の連続的発展というのではなく、担い手の交代をともなっていたと考えられる。というよりも、発展は担い手の交代によってなされたというべきであろう。量的にも質的にも変化が生じているのである。

次に、エリート労働者からなる六〇人宣言署名者と比較してみよう。一八六七年との連続性がみられるのは、四名のみである。そして、この四名はすべてインタナショナルのメンバーである。このことは、六〇人宣言の署名者と一八六七年の労働者たちのあいだにも、連続性が弱いことを示している。

以上のように、一八六七年の労働者は、第二帝政期におけるパリの労働運動の復活の始まりとなった六二年の労働者とも、労働者の自立を宣言した「六〇人宣言」の労働者とも、切れているといえよう。明らかに、パリの労働運動のなかで、ある大きな変容が生じているのである。と同時に、他方では、インタナショナルのメンバーが強い連続性を維持していることも示されている。

労働者評議会と連帯組合

この大きな変容の一つの表現であり、帝政末期の労働運動を特徴づけていた労働者評議会に関しては、筆者は、当時の労働者の新聞や共和派の新聞を中心にして、すでに分析したことがあり、その具体的な運動過程と歴史的意義については拙稿を参照されたい。[13]その際、各職種における評議会結成が、一八六七年万博労働者委員会のイニシアチヴのもと、労働者代表たちによって推進させられたことを明らかにした。そして、六六の評議会のうち二三において、万博の代表が評議員のなかに含まれていたことを示した。そこでは、当時の労働者が労働者評議会について抱いていた理念を中心に分析したが、当時の状況のなかでは、これは実際には抵抗組合として機能した。そこで、本章では、帝政末に評議会とともに新たに登場した、抵抗組合の要素が強い連帯組合も考察の対象に加えた(14)。

筆者が確認できた労働者評議会と連帯組合の数は、合計一二三名である。ただ、八一組織である。また、史料から集めることができたこれらの組織の評議員や委員の数は、合計一二二三名である。ただ、彼らの姓名を確定することはそれほどやさしい作業ではなかった。とにかく史料において姓名の綴りの誤りが極めて多い。例えば、ある評議会の総会の通知を掲載している二種類の新聞において、同じ一〇名の署名者の綴りが全員一致することは、とくにそれが労働者の場合、まずないといっても過言ではない。もっとも、一つの組織を長期的に追跡していると、繰り返し同じ名前がでてくるので、そのなかのどの綴りが正しいかわからない場合でも、同一人物であるかどうかは確認できる。

この八一組織のうち、一八六七年万博の労働者が評議員ないし委員を占めているのが確認できるのは、少なくとも二九組織、三九名である。以上のように、一八六七年万博の労働者が、労働者評議会結成運動で重要な役割を演じていたのである。しかも、彼らはすでにみたように、一八六二年の労働者とは、人的に切れていた。つまり、この運動は、当時のパリの大部分の職種の労働者を代表していた一八六七年万博労働者代表をめぐる新しい世代の人びとを中心にして展開されたといえるのである。一八六七年と六八年のパリの労働運動を担っていたのは彼らであった。ただ、一八六九年からは、インタナショナルがイニシアチヴを奪っていき、積極的に未組織の労働者の組織化を推進していくようになる。そして、労働者評議会を中心とする労働者組織の連合の結成は、彼らによって達成されることになる。この過程については、別の機会に扱うつもりである。

生産・消費協同組合

生産・消費協同組合運動は、第二帝政後半におけるパリの労働運動の復活・発展の重要な部分を占めているが[15]、残念なことに、一部の協同組合を除いては、各組織のメンバーが記載されている史料を見出すことができず、統計的分析を加えるには不十分であった。ただ、判明している限りでは、一八六七年万博の労働者と生産・消費協同組合との関係はかなり強い。ブルジョワ共和派と共同で信用組合の設立・運営に携わっているし、協同組合連合結成のイニシアチヴをとっている。このように、生産・消費協同組合運動においても、前述の労働者評議会とともに、一八六七年万博の労働者たちが重要な役割を演じていたと思われる。

3　労働運動と民衆運動

前節では、おもに労働運動を中心として、統計的分析を加えてきたが、次にこれらと民衆運動との関係をみてみよう。この場合、民衆運動というのは厳密な意味で使っているのではなく、さしあたり民衆の参加する運動で、固有の意味での労働運動を除いたものとみなしておく。これによって、職種の固有の枠を超えた活動への参加の度合いをはかることができよう。ここでは、とくに公開集会運動を取り上げてみたい。帝政末期のパリの公開集会運動については、すでに詳しく検討したことがあるので内容については、拙稿を参照されたい[16]。

公開集会（一八六八〜七〇年）

公開集会の弁士であった者で名前を集めることができたのは、合計六六七名である。なおここでは、公開非政治集会のみを対象とした。これらの弁士の同定は、今までにでてきたどのリストよりも難しい。というのは、職種までわかる場合は少ないからである。そのため、他のリストとの比較にあたっては、姓が一致する者はすべて抜き出し、ジャン・

メトロンの人名事典にあたって確認した。確定が困難な場合もあったが、そのときは事例ごとに判断した。ただ、姓だけであっても、他の史料にときどきでてくるような名の知れた者が多いので、それほど不正確というのではない。

まず、一八六七年万博の労働者と比較してみよう。一八六七年のメンバーでかつ公開集会の弁士であった者は、三七名しかいない。一八六七年万博代表の活動と公開集会とはほぼ同時期であるにもかかわらず、そうなのである。また、公開集会の形で職種の集会を開催している場合もあるので、公開集会で発言していたからといって職種の枠を超えた活動に参加していたといえるわけではない。さらに、前記三七名中、二七名はインタナショナルのメンバーで、職種の枠をすでに超えて活動している人びとである。したがって、一八六七年の労働者は、職種の枠を超えた活動にほとんど参加しなかったといえよう。

第一インタナショナル

第一インタナショナルのメンバーのリストは、メトロンの人名事典によった(17)。これは、帝政末期からコミューンにかけて、インタナショナルが出したアピールの署名者や各支部のメンバーのリストを集めて提示したものである。したがって、このリストには、初期のインタナショナルのメンバーの何人かの人びとが脱落していたり、明らかにメンバーであるが、たまたまこれらの史料に記載されていないがゆえに漏れた人びともあり、けっして十分であるとはいえない。これに筆者が気づいた限りで若干追加して、結局、一二六四名の名前を数え上げた。

一八六七年万博の労働者四一五名のなかで、インタナショナルのメンバーであったのは三二名のみである。これは、インタナショナルが、政府の息のかかった万博労働者委員会のイニシアチヴを嫌ったという面もあるであろうが、ヴァルランたちも参加しており、それだけでは説明できない。おそらくインタナショナルの影響力の強いいくつかの職種は別にして、この時点では、インタナショナルが個々の職種次元では十分根を下ろしていなかったと考えられる。

次に、公開集会との関係をみると、弁士六六七名中、インタナショナルの会員は少なくとも一四八名を数えている。これは、前項でみた一八六七年の万博労働者代表たちと比較すると、際立っている。ここでは、前述のように、非政治集会のみを対象としたが、もし、選挙の時期だけ許可された政治集会も加えれば、インタナショナルのメンバーの数はさらに多くなるだろう。インタナショナルは、労働者以外の人びともかなり含んでいるので、職種の枠を超えた活動に参加していても不思議ではないが、労働者のメンバーももちろん積極的に参加している。このようなインタナショナルのメンバーと公開集会のあいだの相関関係の強さは、次のことを裏書きしている。公開集会で最も活躍した弁士の一人であるルフランセによると、はじめのうちは、帝政との関係を疑われ、激しい非難の的になっていた「インタナショナルは、公開集会で急速にその影響力と会員数を増大させた」[18]。以上の事実は、公開集会が一八六八年のインタナショナルの転換の一つの契機になっていることも示していると考えられる。

二〇区共和主義中央委員会

最後に、これは第二帝政期ではないが、プロイセン軍包囲下のパリにおいて、中心的役割を果たした二〇区共和主義中央委員会をめぐる人びとと、一八六七年万博の労働者および公開集会の弁士たち、さらにインタナショナルのメンバーと比較して、その後の変化を展望しておこう。この場合、二〇区中央委をめぐる人びととは、そのメンバーとそのアピールの署名者およびこの委員会が選挙で支持した候補者を含む。これは、単に職種の固有の枠を超えた活動というにとどまらず、政治活動、さらには革命運動への参加の程度を示している。ところで、二〇区中央委のメンバーの数であるが、三三七名を数える[19]。

まず、一八六七年の労働者で二〇区中央委に関係したことがある者は、二四名のみである。これは、今までの分析から十分予想されることであろう。次いで、これをメトロンの人名事典で確認する作業をおこなった。二四名のうちはっきり同定できるのは、一三名だけである。また、そのうち少なくとも一〇名は、インタナショナルのメンバーである。したがって、一八六七年の労働者のほとんどは、一貫して政治活動には参加していないこと、また、参加している場合でも、それはインタナショナルに所属する者であったことが判明する。

二〇区中央委に関係した三三七名中、インタナショナルの会員は、少なくとも一三三名を数える。もともとこの組織はインタナショナルがイニシアチヴをとったのであるから、この数字は当然ともいえるのであるが、中央委そのものはパリの各区を代表するさまざまな党派の活動家からなっており、インタナショナルの組織というわけではない。しかし、この二〇区中央委とインタナショナルの関係の強さは、一八六七年の労働者に比較すると、後者の政治運動への強い傾斜を鮮明に示しているといえよう。

次に、職種の枠を超えた運動としての公開集会と二〇区中央委を比較すると、九九名を数えることができた[20]。両者のあいだに強い相関関係がみられるが、これも運動の性質からいって当然であろう。

ところで、公開集会に参加し、二〇区中央委に関係し、かつインタナショナルのメンバーである者は、六二名を数える。彼らは、その活動の持続性によって、第二帝政下のパリで最も活動的な民衆とみなしてよいだろう。彼らの大部分は、当時のパリの民衆のあいだでかなり知られていたと思われる。実際、彼らの多くは、われわれが帝政末期や包囲下あるいはコミューン期の印刷史料のなかでしばしばお目にかかる人びとである。

おわりに

本章では、第二帝政期のパリの民衆について、いくつかの数量的データが存在することに着目し、これに統計的分析を加えることによって、この時期の労働運動と民衆運動の一端を解明しようとした。

その結果、帝政末期のパリの労働運動における変容は、じつは担い手の交代によるものであったことが明らかになった。そして、労働者評議会や協同組合などの組織化においてイニシアチヴをとったのは、一八六七年パリ万博労働者委員会を核とする労働者たちであったことをみた。彼らは、一八六七年と六八年のパリの労働運動の中心にあったのである。ただ、彼らの際立った特徴は、職種の枠を超えた活動、とくに政治運動にはほとんど関わっていないことである。

もう一つはっきりしたことは、インタナショナルに関する事実である。これまでインタナショナルの影響力についてさまざまに論じられてきた。ある者は、その力を過大評価し、ある者は過小評価してきた。本章は、この問題に対して、メンバーの数の問題ではなく、重要な組織と運動にどれだけ関わっていたかという点から、統計的分析を加えることによって、インタナショナルのもつ影響力の大きさを数量的にはっきり示すことができた。パリのエリート労働者から構成されていたインタナショナルは、初期においては、いわば研究・宣伝団体として、労働者のなかに直接的影響力をもっていなかった。とくに、労働者評議会の組織においては、労働者委員会がイニシアチヴをとった。しかし、公開集会や、ストライキへの積極的介入またインタナショナルに対する三回にわたる裁判を通じて、インタナショナルの転換が生じるとともに、その会員数と影響力を拡大していったと思われる。今後、本章で明らかになった事実をふまえて、この組織の構造と転換の問題とを、叙述資料を使って、はっきりさせていきたい。

最後に、さまざまな職種の変化を追っていくなかで気づいた点を一つあげておこう。それは、当時の労働者にとってストライキがもっていた意味に関するものである。各職種次元でみていった場合、活発な動きを示す職種は、一般にストライキを経験した職種であることが多いように思われる。とくに、一八六〇年代のパリの労働運動を牽引していった印刷工、青銅工、仕立て職人たちは、大ストライキを経験している。ストライキが、職種の労働者の結集点をつくりだすことによって組織化をもたらし、新しい活動家を育てていったと思われる。このように、ほかに自己を表現する手段をもたなかった当時の労働者にとって、ストライキが決定的に重要な意味をもっていたように思われる。

第八章

ストライキを生きた労働者たち

ミシェル・ペロ『ストライキにおける労働者』を中心に

1 ストライキ研究史　方法を中心に

最近のフランスの歴史学界のなかで、労働史研究は最も活発な分野の一つをなしているといえよう。(1) フランスにおける労働史研究には、大別して二つの系列が存在すると思われる。一つは、フランソワ・シミアンに始まり、主として経済学者によって展開されてきた研究系列である。(2) これは、労働運動、とくにストライキと労働組合運動を、経済の変動局面 conjuncture(3) との関係から解明しようとするもので、労働運動の諸要素を数量化し、それを経済運動の諸指標と比較することによって両者のあいだに相関関係を検出しようとするものである。(4)

もう一つの系列は、労働運動史家に属するもので、前述の系列に比して、その傾向においても、方法においても、また研究者自体の経歴においても多様であり、一括して論じることはできないが、共通点としては、労働運動・社会主義運動の活動家とその思想および組織に焦点がすえられていることである。(5) 経済学者の研究が、労働運動を客体として数量的に処理するのに対し、労働運動史家は、運動主体の内在的理解を追求しようとしているといえるが、他方、労働運動史家が労働運動を活動家次元でしか把握していないのに対して、経済学者は、それを大衆的次元で（数量化された形であって内在的把握ではないにせよ)問題にしているともいえよう。

このような労働史研究の古典的な方法に対して、最近社会史の方法が提唱されるようになった。社会史の一般的方法に関しては、周知のように、すでに一九五五年のローマの国際歴史学会でのエルネスト・ラブルスの有名な報告でその方向が決定されて以来久しいが、[6]それが労働史の分野に適用されたのは、比較的最近のことであるといえよう。[7]

一九七四年に公刊されたミシェル・ペロの博士論文『ストライキにおける労働者——フランス・一八七一〜一八九〇年』(Michelle Perrot, *Les ouvriers en grève, France 1871–1890*, 2 vols, Paris, La Haye, 1974)は、この社会史の方法を労働史に適用した研究の到達点の一つを示していると同時に、今後の研究の新たな方向も提示していると思われる。したがって、以下、同書を中心にしてフランスにおける労働史研究の新しい動向を紹介してみたい。

同書は、二巻からなり、総頁数九〇〇頁、資料・文献目録だけで一一〇頁に達する膨大な著作である。この論文の研究史上における意義は次の二点に集約できよう。まず、フランスにおけるこれまでのストライキ研究の空白部分を埋めたことである。七月王政期のストライキ研究は、ジャン゠ピエール・アゲによってなされ、[8]一八九〇〜一九一四年のそれは、エドガール・アンドレアニによって、[9]また一九一九〜六二年のそれは、ロベール・ゲッツ゠ジレによってなされているが、[10]一八四八〜九〇年の研究は、部分的にしか存在しない。[11]この空白は、ストライキに関する統計が一八九〇年まで存在しなかったことによっている。[12]それゆえ、この空白部分のうち一八七一〜九〇年のあいだを埋めたペロの仕事は、まず当該時期のストライキに関する史料を発掘・整理し、再構成することによって、統計自体を作成するという途方もない作業が前提されている。彼女は、この労苦に満ちた作業の末に、この二〇年のあいだに二九二三件に及ぶストライキを洗い出し、それをカード化し、電子計算機にかけて統計をつくりだしている。[13]

研究史上における同書のもう一つの意義は、方法的に新しいものを提起したことである。まず、経済学者を中心に発展させられてきた労働運動と経済変動局面の数量的分析を、概念においても技術においても、より精密化したことを指摘できよう。もう一つは、社会史の方法、ペロのいう歴史的社会学sociologie historiqueの提唱である。『ストライキにおける労働者』という同書の表題からもうかがえるように、ペロは、ストライキそれ自体の研究を目的としているのではなく、「ストライキをこの時期のある一定の時点における社会現象として(14)」捉えようとする。具体的には、行論のなかで述べるとして、次に同書の内容を順を追って検討してみよう。

2 一九世紀後半のストライキ運動の全容とその内部構造

序論で、ペロは、一八七一～九〇年のストライキ研究に取り組むにいたった経緯について述べている。そのなかで、一九五〇年代に学生であった世代は、労働者階級と「科学的」歴史という二つの固定観念にとりつかれていたと述懐している(［五頁］。以下、断りのない限り、［　］内の頁はすべて同書の頁)。この世代にとって、「労働者階級をわれわれの研究の対象とすることは、それに合流する最上の方法であり、「人民の中へ」はいっていくわれわれ流のやり方」［五頁］に思えた。他方、彼らは、「社会的物理学Physique sociale」を、すなわち、「白い上張りを着た研究者たちでいっぱいの歴史実験室」［六頁］を夢みていた。もちろん、このような無邪気な研究者観および科学観は、その後のペロにあっては変化を遂げている。しかし、形を変えてではあるが、この労働者階級と「科学的」歴史への願望・執着が、同書全体の基調をなすモチーフであるといえよう。

同書は、三部から構成されており、第一部は「ストライキ変動」、第二部は「ストライキの構成諸要素」、第三部は「ストライキの展開」と題されている。

第一部は、ストライキ運動の諸側面を数量的に分析し、諸変数間の相関関係を検出することが意図されている。第一章では、それに先立ち、まず史料の存在状態および性格を、一九世紀のストライキに関する史料のあり方の変遷を通して解説している。(15)この変化は、一九世紀後半に、「ストライキが犯罪事実から社会的事実になる」[一五頁]ことに対応している。すなわち、ストライキが恒常的な社会現象とみなされるようになり、多くの調査がなされ、それが新しい型の史料を生み出したこと、また、新聞がストライキに注目するようになった結果、当時の新聞が重要な史料の一つをなしていることが指摘されている。もちろん警察関係の文書が最も重要な史料を提供していることはいうまでもない。

第二章は、「一八六四年から一九一四年までのストライキの発展」と題され、この時期のストライキ変動の概観が与えられる。まず、この期間全体にわたって、ストライキ件数、ストライキ参加者数、延べストライキ日数、さらに各々の移動平均のすべてにおいて増加傾向がみられる。例えば、一八六六年と一九一一年の移動平均で比較すると、ストライキ件数において一六六七%、ストライキ参加者数において九二五%、各々増加しており、他方、一八七二年から一九一一年のあいだに、延べストライキ日数は、二八五八%増加している[四九頁]。経済成長とストライキの発展とは同時並行しておらず、経済成長に比してストライキのそれは著しい。また、それまでストライキを経験しなかった産業部門(農業・運輸など)へのストライキの波及が、この時期の特徴である。

一八六四〜一九一四年におけるストライキの発展の理由として、ペロは次のような点を指摘する。まず、ストライキが、この半世紀のあいだ、労働者の可能で許された異議申し立ての唯一の手段であったこと。しかも、労働者は、ストライキの有効性に対する全体的感覚をもっており、ストライキは彼らにとって、単なる直接的利害を超えた一つの希望を意味した。「ストライキが全体としてもつ力に対する期待感は、それが第一次世界大戦前のフランス労働運動の自律性の核心にあるとともに、多くの労働者のストライキの基底に存在する」[六五頁]。他方、政府は自由放任主義と「中立性」に固執し、直接的介入を避け、また、労働者も雇主も国家が介入することを忌避する傾向があった。そこから資本と労働の剝き出しの対立が生じることになる。このような資本・労働そして国家の態度は、一八九〇年代から変化する。以上がこの時期のストライキの発展の構造的・社会学的理由で、他のすべての諸要因――組合・政治・経済変動局面

（コンジョンクチュール）――は、この発展のある局面の理由を説明するとしても、発展全体を解明しえない。

第三章は、「一八六四～一八九〇年のストライキ」と題され、通時的（ディアクロニク）分析がなされる。ストライキの全般的発展傾向のなかでも、とくに一八六四年、一八六九～七〇年、一八八〇～八二年、一八八九～九〇年は頂点をなし、各々の頂点はそれ以前の頂点を凌駕している。この過程を通じて特徴的なことは、ストライキ変動におけるパリの比重の低下である。この傾向は、すでに一八六七～六八年に現われており、とくに一八八九～九〇年の最昂揚期にパリは前面から姿を消す。これと反対に、ストライキ運動の重心は、地方の大工業中心地（とくに織物工業と鉱山業）に移動し、大工場のプロレタリアートが前面に登場する。もう一つの特徴は、一八七五～七六年のストライキにおいて、新しいタイプの若い世代が登場したことで、彼らが以後の労働運動の担い手になっていく。

第四章は、「ストライキの諸変動（フリュクチュアシオン）とその諸要因」と題され、副題に「ストライキ参加者の心理の探求」とあるように、いわば運動主体そのものの分析へ進む。ストライキの短期変動を説明するのに経済的諸要因が重要であることに異論はないとしても、後者から自動的に前者を説明できるわけではない。すなわち、ストライキと経済変動局面の相関関係には、一定の社会状態と運動主体の意識の双方に特有のスタイルが存在する。例えば、ストライキは、季節的にはとくに春に集中し、ストライキの開始日は、月の初めと中頃に、また週のうちでは月曜日に集中しているが、ここにみられる規則性は、経済変動局面以外の要因の存在を暗示している。ストライキ開始日に関しては、賃金の支払い日と密接な関係がある。労働者は、土曜日に賃金を受け取り、財政上の準備が整ったうえで、ストライキを決定し、月曜日にストライキに突入するのである。ストライキが春に集中するのも、「攻勢の時期として春を選択する場合、抵抗能力についての考慮が決定的切り札を演じている」〔一一二頁〕からである。と同時に、これは当時のフランスの労働者階級がなお半農的性格をもっていたことによる。「この春を待ち焦れる気持ちには、農民的な何かがある。労働者にとって、春は、希望と復讐と祭りの時である」〔一一三～一一四頁〕。

次に、ストライキの年次変動を経済のさまざまな諸指標と比較して、両者の相関関係が検討される。その結果、ここでもペロは、「ストライキの諸変動と経済諸変動には緩やかな一致しか存在しない」〔一一九頁〕と結論している。ただ、ストライキを、防衛的ストライキと攻撃的ストライキの二つのカテゴリーに分類して比較すると、経済変動局面の影響がよりよく観察される[16]。前者は不況期に、後者は好況期に関係している。また、経済諸指標のなかでは、実質賃金、商業運動そして卸価格がストライキと最もよく一致し、生活費とは逆の相関関係を示している。これは、労働者が自らよく持ち堪えうると考えたときに、ストライキを開始していることを意味する。すなわち、労働者は、経済変動局面についての意識をもっており、かつ自己の抵抗力の評価をおこなっている。この経済変動局面に対する労働者の意識は、日常的経験のなかから、すなわち、工場における生産の活発化とか、労働市場の状態であるとか、あるいは原料の消費、卸価格の状態の観察から生まれたものである。さらに、利潤を算出し、それを根拠に賃上げ要求をする例もみられる。このような形での労働者の階級意識は、この時期に根づき、この後に開化する。

第五章は、「ストライキの経済的合理性に対する障害」と題され、前章でみた労働者の階級意識の深化を妨げる要因が論じられている。まず経済的には、同書の対象とする時期は不況期であり、失業への恐怖から労働者の意識は屈折せざるをえない。階級対立の感情よりも国民利益共同体の感情が強化される。このような屈折した心理が明瞭な形をとって現われるのは、外国人労働者排斥運動においてである。外国人(とくにイタリア人)労働者に対するフランス労働者の暴行・私刑が繰り返され、また労働組合も外国人労働者排斥運動の先頭に立った。これは、単に外国人労働者のもたらす競争のみによるのではなく、社会的ピラミッドのなかで占めるフランス人労働者と外国人労働者の位置にも由来している。すなわち、「未開人」に対する「文明人」の軽蔑。そして、フランス人労働者は、外国人を諸悪の根源とみなし、自己を労働者階級としてよりも、フランス国民として、それに一体化し、急速にナショナリズムへ傾斜する。フランス帝国主義の民衆次元における成立過程の一端をここにみることができないであろうか。

次に、労働者の階級意識の深化を妨げる要因として、彼らの根強い共和政信仰を指摘できよう。例えば、一八七三〜七八年の労働運動の鎮静は、経済変動局面や抑圧体制によるだけでなく、未だひ弱な共和政を動揺させまいとする配慮から生じている。

ストライキ運動のさまざまな側面を分析して、運動主体の自律性を析出したペロは、第一部を締め括るにあたり、次のように自問している。確かに、労働者は経済の動きに鋭い直観的反応を示したが、「そこに「階級意識」の物質的基礎をみるべきだろうか、それとも逆に、既存体制への順応の一つの可能性をみるべきだろうか」〔一九九頁〕。

第二部では、ストライキの構成諸要業の各々について分析的検討がなされる。全体的に、ジョルジュ・デュヴォの研究の手法を彷彿させる[17]。第一章は、「消費者としての労働者」と題され、労働者の家計が俎上にのせられる。ペロの計算によると、労働者の家庭の平均的支出は、食費六二・八%、衣服費一六・五%、住居費一二・三%、雑費八・三%〔二一五頁〕であり、衣服費の割合の高いことと、住居費の割合の低いことが注目される。服装は、いわば社会的上昇の象徴であり、労働者の願望の代替物であった。労働者の支出の最大部分を占める食費において注目すべきことは、パン代の割合の低下とそれに代わって肉代の割合の上昇であり、これは、フランスの労働者の栄養状態の一定度の向上を示していよう。食費のなかで三番目に割合が高いのは、アルコール飲料である。もちろん、個人や職種によって大きな差があり一般化することはできないが、少なくとも、この時期にフランスから食糧騒擾がほぼ完全に姿を消した事実は重要であろう。

第二章は、「要求と不満」と題され、ストライキに表現された労働者の要求と不満の内容が検討される。ストライキの要求項目の六六・六%は賃金に関する要求で、次いで労働組織と工場規律が一一・九%、労働時間が一一・四%、雇用の禁止(外国人・女性労働者など)および労働力と生産強化の問題が四・七%、労働の安全と社会保障が一・六%、労働組合の問題が一・六%、その他二%となっている〔二六〇〜二六一頁〕。賃金に関する要求のなかでも、とくに賃金率のそれが最高で、諸要求全体の四八％に達する。これは、賃金がそのまま労働者の収入のすべてであったこと、および団体協約の慣行が未だ存在していなかったことによる。労働時間に関しては、地域によりまた職種により多様であったが、一般的な要求目標としては一〇時間である。労働者は、労働時間短縮要求の根拠として、それが失業や経済危機を消滅させ、また、労働の生産性を高めることによって、外国産業に対する競争力をつけることを可能にするなど、さまざまな点を指摘しているが、すべての労働時間短縮要求に共通な主張は、それが労働者に一家団欒の時をもつことを可能にするということである。一九世紀末の労働者の家庭観には、ブルジョワ的要素と農民的要素が混ざり合っており、絶対自由主義的道徳 morale libertaire やファランステール的概念 conception phalansterienne とは、およそ無縁である。工場の規律に関する主要な争点は、規則と罰金および職制との軋轢である。そこには、工場の要求する新しい規律に対する憎悪と失われた楽園への郷愁がみられる。そこからペロは、次のような指摘をおこなう。「多くの点で、革命的サンディカリスムは、産業社会の拒否であり失われた時の追求である」〔三〇三頁〕。労働組合に関するものは、前述のように、この時点ではなお少数である。フランスの雇主は、アングロ・サクソン系の雇主に比較して、非常に家父長的で、労働組合を外部からの介入として憎悪し、しばしば指導者の解雇をおこなった。

第三章は、「ストライキ参加者の社会学」と題され、ストライキ参加者がさまざまな視角から分析される。ペロは、労働者をその熟練度によって、熟練工 ouvrier professionnel, 単能工（半熟練工）ouvrier specialise, および非熟練工 manoeuvre に分け、各々のストライキの特徴を次のように指摘する。熟練工のストライキは、小規模で長期にわたること、また、巧妙な戦略をもち組織化された攻撃的ストライキで、成功率も高い。一般に暴力よりも交渉への傾向が強い。非熟練工の場合は、ほとんどすべての点でこれと正反対で、そのストライキは、突発的・暴力的・孤立的で、敗北率が高い。単能工の場合は、この両者の中間に位置している。この時期のストライキ運動の本隊を供給するのは、伝統的な小仕事場の熟練工でも周縁部分の非熟練工でもなく、工場労働者大衆＝単能工であった。

次に、ストライキ参加者と賃金の関係をみると、指導者は一般に高賃金の労働者からでる。ストライキ参加者の三四・四％は、日給三フラン以下、四四・三％は三～五フランそして二一％が五フラン以上となっている。ただ、パリは例外的で、ストライキ参加者のなかで最も高い割合を占めるのは、七～八フランの賃金を得る労働者(フランス全体では二～三フランにピークがある)である。

次に、職種ごとにストライキ参加者の特徴が浮き彫りにされており、非常に興味深いが、ここでは一般的な点の指摘に限定したい。まず、この時期のストライキ運動の中心を占める職種は、とくに織物工業と鉱山業で、次いで建築業がくる。この三部門だけでストライキ全体の六四・三％、ストライキ参加者数の七四・三％、延べストライキ日数の七九・一％に達する[三四九頁]。ペロは、各職種のストライキの多様性を認めたうえで、ストライキ運動の最も重要な要因の一つとして、賃金構造を指摘している。例えば、織物労働者のように平準化された賃金構造をもつ職種の労働者は、冶金労働者のように高度の分業化とそれに対応する複雑な賃金構造をもつ労働者に比較して、共同行動をとりやすいとしている。

第三部では、ストライキの具体的な展開過程が追求される。第一章では、ストライキの開始の仕方が分析され、そこに突発的ストライキと予告されたストライキという二つの型が検出される。同書の対象とする時期は、前者の割合が高い。一般的には、大工業に多くみられる。突発的ストライキの特徴は、ストライキに突入したのちに要求が提示されることで、時には何の要求も掲げず開始され、かつ終息する場合もある。予告されたストライキは、組織が前提されており、ストライキは、計算された圧力である。この時期全体の傾向としては、突発的ストライキの減少と予告されたストライキの増加がみられる。

第二章では、ストライキと組織の動的関係とその変化が検討される。現代においては、労働組合がストライキを支配しているが、この時期においては、ストライキの七二％は労働組合と無縁であった。当時にあっては、ストライキが労働運動の主要形態であり、下部大衆の不満と希望の直接的表現であった。ペロは、ストライキと組織の関係についての一般的傾向として次の四点をあげている。①いくつかの組織形態の共存、②組織されたストライキの発展(一八八〇年以前には五〇％以下であったが、以後はつねに五〇％以上、とくに一八九〇年には四分の三以上が組織されたストライキ)、③恒常的組織のなかでいくつかの古い形態の組織が一八八〇年以後消滅する一方、新しい型の組織の登場、④労働組合のストライキへの介入は、一八七七〜七八年に飛躍的に増加し、一八八一〜八二年に頂点に達する(三九％のストライキが労働組合の指導下に遂行された)。

組織形態としては、まずストライキ委員会のように、ストライキを目的とする一時的組織があり、その特徴は、直接民主制にある。他方、恒常的組織としては、遍歴職人組合、相互扶助組合、協同組合などの古い形態の組織と労働組合のような新しい形態が存在するが、ストライキとの関係からみると、前者は、一八七六年頃を境にもはやストライキで役割を演じることはなくなる。それに代わって、労働組合が発展し、徐々にストライキを指導するにいたる。しかし、大部分の労働組合は、一八七〇年代においてはストライキに反対しており、それが変化するのは七〇年代末のストライキ運動の昂揚を前にしてからであって、その逆ではない。また、当時の労働組合の規模は小さく(一八九二年時点で平均一八八組合員)、組織率も低く(一八九一年時点で組織労働者は全産業労働者の九・一％)、熟練工に限定されていた。

第三章では、ストライキ指導者の具体的人間像が解明される。まず、彼らに共通することは、弁舌に優れ、何よりも大胆であり、若いこと(彼らの七一％は、一五歳から三四歳、とくに二〇歳から二九歳が四二％を占める)である。一般に腕の良い労働者で、前科のある者は比較的少ない。

ストライキ指導者は、次の三つの型に分類できる。第一番目のタイプは、一日だけの指導者で、ある日突然運動の先頭に立ったかと思うや翌日には姿を消してしまう。第二番目のタイプは、前科をもつ個人的反逆者で、ストライキの火付け役である。頑丈な身体をもち、喧嘩早く、職場を転々とし、酒飲みで、つねに社会と事を構えようとする。第三番目のタイプは、近代的な労働運動の活動家に近い。彼らを特徴づけるものは、行動の持続性、組織重視、階級意識であり、単なるストライキ指導者の枠を超えている。

これらの指導者に支配的なイデオロギーは、絶対自由主義である。「搾取者に対する憎悪、暴力の擁護、政治的欺瞞の拒否、労働者固有の闘争形態、主としてストライキの称揚、革命の切迫の確信、これらが、少なくとも一八八〇〜八二年以後、大多数の者に共通な言葉の特徴である」［四八四頁］。

第四章では、ストライキの方法が検討される。ストライキの方法には、螺旋的ストライキ greve tournante（ある職種の別々の仕事場で次々と継続的にストライキに突入していく方法）とゼネラル・ストライキがある。前者は、遍歴職人の古くからおこなわれていた実践に由来し、おもに小仕事場の熟練職人（とくにパリとリヨン）が好んで使う方法で、危険が少なく成功率が高い。大工業にはまったくみられない。ゼネストは、初期においては、一斉に労働を停止する技術を意味しており、おもに建築労働者が実践していた。いわゆるゼネストの理念は、このような労働者の自発的運動と、その運動のなかからでてきた活動家の反省を加えられた行動との交錯のなかから徐々に形成されたのである。そして、一八八〇年代末には、「ゼネラル・ストライキは、単なる方法、単なる技術であることをやめて、第一に優先すべきもの、ある人びとにとっては、解放の偉大な手段、すなわち革命そのものになる」［四九六頁］。

第五章では、ストライキ破りの問題が扱われる。ストライキに参加しないのは、一般的には、家庭の父親や非熟練工のように経済的余裕のない者であり、また、主婦はしばしばストライキに対するブレーキとなる。他方、統一行動を妨げる最大の要因として、職能間の対立が指摘される。ペロは、職能団体の精神は階級意識ではなく、労働者の「疎外」の最たるものの一つであるとしている。ストライキ破りに対して、ストライキ参加者は、ピケを張ったり、説得したり、裏切り者として新聞に名前を公表したり、あるいは、とくに大工業では、しばしば暴力が行使された。

第六章では、ストライキ中の資金援助の実態が解明される。一八八〇年以降、支援を受けるストライキの数が多くなり、かつ一般化するが、最も貧しい者が最も援助を受けることが少ない。援助の出所の七五％以上が労働者、また半数以上が同じ職種から、そして六六％が同じ地域からであるように、同じ地域の同じ職種の労働者のあいだの狭い範囲に限定されている。外国からの援助はほとんどとるに足りない。また、新聞による拠金や商人の援助(労働者は彼らの顧客である)がある場合もみられる。さらに、労働者が選挙有権者の多数を占める地域の場合には、地方自治体の援助の例もみられる。

第七章では、ストライキにおける示威行動と暴力の問題が検討される。まず、ストライキが、とくにその初期段階においては、労働者にとって一つの祭りであることが指摘されている[18]。示威行動は、怒りあるいは下からの飛躍から生まれ、何らかの意図を表現する以上に、彼らの感情を表現している。それは、ある程度の熟練と集中に結びついていて、大工業の単能工のストライキに顕著にみられる現象である。示威行動には、ほとんど本能的に一斉に路上に飛び出し、列をなして歌を歌うような原初的な型や、いくつかのグループが形成され、それが煽動して回るような半自然発生的(決定権は下部に属し、示威行動の目的地は路上で選ばれる)な型があるが、その他のほとんどの場合は最小限の組織が背後に存在する。示威行動の形態は単純で、集合と行列である。典型的な示威行動の参加者は数百名である。

次に、暴力の問題であるが、暴力をともなうストライキは全体の三・六％を占めるにすぎない[五六八頁]。そこでは、石が主要武器であり、暴力の対象は工場であるが、機械の破壊はほとんどなく、窓ガラスを壊すというような象徴的行為にとどまる。

「この一九世紀の末に、「危険な階級[19]」は屈服し、フランスの諸都市はある程度の静穏さを経験する」[五八六頁]のである。その理由として、ペロは、ブルジョワ国家の抑圧装置(警察と軍隊)の確立と、そしてとくに、すべての本能を「生産の必要」に従属させうる産業文明の整序化する力[五八六頁]を指摘している。そこから、ペロは次のような展望を提出している。「この展望のなかでは、労働組合主義(と社会主義)は、労働者の利益の擁護の手段であると同時に、産業社会への順応の道具ではなかろうか」[五八六頁]。

第八章では、ストライキにおける集会と言葉による表現の分析がなされる。この時期には、ストライキ中の労働者の行為としては、第七章でみたような示威行動は例外的で、集会が一般的であり、また、当時の労働者は集会に対して熱狂的な関心を示した。集会には、ストライキ参加者だけから構成される集会と、外部から弁士が来る公開の集会がある。前者は、ストライキ参加者のあいだの意志確認と結束の強化のための集会であるといえよう。他方、公開集会は、多くの場合社会主義者によって組織され、かつ弁士も外部から、とくにパリから来る。この集会はストライキ参加者の結束を固めると同時に、社会主義者の宣伝の場でもある。

次に、言葉による表現の分析であるが、ペロはさまざまの例をあげて、史料そのものに語らせる方法をとっているので――証拠としてではなく、言葉のもつ味わいをくみとってもらうため[六四四頁]――それらを要約することは、あまり意味がないと思われる。それゆえ、一般的な指摘の紹介にとどめたい。これらの言葉は三つの型に分けられる。まず、無名の人びとによって発せられた中傷や脅迫や叫びに属する言葉。次に、地域の活動家の言葉(同書がとくに詳細に取り上げているのはこの型)、そして、外部から弁士として来る社会主義者の言葉。地域の活動家の言葉を通してみられるのは、社会革命の到来が近いというメシア主義的確信と同時に、倫理的訴えに終始して革命の具体的手段についての言及が少ないことである。社会主義者と地域の活動家の相違は、政治的次元の言葉にあり、労働者は政治問題に触れるのをためらうのに対し、社会主義者は権力の問題を核心にすえる。また、社会主義者がストライキを指導することはあまりなく、とくに熟練工の場合、社会主義者の指導をまったく必要としない。社会主義者のメッセージはしばしば労働者の側からの抵抗に遭うが、これは、ペロによれば、彼らの自律性への強い欲求を示しているとしても、そのこと自体は革命的であることを意味しない。これは、労働者が自己の知悉している唯一の戦場から逸らされることを恐れるためである。

第九章では、ストライキの直接的諸結果と雇主の態度、そして国家の役割について総括的検討がなされる。ストライキの直接的諸結果については、この時期全体ではストライキの勝利率が敗北率をわずかに上回ることが指摘されたのち、どのようなストライキが最も勝利率が高いかが、統計的に分析される。勝利率の高いストライキの型をいくつか拾ってみると、ストライキ参加者数九一〜二七〇名でストライキ日数五〜八日(勝利と妥結を合計した場合は、各々八〇〇〜二四〇〇名と一七〜三二日)の場合で、他方、最も敗北率の高いのは、一〜一〇名で一日の場合である。また、ストライキ参加者の熟練度が高いほど勝利率も高く、他方、賃金では、三〜六フランが最も勝利率が高く、三フラン以下では敗北が支配的である。攻撃的ストライキは防衛的ストライキよりも、また準備されたそれは突発的なそれよりも勝利率が高い。労働組合は、勝利率全体を変えるほど影響力はもっていないが、その方向性は現われている。

雇主は、ストライキを予防するために、スパイを使ったり、前もって賃上げしたりする。労働者との交渉において、雇主が最も恐れるのは、労働条件の統一を要求する共同戦線が形成されること、そしてとくに、労働組合と交渉することによって事実上その力を承認しなければならなくなることである。ストライキに対して最も強硬な態度をとるのは、大企業の雇主で、そこではストライキはしばしば暴力をともなう。雇主のストライキに対する抵抗形態には、一方的ないしは理由を付した拒否、あるいは威嚇やスト破りの採用による切り崩しがある。しかし、この時期の雇主は、雇主間の組織化を弱さの印として忌避した。イギリスやドイツと異なり、フランスではロックアウトに対しては雇主の側にためらいがみられる。

この時期には、共和政の基礎がなお脆弱であったので、政府はストライキに対する露骨な弾圧を避ける傾向があった。とくに一八七八年以降、ストライキに対する行政者の態度に変化が生じる。一八八〇年以後、県知事が一新され、ストライキに介入して雇主と敵対するような新しいタイプの知事も出現する。他方、労働者も共和政に大きな期待を寄せていた。しかし、一八八〇年代末のストライキ運動の新たな昂揚と社会主義やアナーキズムの発展を前にして政府は態度を変える。

最後に、ストライキと社会の関係が総括される。ストライキは社会全体にも影響を与えたのであり、例えばさまざまな社会立法をもたらしたり（そして、これは一九世紀的自由主義の終焉の開始を意味する）、当時の絵画や文学にも影響が及んでいる。また、ストライキは、当時の指導階級のあいだに悲観主義を生み出し、西欧社会における社会関係の本質ではないにせよ、そのスタイルを変化させた妥協的な社会的第三党の発展を促した。そして、それが逆に労働運動に影響を与え、第一次世界大戦前夜には改良主義的傾向が支配的になり、イギリス風労働組合主義へと傾斜していった。

結論では、この産業社会への過渡期において、労働者は、一方では産業社会の到来に抵抗しつつ順応していき、他方ではメシア主義的な社会革命やゼネストの理念に結実する希望を生み出したことが指摘されている。ペロの表現を借りるなら、この時代は、「根づき enracinement の時代であると同時に希望の時代」〔七二六頁〕であった。

3　ペロの功績と今後の展望

同書を通読しながら気づくことの一つは、一八六八年の五月革命への言及が多いことである。五月革命の経験に照らして、[20]史料からより深い意味が取り出され、あるいは今まで顧みられなかった史料に新たな意味が賦与される。そして、この場合、五月の経験の基底にあるのは、労働者大衆の創造的イニシアチヴの再発見である。大衆の実践から理論の形成を解明しようとするアプローチの仕方、あるいはローザ・ルクセンブルクの「大衆の創造的イニシアチヴ」に対する共感にもそれは明らかである。このような視座を獲得することによって、これまでの労働運動史研究で無視されてきた一八七一～九〇年の労働運動のもつ豊かな内容が解明されえたといえよう。そして、これは労働運動史を現代の労働運動にいたる発展の歴史として捉える労働組合運動史の視座に対する根底的批判となっている。ペロは、繰り返しこの時期の労働運動の豊かな内容が、換言すれば大衆の創造的イニシアチヴが、組織化の進展とともに消滅していったことを指摘している。この大衆の創造的イニシアチヴと組織の問題は、古くかつ新しい問題であり、また、民衆運動研究の要であり、ジレンマでもある。ペロも、一方の側を選択しただけであって、このジレンマを解決してはいない。

他方、ペロは歴史的社会学の方法を提唱している。これは、ストライキを社会現象として捉え、可能な限り数量化して、そこから対象のもつ規則性や基本的構造を客観的に抽出しようとする志向である。その結果、多くの新しい事実が明らかになると同時に、それまで隠されていた問題が新たな相のもとに姿を現わした。このように統計を駆使した方法が、労働史研究においても有効であること(少なくとも問題発見の手段として)を証明したことは、今後の労働史研究に多くの示唆を与えているといえよう。そして、このような志向が、最初に触れたペロの二つの固定観念のうちの「科学的」歴史のそれに対応するとするなら、大衆の創造的イニシアチヴへの志向は労働者階級についてのそれに対応しているといえよう。そして、この二つの志向を両立させようとする、すなわち、労働者の創造的イニシアチヴを厳密な客観的方法で解明しようとするところに、同書の独自性がある。例えば、運動主体の自律性を客観的に導出したことは、この二つの志向が両立しえたことを示しているといえよう。

しかし、この厳密に客観的な方法の徹底化は、この方法のもつ可能性と同時に、その限界もまた示していると思われる。ペロの主張する厳密に客観的な方法とは、ある意味では、じつに素朴な科学観に立脚している。それは、単純化していうと、対象を客体として措定しそれを数量化し、因果関係を定立することである。このような方法に対して、筆者は次のようなこれまた素朴な疑問を感じる。対象を数量化し、各々の変数間の相関関係を析出したとしても、それは、論理的には、何らの因果関係も説明していないのであって、それが意味するのは、当該変数間に何らかの内的・構造的関係が存在するかもしれないということ以上ではないのではないかという疑問である。さらに、数量化できない要因は、因果関係の連鎖のなかでどう位置づけられるのであろうか。実際、ペロは、同書の扱っている対象においては、因果関係を定立することが非常に困難であることを認めている。当然のことではあるが、さまざまな客観的諸条件が現実化するのは、人間を媒介としてであって、運動主体の内在的理解(それだけでは十分ではないが)なくして人間的現象を解明することはできないであろう。

また、ペロは、経済的・政治的要因ですべてが説明できるのではないとし、今後の展望として社会心理の探求の重要性を指摘している。ここでいう社会心理が具体的にどのような内容をもつのか必ずしも明確ではないが、運動主体を客体として措定し、あくまで客観的に把握しようとすることに変わりはないと思われる。果たして、その延長線上に運動主体の行動を因果関係において解明しうるであろうか。この問題に対して、ペロのとった、そして多分とらざるをえなかった方法は示唆に富んでいる。すなわち、彼女によれば、現在の時点では社会心理を解明することはできないが、ストライキを「一つの人間的決定」〔七二三頁〕として捉えるならば、少なくとも行為者の心理は明らかにしうる、と。この指摘が意味していることは、結局、運動主体の内在的理解の重要性ということであり、換言すれば、運動主体の意識の解明の必要性ということであろう(第2節ですでに紹介したように、ペロは、実際には、運動主体の内在的理解を追求しているのであるが、それが彼女のいう歴史的社会学の方法と、どのように方法的に連関づけられているのか明瞭でないと思われる)。

そして、現在のフランス歴史学界では、民衆の意識を、集合心性(マンタリテ・コレクティヴ)の解明を通して捉えようとする方向へ向かっていると思われる。確かに、集合心性の解明が民衆意識を捉えるために不可欠であることは疑いない。ただ、歴史学が少なくとも変化の学である限り、民衆の集合心性を解明するだけでは不十分であろうし、また「運動」史にこだわる筆者としては、集合心性の研究がつねに運動との関連を意識してなされないならば、単なる民俗学や風俗史(それはそれで意味があるとしても)に終わる可能性があるのではないかと考える。

ペロは、厳密に客観的な方法で運動主体を捉えるという困難な作業を通して、一九世紀後半のフランス労働史についてのこれまでの通念を打破し、これを書き替えた。ペロの意図自体は、彼女も認めるように、完全には成功しなかったとしても、このような方法を徹底化することによって、この方法のもつ可能性と限界を明確にしたという意味で、今後の労働史のみならず社会史の研究に多くの示唆を与えているといえよう。

第Ⅳ部 一九世紀パリ民衆史

第九章

一九世紀パリ民衆の世界

ルイ・シュヴァリエの歴史人口学的研究を中心に

1　一九世紀フランスの政治的・社会的大変動とパリ民衆

一九世紀フランス政治史における際立った特徴の一つは、政治体制のめまぐるしい変遷とそれをもたらす革命の頻発にあるだろう。

ルネ・レモンは、フランス革命から現在にいたる政治史を大きく三つの時期に区分している。[1]第一期はフランス革命から第二帝政の崩壊まで（一七八九〜一八七〇年）、第二期は第三共和政期（一八七〇〜一九四〇年）、第三期は第三共和政の崩壊から現在まで（一九四〇年〜　）としている。そして、各時期を特徴づけるのは、第一期においては極度の政治的不安定さであり、第二期においては制度的安定性であり、第三期においては再び政治的不安定性であるとしている。とくに、第一期八一年間の政治的不安定性は、第二期七〇年間の安定性とは際立った対照をなしている。第二期の第三共和政期は、七〇年にわたって政治体制としては不変であったのに対し、第一期においては、政治体制は、フランス革命期のめまぐるしい変遷は別にしても、第一帝政、復古王政、七月王政、第二共和政、第二帝政、第三共和政と変化した。しかもこの時期は、主要なものだけでも、七月革命、二月革命、六月蜂起、九月四日革命、そしてこの時期区分からはみでるが、明らかにこの時期の幕を閉じる一八七一年のパリ・コミューンといった革命や反乱に彩られている。

フランス革命から一九世紀第三・四半紀にいたるこの激しい政治的・社会的変動が何に由来するのかという問題は、単に政治史の領域を超えて一九世紀フランス史の一つの大きなテーマをなしているといえよう。

エルネスト・ラブルスは、この問題を経済史的観点から分析した(2)。彼は、一七八九年、一八三〇年、一八四八年の三つの革命の発生過程を比較検討し、これらの革命に共通するものとして経済危機が先行している事実を指摘している。そして、民衆はその生存条件からいって経済危機に対して最も直接的に左右される存在であるがゆえに、この経済危機は社会危機を生み出したとしている。確かにフランス革命においては、経済危機と革命の勃発とは見事に一致している。しかし、七月革命に先行する経済危機とそれが生み出した社会危機はむしろ一八二八年と二九年に頂点に達しており(3)、また、二月革命に先行する経済・社会危機は一八四七年に頂点に達し、四七年後半と四八年初めには危機はかなり緩和されていた(4)。したがって、一八三〇年と四八年の革命に関しては、経済・社会危機と革命の勃発には明らかなズレが存在しており、経済危機によってのみこれらの革命を説明する企てには限界がある。さらにラブルスも認めているように、「一〇年周期で経済危機が生じたが、一〇年ごとに革命が勃発したわけではなかった(5)」のである。そこで彼は、経済危機にさらに政治危機が重なったときに革命が勃発するという複眼的アプローチによってこのズレを克服しようとした(6)。

しかし、ラブルスの方法は、フランス革命からパリ・コミューンにいたる激しい政治的・社会的変動を総体として捉えるには一般的にすぎるであろう。彼は、三つの革命の共通点として、それらが大衆的・自然発生的・内発的な革命であったことを指摘し、したがって民衆が運動の主体であったことに特徴があるとしているが(7)、前述のように民衆の運動を、結局、経済的所与に帰している。しかし、政治的・社会的変動も民衆を通じて具体的な形をとるのであり、民衆の歴史的・具体的あり方(それは必ずしも経済に還元できるわけではない)によって規定されているのである。したがって、一九世紀フランスの政治的・社会的変動を総体として捉えるには、民衆の歴史的・具体的あり方を軸にして捉え直していく必要があろう。そして、この場合、一九世紀のフランスのみならずヨーロッパの革命の震源地であったパリの民衆の革命性を成立させている諸条件の歴史的・具体的解明が一つの焦点になるだろう。

一九世紀のパリ民衆に関する叙述や分析は無数に存在するが、その方法と成果において画期をなし、一九世紀パリ民衆に関する現在の研究の出発点になったのは、ルイ・シュヴァリエの一連の歴史人口学的研究である。シュヴァリエは、人口学の方法を歴史研究に導入した『一九世紀におけるパリ人口(住民)の形成』[8](以下『形成』と略す)によって三九歳の若さでコレージュ・ド・フランスの教授に選ばれており、そこでの講義をもとにした『労働階級と危険な階級――一九世紀前半のパリ』[9](以下『階級』と略す)によってパリ史研究の第一人者としての地位を築いた人口学者であり歴史家である[10]。彼は、以後現在にいたるまでパリの歴史に関する独創的な研究を発表し続けている[11]。

本章では、シュヴァリエの多くの著作のなかでもとくに一九世紀パリ民衆史研究の出発点をなしている『形成』と『階級』を中心にして紹介するとともに、その問題点を指摘し、今後の展望を示していきたい。

2　一九世紀パリ住民の形成

『形成』は、一九世紀におけるパリの人口の急増加という現象に着目し、それがパリの政治・経済・社会に対してもった意味を、人口学の方法を駆使して解明したものである。『形成』は三部からなり、第一部は「パリ人口の形成における人口流入の役割」、第二部は「パリの経済環境(ミリュー)と人口流入」、第三部は「パリの社会的環境と人口流入」と題されている。

第一部では、一九世紀のパリ人口の統計的分析がおこなわれ、人口の急増が人口流入によることが明らかにされている。一七・一八世紀のパリの人口増加は緩慢で、その増加は自然増(出生数と死亡数の差)によっており、社会増(人口流入)によるものではない。また、フランス革命期も人口は停滞しており、アンシャン・レジーム期の延長上にある。これに対し、一九世紀前半にパリの人口は突然爆発的に増加を始める。その変化をみる前に一九世紀のパリの市域について触れておく必要があろう。図1はパリの行政区画を示したもので、一八六〇年に周辺の町村が合併されるとともに旧来の行政区の境界も変化している。このためパリ市の人口統計は、一八六〇年を境に連続性を欠くことになる。そこで、一八六〇年以前の統計では、旧パリと小郊外(すなわち、新パリに併合された旧町村)の人口を各々別に算出し、両者を合計する必要がある。こうすることによって同一領域内における人口の変化を観察することが可能となる。

表1は、一八〇一年から一九〇一年のあいだの人口調査の公式統計より作成したもので、表2は、シュヴァリエが、『階級』において、一九世紀前半の旧パリ市域の公式統計の数字に修正を加えたものである。表1から明らかなように、一九世紀を通じてパリの人口はたえず増加し続けているが、増加のリズムは一定ではなく、いくつかの局面に分けることができる。公式統計をそのまま援用した『形成』では、一八〇一〜三六年の特徴は規則的な増加(一〇〜一四%)にあり、一八三六〜五六年には、引き続き人口の高い増加がみられるが、不規則的で増加率の高低が交互に現われる点に特徴があるとし、一八五六〜七六年は増加率の逓減傾向を示し、また一八七六〜一九〇一年は前の三局面に比して明瞭な特徴が検出されないと結論している。しかし、『階級』における修正によって、一九世紀前半の二つの局面の対照がかなり薄れて、むしろ一九世紀前半を通じての異常な人口増加が強調される結果になっている。シュヴァリエは、「一八〇〇〜五〇年の時期に一つの新しいパリが形成されたといっても過言ではない」[12]と述べて、一九世紀前半がその後のパリにとって決定的であったと主張している。確かに、一八〇一〜四六年のあいだに、同じ旧パリ市域内で人口が二倍に膨張しており、小郊外もきわめて高い増加率を示している。また、一八五一〜五六年にパリ(旧パリ+小郊外)の人口は一九世紀で最高の増加率(二〇・四八%)を示しているが、この増加は小郊外の増加(六二・七五%)に大きく依存している。

このようなパリの人口増加のリズムは、自然増と社会増から構成されているが、明らかに後者が決定的役割を演じて

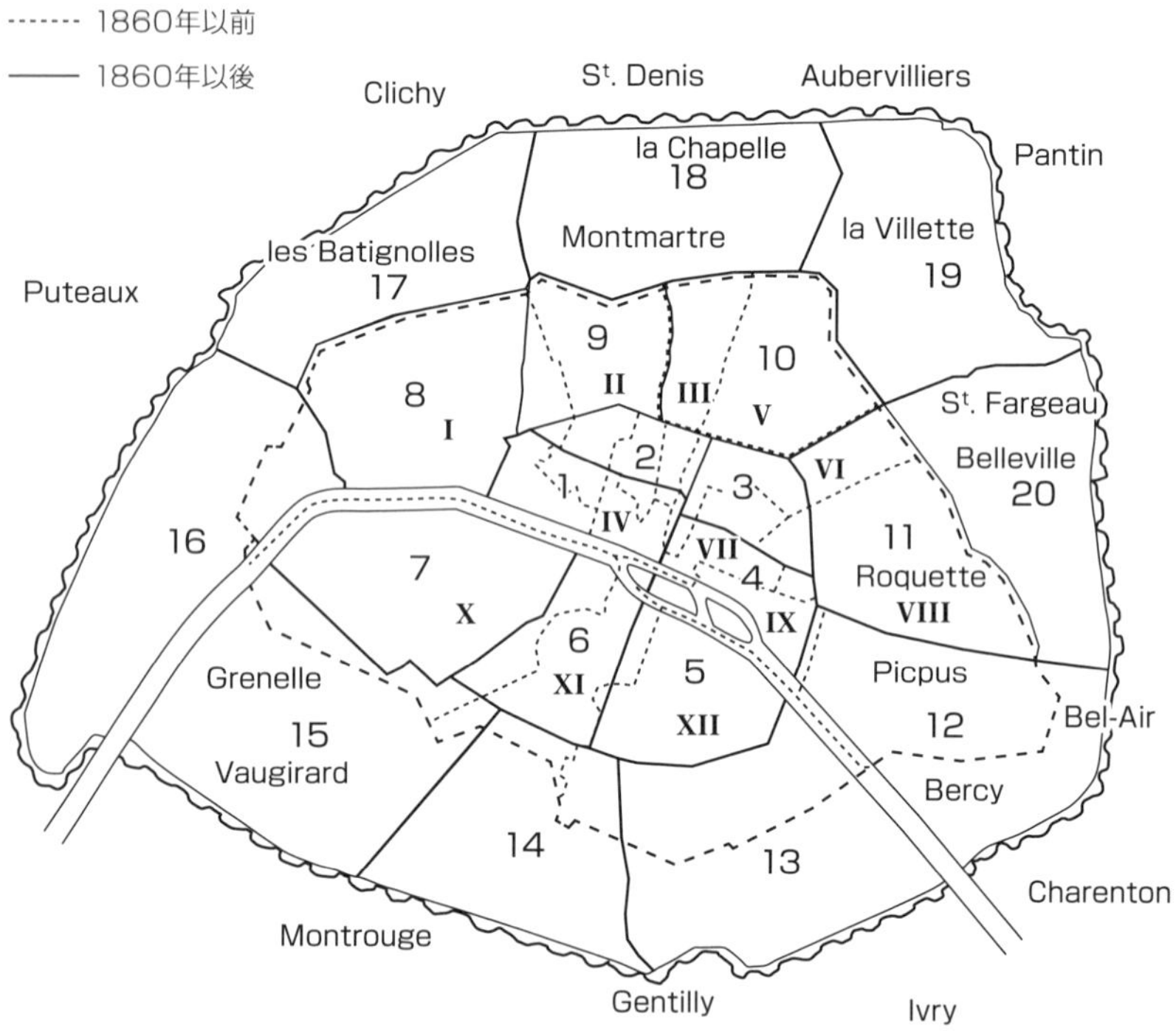

図１　1860年以前と以後のパリの行政区画
出典：Louis Chevalier, *La formation de la population parisienne au XIXe siècle*, p.36.

表１　19世紀におけるセーヌ県(パリと郊外)の人口増加

調査年	パリ市						サン・ドニとソー		セーヌ県	
	1860年の合併以前の旧パリ		1860年に合併された小郊外の町村		旧パリと小郊外の合計					
	調査結果	増加率(%)	調査結果	増加率(%)	調査結果	増加率(%)	調査結果	増加率(%)	調査結果	増加率(%)
1801	546,856	−	−	−	−	−	−	−	−	−
1811	622,636	13.88	−	−	−	−	−	−	−	−
1817	713,966	14.67	−	−	−	−	−	−	−	−
1831	785,866	10.07	75,574	−	861,436	−	−	−	−	−
1836	899,313	14.44	103,320	36.71	1,002,633	16.39	−	−	−	−
1841	936,261	4.1	124,564	20.56	1,059,825	5.70	259,342	−	1,194,603	−
1846	1,053,897	12.56	173,083	38.95	1,226,980	15.77	310,570	19.75	1,364,467	14.22
1851	1,053,261	−0.06	223,802	29.30	1,277,064	4.08	368,803	18.75	1,422,065	4.2
1856	1,174,346	11.50	364,257	62.75	1,538,613	20.48			1,727,419	21.47
1861	−	−	−	−	1,696,141	10.24	257,519		1,953,660	13.10
1866	−	−	−	−	1,825,274	7.61	325,642	26.45	2,150,916	10.10
1872	−	−	−	−	1,851,792	1.45	368,268	13.09	2,220,060	3.2
1876	−	−	−	−	1,988,806	7.40	422,043	14.60	2,410,849	8.59
1881	−	−	−	−	2,269,023	14.09	530,306	25.65	2,799,329	16.11
1886	−	−	−	−	2,344,550	3.33	626,539	16.24	2,961,089	5.78
1891	−	−	−	−	2,447,957	4.86	693,638	−	3,141,595	6.10
1896	−	−	−	−	2,536,834	3.63	803,680	−	3,340,514	6.33
1901	−	−	−	−	2,714,068	6.99	955,862	−	3,669,930	9.86

出典：Louis Chevalier, *La formation de la population parisienne au XIXe siècle*, p.284.

表2　19世紀前半のパリの人口増加（シュヴァリエによる修正）

年	旧パリ市域の人口	増加率（%）
1801	547,756	−
1807	580,609	5.66
1817	713,966	22.97
1831	785,862	10.07
1836	866,438	10.25
1841	936,261	8.06
1846	1,053,897	12.56
1851	1,053,261	−0.06

出典：Louis Chevalier, *Classes laborieuses et classes dangereuses à Paris pendant la première moitié du XIXe siècle*, p.211.

表3　パリの人口に占める商・工業従事者の割合（%）

年	1856	1866	1872	1886	1896
工業従事者	60	57.78	44.07	44.46	52.62
商業従事者	11.80	13.06	21.72	29.17	21.87

出典：Louis Chevalier, *La formation de la population parisienne au XIXe siècle*, p.73.

いる。シュヴァリエは、流入人口を人口増加数と自然増加数の差として推算し（この場合、流出人口が考慮されていないが）、一九世紀におけるパリへの人口流入は、直線的・連続的な現象ではなく、急増加と停滞の局面が交互に現われ、とくに世紀前半に著しいと結論している。これをパリ人口に占める地方出身者の割合からみると、七月王政期から第二帝政初期に急激に高くなったのち、世紀末までほぼ安定した割合（五〇〜五八%）を示している。なお、パリ出身者の割合は、三三〜三八%である。(13) これは「新しい」パリ住民の形成において一九世紀前半が決定的であったことの一つの証左であろう。

また、フランス全体の人口移動とパリのそれを比較すると、一九世紀前半にはフランス全体とパリの人口移動の変動に一致がみられるのに対し、世紀後半にはもはや一致はみられない。これは、世紀前半においては、パリがフランス全体の人口移動の趨勢を決定していたのに対し、世紀後半にはフランス全体の人口移動に占めるパリのそれの比重が小さくなったことを示している。

第二部では、人口流入現象と経済との関係が分析され、前者の原因が追求される。まずパリの人口に占める産業部門別の人口の割合の変化が検討されている（この分析は統計資料の制約によって一八五六年以降のみ）。表3は、直接・間接に工業と商業に従事する人口の割合を示したものである。この表から、工業人口の割合が、一八五六年から八六年までたえず低下し続け、九六年になって再びその割合が高くなっていることが判明する。逆に、商業人口の割合は、一八五六〜六六年に除々に高くなり、六六〜七二年に急激に上昇し、八六年に頂点に達し、九六年には低下している。以上のことから、一九世紀のパリの人口流入は、工業と労働者にのみ関連した現象ではなく、商業や他の分野（召使いや使用人）にも関連した、多様な局面をもった現象であったことを示している。

次いで、一九世紀後半の流入人口の地域分布と産業部門別人口の地域分布の比較をおこない、一般的にいって人口流入の多い区と人口増加率の高い区および工業の度合いの高い区に一致がみられる、と結論している。しかし、いくつかの例外もみられる。例えば、一八七二年において、最も人口の密集した工業区である一一区、一九区、二〇区は、地方出身者の割合が低く、セーヌ県出身者が最も多い。また、地方出身者の地域分布図が最もよく一致するのは、商業従事者と召使いのそれである。これは、先にみた、第二帝政期の商業人口の急増加と一致し、この時期の人口流入の特徴の一端を示している。

シュヴァリエは、人口流入現象の誘因を解明するために、流入人口の大きな割合を占める労働者に限定して、それを経済のさまざまな指標と比較検討する。まず、フランソワ・シミアン François Simiand によって確立された、人口移動曲線と賃金曲線に関する命題を手がかりに、流入現象の誘因として賃金が検討される。シミアンの命題は、人口移動が停滞しているときは賃金が高く、それが活発であるときは賃金が低いないしは停滞している、ということにある。換言すれば、一九世紀のフランスの経済構造にあっては、賃金曲線を決定しているのは農業賃金であり、高賃金の局面では労働力は農村にとどまり、したがって人口移動が停滞し、逆に低賃金の局面では人口移動が生じることになる。シュヴァリエは、シミアンの命題が一九世紀のパリには妥当しないが、世紀末には一致するようになることを明らかにしている。これは、一九世紀のパリの人口流入が、フランス全体の人口移動現象とは異質な誘因に基づく独自の現象であること、また、世紀末にはパリの経済構造に転換が生じていることを示している。そこで、この誘因として、賃金一般ではなく、パリの賃金と農業ないし他都市のそれとの格差が検討されるが、これも、世紀末を除き、それだけでは十分な誘因にはならないことが明らかにされている。

以上の分析をふまえて、パリの人口流入現象の原因が、豊富で規則的な雇用機会とそれに結びついた限りでの賃金格差にあることが解明される。そして、これは一九世紀のパリの例外的経済構造に由来している。すなわち、一九世紀前半のパリの経済は、たえず拡大する巨大なパリの消費市場に依存しており、これが規則的で大量の雇用機会を創出したのである。七月王政下と第二帝政下のパリの大土木事業が、巨大な労働力需要を生み出し、人口流入現象を生じさせたが、逆に、この流入人口の衣・食・住の必要を満たすために、さらに労働力需要が生まれ、今度はこの新たに流入してきた人口の必要が新たな労働力需要を生み出すことになる。まさに「人口流入が人口流入を呼ぶ[14]」のである。また、パリの社会構造に由来する多様な必要を満たすためにも多様な労働力需要が生まれる。つまり、商業、行政、自由業に携わる大・中・小のブルジョワの多様な要求を満足させる必要があった。さらに、以上の住民の必要を満たす以外に、首都であることからくるさまざまな仕事が生まれる。そして、これらの要素は経済危機に際しても直接の影響を受けない(少なくとも、必要が多様であるゆえに、影響の及ばない職種がつねに存在する)ために、規則的に拡大する雇用機会が確保されていたのであり、これが人口流入の主要な誘因であった。他方、この多様な要求に対応する過程で、他都市にはみられない豊富で質の高い労働力が形成された。一九世紀末に、もっぱらパリ内の消費に依存して成長を遂げるという経済構造に転換が生じるが、このときパリ郊外の重工業の発展を可能にしたのは、一つはたえず拡大する消費市場を通しての資本蓄積と、もう一つはこの豊富で質の高い労働力の存在であった。

一九世紀末におけるパリの経済構造の転換は、パリの消費市場とは直接の関係をもたないパリの北部郊外の重工業の発展によってもたらされた。北部郊外では、すでに一八七〇年頃より、化学・冶金工業が発展を開始していたが、それはなおパリ工業に従属したものにすぎなかった。しかし、一八八〇年頃よりこの関係に転換が生じ、北部郊外は冶金工業の中心となるとともに、とくに自動車・電気工業の発展が郊外の様相を一変させた。こうしてパリ経済に占める郊外の工業の比重の増大によって、パリ経済は、それまでのパリ内消費に依存する経済構造を脱却して、フランス経済全体と緊密な関係をもつようになる。一九世紀末にパリの人口流入リズムが、フランス全体のそれと一致し、シミアンの命題に合致してくるという事実は、以上のような背景に基づいている。そして、一九世紀末から二〇世紀初頭にかけての人口(とくに、郊外を含めた)の再増加は、一九世紀的人口流入現象とは異質な人口流入の新たな局面の開始を示しているのである。

「パリの社会的環境と人口流入」と題された第三部では、地方からの流入人口がパリの社会的環境に与えた影響と、パリの既存の社会的環境が流入人口に及ぼした影響、および両者の作用の結果としてどのように都市としての統一が形成されたかが検討される。

まず、パリの社会的環境に対する地方の影響をみるために、パリ人口に占める各県出身者の割合の変化が分析される。一八三三年においては、パリ周辺の諸県の出身者の割合が圧倒的に高く、中央山塊諸県を除いて、その他の諸県の大部分はパリ人口の一〇〇〇分の三を超えていない。しかし、一八九一年には大きな変化がみられる。すなわち、ロワール川以南の諸県とブルターニュ地方の諸県の出身者の割合が高くなり、また、より多くの諸県の出身者がパリ人口(住民)を形成するようになっている。この傾向は、一九〇一年時点でもほとんど変化していない。

次にパリにおける特定職種と特定県出身者とのあいだの相関関係をみることで、流入人口のパリの社会的環境への影響が計測される。シュヴァリエは、結論として、一八三三年においても一九〇一年においても、一般的には、特定県出身者と特定職種との結びつきは検出されないと述べている。パリの人口において占める割合が高い県は、どの職種においても高い割合を占めていることが明らかにされている。ただ若干の例外は存在する。例えば、建築、酒場、レストラン、ホテル業では、フランス中央部の諸県出身者とのあいだに強い結びつきがみられ、商業においては、セーヌ県に隣接した諸県とのつながりが検出されている。

シュヴァリエは、次いで地域を限定していくつかのカルチエと郊外について、一八七一年と九二年の選挙リストを利用することによって、出身県と職種の結びつきをより具体的に分析している。サンプルとして抽出されたカルチエに関しては、カルチエごとに若干の特徴が認められるとしても、出身県と特定職種の結びつきがみられないだけでなく、社会的にもパリ出身の労働者と他県出身の労働者のあいだに差異はみられない。しかし、郊外(この場合、ピュトゥPuteaux)では様相を異にしている。ここでは、一八七一年から九二年のあいだに地域産業の特殊化が進展し、パリ市内のどのカルチエでもみられた「多様な(ディヴェール)」職種がほとんどみられない。また、ピュトウでは、セーヌ県出身者が報酬の良いポストを占めるのに対し、地方出身者は熟練を要さないポストに就いており、したがって社会的にも低い層に属するという傾向が明瞭に現われている。

以上の分析を通して、人口流入は、一般的には、パリの社会的環境に決定的な影響をもたらさなかったと結論している。そして、パリの既存の社会的環境が流入人口に決定的影響を与えたことが明らかにされている。例えば、パリの労働者の世界で独自の職業集団を構成していた建築労働者は、元来季節労働者であったが、七月王政末期から除々にパリに定着するようになり、それとともにパリに同化し、パリ生まれの労働者と区別できなくなっていく。そして、もはや出身県同士の結合よりもプロレタリアートとしての結合が強化されていった。また、他の多くの職種においては、むしろパリでの社会的上昇の機会が、地方出身者のパリへの統合を生み出した。とくに第二帝政までは、前述のように、パリの消費市場のもつ多様な要求とたえざる拡大によって、新規に企業を開く余地は十分にあり、また、企業規模も個人的努力で手にしうる範囲内にあった。一八四七~四八年には、雇主六万四三一六人に対し、労働者は三四万二五三〇人であったが、一八六〇年には、雇主一〇万一一七一人、労働者四一万六八一一人で、この間の労働者の増加が七万四二八一人に対し、雇主は三万六八五五人も増加しているのである。また、雇主の増加は、手工業部門に著しい。パリがつくりだすこのような社会的上昇の機会（あるいはそのような幻想）が、地方出身者のパリへの統合を容易にし、出身県とパリの社会的環境の差異を希薄にした。

次いで、流入人口と既住人口のあいだに生み出される社会関係が分析される。旧パリの領域内では、流入人口は既存のパリの社会的環境に急速に統合されていき、職業的にも社会的にも日常生活においても、既住人口との差異は消滅していった。小郊外の領域では、一九世紀中葉まで旧パリから独立した世界が形成され、旧パリの社会的環境にあまり同化されていない。しかし、これは流入人口の影響によるのではない。というのは、ここにおける地方出身者の割合は、旧パリと変わらないからである。しかし、第三共和政初期には、小郊外の領域も旧パリの社会的環境に統合されていった。このようにパリ市内の領域においては、旧パリの社会的環境のもつ同化力が、旧市内から周辺の小郊外へと及んでいき、パリ社会の一体性が生み出された。これに対し、郊外では、地方出身者の割合が圧倒的に高く、これが郊外の既存の社会的環境そのものを完全に変容させた。ここではパリの社会的環境による同化は問題とならず、パリ社会とは異質な一つの世界を形成していた。そして、二〇世紀には、一九世紀とは逆に、この郊外からパリの中心部へ同化がおこなわれる。それは、一九世紀末に郊外で成長していった経済・社会構造に由来する新しいタイプの統一をパリ全体に押しつけながら進められていった。

最後に、人口流入がもたらした人口学的・生物学的影響について簡単に触れている。先にみたように、社会的観点から重要なのは既存のパリの社会的環境であるが、人口学的観点から重要なのはこの人口流入であり、パリ人口の人口学的・生物学的特徴は、そこから生じている。例えば、一九世紀前半のパリ人口の年齢構成や男女比の特異性は、人口流入によってもたらされたものであるし、また、一九世紀前半においては、パリジャンの平均身長が全国平均より高かったこと、あるいはこの時期の典型的パリジャンが金髪・碧眼であったというような生物学的特徴が、二〇世紀には変化してしまっているのも人口流入に由来している。そして、これらの人口学的・生物学的問題は、『階級』における中心的テーマの一つとして発展させられることになる。

3 労働の世界と犯罪の世界

『形成』では、人口学の方法を歴史に適用することによって、一九世紀のパリの人口の急増が人口流入によるものであったこと、また、それが一九世紀前半のパリの大土木事業によって引き起こされたことが明らかにされた。しかし、人口流入現象の直接の原因が経済にあるとしても、その後の人口流入現象は、経済に規定されたのではなく、逆に人口流入がパリの経済構造を規定していることも明らかとなった。シュヴァリエは、『形成』の研究をふまえて、『階級』ではさらに一歩進めて次のように主張する。少なくとも一九世紀前半のパリにおいては、人口史は経済から相対的に独立した固有の領域をもつだけでなく、むしろ人口史こそが、一九世紀のパリの経済・社会・政治にとって決定的であった、と。そして、一九世紀のパリのこのような構造を生み出した世紀前半に対象を絞って、人口史を基礎にしたパリの社会史の構築を試みたのが『階級』である。

同書は、五六六頁の大冊で三篇からなっている。第一篇は「犯罪に関するテーマ――その重要性と意味」、第二篇は「病的状態の表現としての犯罪――その諸原因」、第三篇は「病的状態の表現としての犯罪――その諸帰結」と題されている。

第一篇では、一九世紀前半のパリにおいて、犯罪に関する叙述が異常に多いという事実に着目し、犯罪が当時のパリの社会でもっていた意味が解明される。パリの犯罪を最初に描いたのはルイ＝セバスチャン・メルシエ Lois-Sébastien Mercier であり、彼によって犯罪小説という文学の一ジャンルが確立された。しかし、復古王政末期に、このジャンルの文学において犯罪のテーマの扱い方に変化が生じてくる。それまでの犯罪小説では、例外的な大犯罪者が主人公であったが、この時期から、犯罪は日常的で、匿名の、そして非人格的で曖昧なものとして描かれるようになる。と同時に、犯罪が社会との関係において叙述されるようになる。シュヴァリエは、とくにバルザックとユゴーの作品に現われる犯罪に関する叙述の分析を通して、犯罪のテーマの変容過程を仔細に検討しているが、とりわけユゴーの作品がその変容の過程を最も端的に示している。彼の作品においては、犯罪は民衆の貧困と結びつけられており、社会的現象として捉えられている。この変容を示す画期が『レ・ミゼラブル』であった。そこでは、犯罪はもはや大犯罪人によるものではなく、明確に貧困の所産として捉えられており、犯罪集団を意味する「危険な階級」と「労働階級」を区別する一線はぼやけてしまっている。

また、コンシデラン、プルードン、ルイ・ブランらの社会主義者や、フレジエ、ビュレらの社会調査者の著作における犯罪の叙述の分析によっても、やはり犯罪が社会的テーマに変化していることが確認できる。

シュヴァリエは、一九世紀前半における犯罪についての叙述の変容は、社会そのものの変容を反映しているとし、『形成』で解明された、人口流入による異常な人口増加という事実をふまえて、さまざまな角度からこの変容過程を明らかにしていく。この場合、犯罪そのものの研究ではなく、犯罪という社会現象を媒介として当時のパリの社会を、とくに民衆の世界を、具体的に描き出すことがめざされている。

第二篇では、一九世紀前半のパリにおける人口増加と人口構成のアンバランスが、病的な状態を生み出した主要な原因であったことが明らかにされていく。

第一部は「人口増加」と題され、まず、一九世紀前半の人口の急増と、それがもたらした結果が分析される。すでに『形成』の紹介のなかでみたように、五〇年間にパリの人口は二倍に膨れ上がったが、他方、それを受け入れた都市の枠組みは古いパリのままであった。そこから病的状態が生み出されてくる。

まず、住宅が人口増加に比して徹底的に不足していた。単に人口の急増というだけでなく、この増加は、すでに最も人口過密であったパリ中心部の古いカルチエで著しかった。その結果、いくつかのカルチエでは人口密度が異常な高さに達する。その一例を引くと、一八三一年時点で、住民一人当りの面積が最も広いカルチエはシャン・ゼリゼで一九〇平方メートルあるのに対し、アルシでは七平方メートルにしかすぎない。このため一八四二、三年頃からブルジョワたちはパリ中心部のカルチエから脱出し、それとともにかつての華やかな商店は店を閉じ、中心部は貧民のみが取り残され、スラム化していった(パリ中心部が再び華やかさを取り戻すのは、第二帝政下のオスマンの都市改造後であった)。したがって、住宅政策の不在のしわ寄せは、流入してきた貧民に集中的に及ぶことになる。

人口増加に対して公共施設も不足していた。復古王政下の施策は、基本的にアンシャン・レジーム下のそれと同じで新しい状況への対応はなされなかった。七月王政下には、とくに一八三二年のコレラの大流行を機に、パリの衛生状態の悪化が白日のもとに晒され、その改善が緊急の課題として意識されるようになる。コレラは、パリ中心部で猖獗を極めたが、この地区は、先に触れたように、スラム化した人口密集地域であった。シュヴァリエは、さまざまな角度から、とくにパリ中心部の不衛生な状態を一つ一つ具体的に明らかにしているが、この地域の衛生状態の悪化は、要するに、狭い場所への人口の密集、道路の狭さ、家屋の高さによって空気が淀み、日照がさえぎられたこと、また、上・下水道の不足あるいはごみ捨て場の不備から生じていた。このような状態に対して、かなりの公共施設の改善がはかられたが、この急激な人口増加には追いつかなかった。一例をあげると、上水道の給水量は、一八四一年時点で、住民一人当り一日六ないし七リットル以下にすぎなかったが、同じ頃ロンドンでは六二リットルあったのである。しかも、これらの公共施設の不備は、とりわけ人口密集地域で甚だしかった。七月王政期の人口増加に対する都市の不適応を最もよく表現しているのは、都市のはきだめでもある糞便の捨て場と動物の死骸処理場であったモンフォコン Montfaucon であった。シュヴァリエは、当時の人びとのモンフォコンについてのイメージのなかに登場する人物として次のような人びとをあげている。近くの石切り場を隠れ家にしている犯罪者。最も蔑まれていた仕事に携わる、あるいはここで開かれる闘牛や闘犬に引き寄せられてくる市門の外や場末の荒くれ男たち。飢饉のとき、動物の死骸を野良犬と取り合う貧民。ここでは、「労働階級」と「危険な階級」の区別はもはや消え去っている。

第二部は、「人口構成」と題され、急増加した人口の年齢分布と性別分布と、それがもたらす結果について分析される。第一部でみたように、人口増加と都市の枠組みのそれに対する不適応によって、パリは病的な状態を生み出したが、この増加した人口は、流入してきた新しい住民でもあった。この流入人口は、パリ人口の年齢分布や性別分布に大きな影響をもたらし、病的状態にある都市にさらに新たな問題を引き起こすであろう。人口の流入は、アンシャン・レジーム下でもみられたが、パリ全体の人口からすれば少数であり、その一部を除いてパリ住民に同化することはなく、パリの社会の周縁的存在にとどまっていた。彼らは、年齢分布や性別分布あるいは婚姻率・出産率・死亡率において、パリの住民と異なった、まったく別個の世界を成していた。これに対して、一九世紀前半のパリ人口は、すでにみたように、実際上人口流入によって形成されたのであり、新しい住民はパリ社会の真っ只中へはいっていった。しかも、その多くは成年層であり、そのため年齢分布のバランスが崩れた。シュヴァリエは、年齢分布の分析を通して、一九世紀後半にみられるような、若く貧しいカルチエと年齢の高い富裕なカルチエとの明白な分離はみられないと結論している。世紀前半においては、カルチエごとの年齢や貧富の差異は、パリの中心部に大量に流入してきた人口の影響によって打ち消されてしまっている。

次いで、性別分布の分析がなされる。表4にあるように、七月王政下にパリ人口の男女比の逆転が起こっている。しかし、定住人口に限定すると、女性の割合が高いだけでなく増加しているが、これは主として小間使いの増加による。表4はまた、七月王政下に男性の季節労働者の大量の流入があったことを示している。シュヴァリエは、その数を不況

表4　パリの全人口に占める女性の割合（％）

1817年	54	(53)
1836年	48.61	(49.40)
1841年	49.60	(51.27)
1846年	49.34	(51.16)
1851年	50.98	(52.58)

註：(　　)内は，定住人口に占める女性の割合。
出典：Chevalier. *Classes laborieuses* . . . p.295.

期でもパリに五万人滞在していたと推算しているが、その四分の三は男子である。この男女比のアンバランスは、労働者に限定するとさらに顕著になる。一八四六年時点で、労働者総数三四万二五三〇人中、男子二〇万四九二五人に対し、女子は一一万二八九一人にすぎない（子どもは二万四七一四人）。また、男女の地域分布をみると、男子の割合が最も高いのはパリ中心部、男子が優勢なのは東部で、女子の割合は、ブルジョワの多い西部で最も高い。このような男女比の極端なアンバランスは、病的状態を示しているといえよう。

第三篇では、一九世紀前半のパリの病的状態の諸帰結が、三つの観点から分析され、この時期のパリ民衆の具体的姿が一段一段と鮮明な像を結んでいく。まず、事実そのものがさまざまな統計を駆使して明らかにされ、次いでその事実について当時の人びとがもっていた観念が分析され、最後に、事実とそれについての観念とに対応して生み出される行為が説明される。

第一部は、「諸事実」と題され、一九世紀前半のパリの民衆の存在の諸条件が分析される。この時期のパリの労働者階級の社会的流動は、一般的に、社会的下降へと向かった（これは『形成』で明らかにされた事実と矛盾するが、この点については後述する）。それを示すいくつかの現象が取り上げられ検討されている。まず、嬰児殺しの増加という事実がみられる。これ自体は、アンシャン・レジームから民衆のあいだでおこなわれていたが、一九世紀前半においては、その増加は人口の急増とのあいだに強い相関関係がみられる。また、売春の増加がみられるが、これは単に数的増加にとどまらず、この時期の労働者の家庭の崩壊という現象の一つの帰結であった。精神病の増加もみられるが、精神病院に収用された人びとの大部分は、社会の底辺をなす人びとで、地方出身者であった。さらに、労働者の自殺の増加が、殺人のそれと同じリズムで増加している。これは、社会への不適応に由来しているが、この時期には貧困が主要な原因であった。シュヴァリエは、公道ないし公共の場での死者を収容するモルグ Morgue の分析によって、一八三〇～三五年において、身元不明の死者が、全体の三分の二近くを占めていたことを明らかにしている。一九世紀末のモルグでは、身元不明の例は稀であった。また、身元の確認された者は、地方出身者の多いカルチエの居住者で、社会の底辺をなす人びとに属していた。

シュヴァリエは、この時期の労働者を社会的下降へと向かわせた原因について次のように述べている。現代においては、流入してくる人びとの出発点の環境が人びとのあり様に決定的作用を及ぼすが、この時期には、人びとのあり様を決定していたのは、出身地のさまざまな伝統や慣習ではなく、この病的状態の都市の社会的環境であった。

この時期の労働者のあいだでは、同棲関係が一般的であり、もはや労働者のあいだの慣習になっていたが、これは先に述べた、パリの環境のもたらす帰結の一つである。同棲関係はまた婚外子の問題を生み出す。一八一七～四六年におけるパリの全出生数に対する婚外子の割合は、三一・二%から三八・一%に達しており、パリの子どもの三分の一を占めている。このような事実が示していることは、多数の労働者が法すれすれの状態におかれていることであり、彼らの何人かは法に対する反抗へと追いやられたということである。このことは犯罪統計にも現われている。一八二八年に重罪裁判所で裁かれた事件において、独身者が八二%に達しており、重罪犯の五四%は三〇歳以下で、事件の内容は、男女関係のもつれが非常に高い割合を占めている。

シュヴァリエは、死亡時における不平等は、生における不平等を要約しているとして、さまざまな死亡統計から、逆に、一九世紀前半のパリ民衆の生を再現していく。この時期には、経済的・社会的不平等は、生物学的不平等として肉体に刻印されていた。まず、出発点から生物学的不平等が存在した。それは里子に出す慣習に由来する。一九世紀初めにおいて、パリの新生児の三分の二は里子に出されたと推定されているが(一九世紀末でも三分の一)、これは主として労働者の子どもであった。里子は十分な栄養を与えられず、死亡率は高かった。また、民衆のあいだでは死産も多く、親の無関心から天然痘による幼児の死亡率も高かった。このような生の出発点における不平等に、成長過程の不平等が加わり、それが肉体上に刻印される。例えば、徴兵検査の記録によって、貧しい住民の多い区ほど平均身長が低く、また、失格者の割合が高いという事実が知られているし、パリの労働者が、肉体的に虚弱で激しい肉体労働に耐ええないという当時の指摘もある。

死に際しての不平等、したがって生におけるそれは、一八三二年のコレラの流行において頂点に達する。[15]コレラ自体は貧富と無関係であるにもかかわらず、最も貧しい人びとが居住する地区において、コレラによる死亡数が最も多かった。他方、この年の六月の民衆反乱において最も激しく戦ったのもこの地区であったのであり、シュヴァリエは、これは不平等から生じる暴力的状況（コレラ）に対する民衆の対抗暴力であったと解釈している。

最後に、当時のパリの貧困の規模が分析される。シュヴァリエの推定によると、パリの貧民の数は、復古王政末期で三五万人、一八三〇〜三一年に四二万人、一八四〇〜四六年には人口の四分の一に減少するが、四六年から再び増加し、人口の三分の一に達している。すなわち、危機の時期においては、パリ住民の半分、換言すれば全労働者、平時で大部分の労働者が貧民といえた。これはまさに「構造的貧困」といえよう。

第二部は、「世論」と題され、第一部でみた「諸事実」を、ブルジョワと民衆がどう捉えていたかが分析される。ブルジョワは、労働者を野蛮人とみなし、「労働階級」と「危険な階級」を混同しているが、他方、民衆の側も、そのような見方を受け入れていたことが明らかにされている。

第三部は、「行為」と題され、第一部でみた「諸事実」と第二部における「世論」に対して、パリ民衆はどういう反応をしたかが簡単に分析されている。シュヴァリエは、ここでは暴力の問題に限定して、民衆の行為について考察を加えている。まず、パリ民衆のあいだには暴力に対する崇拝が存在すること、そして、それは自己の存在を主張しうる唯一の手段であったことが明らかにされている。しかし、パリの労働者の暴力は、遍歴職人たちのような屈強な肉体から生まれる暴力ではなく、栄養不良で酒びたりの人びとの神経症的暴力であった。例えば、サヴァトと呼ばれる格闘術は、肉体的に劣るパリの労働者の防衛術で、急所蹴りを特徴としていた。しかし、遍歴職人の暴力も、七月王政期にパリに定着するようになるとともに、パリの労働者のそれと区別がつかなくなっていった。彼らもまた、パリの他の労働者と同じ貧困の淵へと沈んでいったのである。

4 一九世紀パリ民衆の秘密？

以上、シュヴァリエの『形成』と『階級』の内容を紹介してきたが、それは不十分でしかありえない。というのは、この二著の魅力は、むしろ叙述の細部に存するからである。シュヴァリエは、統計を操作することによって、それまで未知であった、社会のさまざまな側面を浮かび上がらせ、それを叙述史料と突き合わせることによって、その史料が表現している、あるいは、当時自明であったがゆえに現代においては隠されている意味を明るみに出していく。また、逆に、叙述史料によって、統計の示すそれ自体無意味な数字に意味が賦与されていく。その過程はじつに鮮やかであり、読む者の想像力を刺激してやまない。しかし、このことは、シュヴァリエの研究の構想の大きさとその独創性を否定することを意味しない。一九世紀のパリの社会史のみならず、経済史や政治史も、彼の研究によってはじめて確実な基礎を与えられたといっても過言ではなかろう。

ただ、『形成』のもつ「明るさ」(労働者の社会的上昇)と『階級』のもつ「暗さ」(労働者の社会的下降)の対照があまりに著しく、矛盾しているようにみえる。これは、『階級』においては、人口増加の人口学的・生物学的側面を分析しているのに対し、『形成』では、経済史との関係に重点がおかれているためであると思われる。『形成』においては、資料の制約もあり(それは方法に由来する制約ではあるが)、第二帝政を対象として人口流入の誘因を分析したため、労働者の社会的上昇が強調されたといえよう。しかし、第二帝政で得られた結論を一般化したのは誤りであろうし、逆に、『階級』の分析をみたあとでは、社会的上昇というのは、第二帝政期の労働者の一部にしか妥当しないのではないかという疑念も湧いてくる。

それはともかく、シュヴァリエの研究は、本章の冒頭で提起した問題――一九世紀のパリ民衆の革命性を成立させている諸条件は何か――の解明にとって、多くの示唆を含んでいる。人口流入による人口の急増と都市の機能麻痺の結果、パリには異常な病的状態が生み出され、そこから住民のあいだにたえざる緊張が生じたという指摘は、一九世紀のパリの社会的・政治的変動を解明するために、とくにそれをパリ民衆の側から捉えるために、決定的に重要である。

しかし、ルイ・ジラールが指摘しているように、「この異常な状態は、当時慢性的であったわけであり、他方、諸革命は、はっきり決まったある時期にのみ生じている」(16)のであり、なぜある一定の時期に生じたのかを説明できない。また、このような人口の急増にともなう異常な状態は、パリに限らないわけで、とくにロンドンでも同様の事態が生じたにもかかわらず、そこでは一九世紀のパリのような革命の連続は生じなかったのである。ジラールは、ロンドンとパリの相違を、両国の集合心性の相違に求め、そこからイデオロギーの研究の重要性を指摘している(17)。

確かに、経済史的研究も歴史人口学的研究も、例えば、一八七一年の運動が、なぜ他の形態ではなく、パリ・コミューンという形態をとったのかを説明できないだろう。しかし、民衆のイデオロギーというのは、理論家や政治党派のそれとは位相を異にしており、民衆のあいだの社会的結合関係を基礎にした集合心性の解明が必要となろう(18)。現在では、この分野に優れた研究が蓄積されつつある(19)。

しかし、社会的結合関係と集合心性の解明を前提としたうえで、なおいくつかの問題が残る。例えば、シュヴァリエは、復古王政初期と末期および一八三二年の六月事件の参加者のなかで、パリ生まれの手工業者の割合が最も高いことを指摘し、『階級』で明らかにされた人口流入とそれがもたらした諸問題にもかかわらず、それがパリの最も活動的労働者層やリーダーの構成に変化をもたらしたようにはみえない、と結論している。[20] あるいは、ジョルジュ・ルフェーヴルは、闘いに立ち上がるべき同じ理由をもっていても、立ち上がる者とそうでない者が存在するのであり、「革命的行動とは精神の次元の問題である」[21]と指摘している。このシュヴァリエとルフェーヴルの指摘は、結局、客観的諸条件と運動主体の関係如何、という問題に帰着するだろう。そして、これは、運動そのものの内在的理解からもう一度客観的諸条件を捉え返していくという作業の必要を示しているように思われる。

第一〇章

一九世紀パリ民衆史再考

はじめに

一九世紀パリ民衆史研究は、ルイ・シュヴァリエが一連の歴史人口学的研究によって基礎を据えて以来、長いあいだこれを超えるような研究はなかった。[1]

しかし、最近バリ・ラトクリフとクリスチーヌ・ピエットの共著になる『都市に生きる――パリの民衆諸階級 classes populaires(一九世紀前半)』という刺激的な大著が公刊された。[2] 表題からしてシュヴァリエの『労働階級と危険な階級――一九世紀前半のパリ』を意識しているのがわかるが、それだけにとどまらずシュヴァリエの研究を批判対象として正面に据え、その脱構築をめざすと宣言している。ラトクリフはすでに一九九一年以来、シュヴァリエを強く批判し、[3] またそれを裏付ける研究の一端を発表してきたが、[4] ここで一つのまとまりをもった作品として集大成された。

同書は、全編シュヴァリエの研究を意識し、それとの相違を強調しているが、その中心的論点は、一九世紀前半のパリはシュヴァリエが主張するような決定的・例外的な時期ではなかったということ、また移住者のパリへの同化の過程を、シュヴァリエとは異なり、移住者の視点から明らかにしたことにある。

シュヴァリエから半世紀以上をへて登場したこの新しい研究の紹介と批判をふまえて、一九世紀パリ民衆史について再考してみたい。

1　シュヴァリエ批判とその「脱構築」

同書は四部一三章からなっており、第一部が「移住民と都市」、第二部が「周縁再考」、第三部が「生きられた空間」そして第四部が「態度と行為」と題されている。とくに第二章は「支配的表象であるルイ・シュヴァリエのテーゼの脱構築」と題され、章全体がシュヴァリエ批判に費やされている。ラトクリフは、シュヴァリエの仕事を革新的だったと評価しながらも、それが勝ちえた独占がその後の研究の発展を阻害したと述べており、[5] 一九世紀パリ民衆史の研究が進展しなかったのは、シュヴァリエの影響だとまで断じている。ただ、シュヴァリエの『一九世紀におけるパリ人口(住民)の形成』は高く評価しており、もっぱら『労働階級と危険な階級』に批判を集中している。

第一部では、パリへの移住者がさまざまな角度から分析される。まず、すでに一八世紀後半からパリへの移住者の流入は盛んであり、一九世紀前半のパリはシュヴァリエが主張するような例外的な性格をもたないとする[七〇〜七一頁]。人口調査が開始されるのは一八〇一年からであり、それ以前のパリ人口は推定にすぎない。一八世紀史家ダニエル・ロッシュが一八世紀のパリ人口のさまざまな推定値を数え上げているが、それによると四一万から八〇万という大きな開きがある。[6] 彼は一八世紀初めのパリ人口を五〇万とし、一八世紀中に最低三〇％増加したと推定している。[7] そして、その実数を確定することは困難であるとしても、この人口の増加を支えたのは移住者であることは確かであるとしている。[8] そしてアンシャン・レジーム期のパリの移住民は、シュヴァリエの主張するようなマージナルな存在とはいえないとしている。[9] このようにロッシュはすでに一九世紀前半のパリの例外的性格を否定していた。ただラトクリフは、シュヴァリエが『一九世紀におけるパリ人口の形成』では一九世紀前半を例外的な扱いにしていないし、『労働階級と危険な階級』以後の著作でも同様であることを指摘している〔五四～五五頁〕。

しかし、一八世紀に比べて一九世紀のパリの人口増加の急激さは認めざるをえない。一九世紀のパリの人口動態を分析するには、一八六〇年に併合される郊外の地域の人口も考慮しなければならない。一八六〇年以前にすでに旧市内は満杯になっており、増加は郊外に拡大していた。この併合地域を含めて考察すると、一八三六年には一〇〇万人を突破し、五六年には一五三万人を超え二〇年で一・五倍に増加している。その増加は一八世紀に比べると急激であったことは確かである。(10)

ただこの点でも、フェルナン・ブローデルは早くから、この時期のパリの人口増加が同時期の外国の都市と比較して例外的とはいえないとし、一九世紀前半にパリの人口が二倍になったとしても同じ時期にロンドンは三倍に増加したことを指摘している。(11) このような人口の都市への集中は、産業化と都市化の時代である一九世紀においてはむしろ一般的といえる。ウィーンやベルリンも同様である。

したがって、移住現象においても、人口の増加においても、ラトクリフの主張するように、一九世紀前半のパリを例外的だとみなすことはできないだろう。ただ、シュヴァリエの主張する、パリのような大都市における人口の急増と貧困の増大そして都市の不適応がもたらす問題そのものは依然として残っている。その増加を支えていたのは移住者であり、少なくとも人口増加の割合と実数の点で、一九世紀のパリは一八世紀とは次元の異なる規模であり、単純に一八世紀の延長上にあるとみなすことはできない。

それは次のこととも関連している。すなわち、この民衆の多くが貧民であったのであり、一八世紀においても貧民が多かったとしても、一九世紀前半のパリ民衆の貧困の規模はやはり尋常ではない。例えば、一八世紀のパリについてロッシュは次のように述べている。「要するに、フランス革命前のパリにおいて、住民の七分の一近くが明日を保証されていなかった」[12]。他方、一九世紀前半ではどうであっただろうか。ラトクリフは貧困の度合いを計るために、まず貧民と貧窮者を定義しているが、その際当時のある慈善家が認めている次の単純な区別を受け入れる。すなわち、「貧民pauvreとは、生きるために自分の腕しかもっていないのに対し、貧窮者indigentとは生きるための糧をもたない者である」〔一七一頁〕。そして、ラトクリフは、パリ全住民の三分の二が貧民といえるとしている〔一七九頁〕。さらに、貧窮者の割合として次のように結論している。「現在まで歴史家に知られている限りの史料を渉猟した結果、次のことがほぼ確実だといえる。すなわち、一九世紀前半において、通常パリ住民の約三〇％が貧窮状態にある」〔一七八頁〕。貧窮者の割合の推定はシュヴァリエもラトクリフも変わらない。この貧民と貧窮者の割合はやはり一八世紀の延長線上にあるとはいえないだろう。ラトクリフは民衆の貧困の拡大を認めるが、それは人口上の量的な問題であって、構造的な変化ではないとしている。しかし、シュヴァリエがいうように、これは「桁外れの構造的貧困であり、根元的な貧困[13]」と捉えるべきであり、一八世紀の単純な延長上におくべきではない。

これらの事実をふまえて、シュヴァリエはこの時期のパリが病的状態にあるとみなし、それと犯罪の多発、その変質、そして犯罪に関する言説の氾濫を結びつけるのであるが、ラトクリフはこの時期のパリが病的状態にあることを否定する。病的な状態はたとえ存在したとしても、それは一部であって、それが都市全体を覆っているのではないとする。そして、民衆の側からみれば、当時のパリが病的状態ではないことを明らかにすることが、まさに同書の主要テーマとなっている。

さらに、その後の都市研究や移民研究の深化とその成果をふまえて、シュヴァリエのテーゼを批判していく。移住の流れと構造はシュヴァリエが考えていたよりはるかに複雑であり、循環的・連鎖的・永住的また地域的な移住のタイプがあることを指摘している。また、都市における移住者の経験についての理解が不十分であること、婚外子や自殺あるいは犯罪に関する統計に基づいた民衆の行為の解釈や説明には現在の研究水準では問題があること、環境決定主義的な主張、移住者のパリへの同化の分析において文学的資料やある種の統計しか利用していないこと、還元主義的で民衆を受動的要素として扱っているが、現代の研究では、都市のネットワークがもつ同化力や労働、近隣関係、友人、親戚、消費、余暇によって生み出される多様な連帯が重視されていることが指摘されている。しかし、「彼〔シュヴァリエ〕は、移住者やパリの民衆諸階級のあいだの連帯や文化をまったく分析しておらず、結果としてこの現実を無視している」(14)〔七七頁〕。また、シュヴァリエは物理的な空間と生きられた空間に相関関係を想定している。(15) さらに、社会学者と民俗学者そして歴史家は、移住者の集団の適応能力、彼らが非常に困難な状況にあってもそれまでの価値システムを維持すること、社会の理解のためには日常生活の研究――ソシアビリテ、儀礼、抵抗、相互作用――が重要であることを理解するようになっており、彼の研究はすでに古くなっている、としている〔六八〜八五頁〕。

このようなシュヴァリエに対する批判がでてくるのは、彼の提示する表象が社会的エリートのそれであると決めつけることからきている。ラトクリフはシュヴァリエの問題点として、次のように断じている。「シュヴァリエの研究の主要な問題点の一つは、当時の人がパリの労働者を未開人や野蛮人と同一視していたことを、彼が受け入れていることである」(16)。しかし、これはシュヴァリエの言葉を文字通りに取りすぎていないだろうか。未開人や野蛮人には文字通りの意味と、文明人(ブルジョワ)に対する批判のイメージも込められていると思うのは考えすぎだろうか。それはともかく、シュヴァリエが主張しているのは、ブルジョワが民衆を野蛮人とみなしていたことは、それがイデオロギー的な見方であろうとなかろうと、それ自体が一つの事実なのであって、民衆はその事実に対して反応したのだということをいっているのである。シュヴァリエ自身がブルジョワの意見に同意しているかどうかはさしあたり問題ではない。

2　ラトクリフの貢献(17)

同書が一九世紀パリ民衆史研究にもたらした貢献を、その研究方法と成果において検討してみよう。著者たちは、先行の人口学的研究、社会階級の分析や社会史研究、一八世紀のパリ史研究、パリ以外の都市史研究の蓄積、さらに英・米の現代都市史研究における社会学的・人類学的・文化史的方法をふまえて、新たな視点から一九世紀パリの社会集団に検討を加えているが、ラトクリフが強調するのは、シュヴァリエが当時の支配層の視点から民衆を捉えているのに対し、自分たちは民衆の視点から捉えようとしているのだということであり、また、対象をより長期的な時間(一八世紀から一九世紀後半まで)で捉えていることである。

シュヴァリエ以後の研究を総合して、ラトクリフは一八世紀末にはパリ生まれの成人はすでに三分の一になっており、パリ全住民における移住民の割合は、一八世紀末から一九世紀末まで六〇%をわずかに上下するだけで一定していることを明らかにしている。パリ生まれではない成人の割合は、一八二〇年には六〇〜六五%のあいだにあり、王政復古期と七月王政期に増加し、一八五〇年には約七〇%に達したと推定している。これは、シュヴァリエの主張するような一九世紀前半の構造的変化を証明しているとはいえないにしても、この時期における移住者の流入の急増を示しているといえるだろう。またパリのブルジョワの半分はパリ生まれではなく、移住現象が民衆だけに限られたものではないことも明らかにしている。さらに地方都市出身者が多いことは、直接農村からパリへ移住してくるのではないことを示している。移住民はパリであらゆる職種に就いているが、女性の仕事は限られていた。パリ生まれと移住者の関係では、一八二〇年、三五年そして五〇年の結婚の少なくとも三分の一はパリ生まれと移住者のあいだでおこなわれており、これは移住者がパリ社会に同化していることを示している［九六〜一一〇頁］。

女性家事使用人

一九世紀パリ民衆史研究に対する同書の貢献の一つは、これまでほとんど明らかにされてこなかった民衆女性史に光をあて、豊かな成果を得たことである。とくに女性家事使用人と老齢女性に関する部分は秀逸である。(18)

フランス革命以来、貴族に雇用される家事使用人が減少し、男性の仕事としての価値が下落した。また労働市場で他の可能性が増えたこともあり、一九世紀初めから家事使用人の女性化が起こり、女性の労働市場の大きな部分を構成するようになった［一四七〜一四八頁］。主人が貴族からブルジョワになったということであろう。

一九世紀には女性の労働市場が発展したが、家事使用人はそこでかなり特殊な位置を占めていた。一八五六年時点で女性労働市場の三分の一は家事使用人からなっており、パリの成人女性八人に一人を占めていた。彼女たちは、一八三一年には三万六二五八人だったが、とくに一八四〇年代以後急増し、五六年には六万四七五六人になっている。これは七月王政期のブルジョワ社会の発展を側面から示しているのであろうか。彼女たちの特徴は、他の職業と比べて地方出身者の比率が非常に高いことで、約九五%が地方出身者である。一九世紀においては、フランス女性の四人に一人は人生のある時期を家事使用人として働いた経験をもっていた。これはフランスの民衆女性の人生において、この職業がもつ重要性を示しているといえるだろう［一〇五〜一三二頁］。

当時、女性家事使用人は道徳的に良くない評判があったが、ラトクリフは、新しい史料によって彼女たちの実態を再構築し、評判が真実であったかどうかを明らかにしていく。捨て子に関しては、地方の家事使用人が妊娠の事実を隠すために、しばしばパリに来て生み捨てる場合があったとしている。女性犯罪者に関する史料では、逮捕の理由として浮浪や乞食によるものが多く、二六%を占めていた（一八六一年）。盗みは彼女たちの犯罪のなかでは最も多いが、それでもこの職業従事者全体からするとわずかなものであること、また嬰児殺しや堕胎、売春、精神病と自殺においては彼女たちの占める割合がとくに高いということはないとしている［一三六〜一四五頁］。

また、パリ貯蓄銀行の預金者の分析で、彼女たちのうち一八四六年で五七％、五六年で五四％が口座をもっていたことを明らかにしている。彼女たちの貯蓄の主要な目的の一つは、結婚するための持参金をつくることであった。彼女たちの大部分は、家事使用人としての仕事を永続的な仕事として考えているのではなく、結婚への一つの跳躍台とみなしていた［一五一〜一五三頁］。

一般的に女性家事使用人は悲惨な状況にあったが、マージナルな集団ではなかったこと、彼女たちの五分の四は貧窮状態をまぬかれており、規則的な生活を送っていたことを明らかにしている。小さな犯罪を犯す者はいたが、常習的な犯罪集団に加わったりする者はほとんどいなかった。彼女たちに対する悪い評判は、新聞による犯罪の過大報道とブルジョワの恐怖感に由来していると結論している［一六二〜一六三頁］。

老齢女性

第二部は「周縁再考」と題され、これまで周縁的存在とみられてきた民衆を見直して、新たに社会のなかに位置づけている。ここで取り上げられている対象として、とくに老齢女性とくず屋についての詳細な分析が興味深い。

当時の社会においては、女性は五〇歳をもって老齢化の始まりとみなされていた。一八五一年時点で五一歳以上の一人暮らしの女性は六〇％、男性は三〇％である。六〇歳以上では、七〇％の女性が一人暮らしで、七〇歳以上では八五％にはね上がる。全国の一人暮らしの老齢者（五一歳以上）の割合（一八五一年）は、男性が二七％、女性が四六％であり、全国と比較してパリの一人暮らしの老齢女性の割合が高い［二二八〜二三二頁］。

老齢の女性が一人で生きていくことは、賃金が男性の半分という状況ではほとんど不可能であった。ラトクリフは、老齢女性のおかれた厳しい貧困の状況を数量的にはじめて明らかにしている。さらに彼女たちは（少なくとも公的には）無視された存在であった。というのも、老齢女性は人口の一〇％を占めていたにもかかわらず、当時の文献には彼女たちに関する記述がほとんどないからである。例えば、貧窮者の三分の二は女性であったが、公的救済担当の行政官は彼女たちになんら特別の注意をはらっていない〔二三三〜二四〇頁〕。

しかし、「他者の目からみても、他者との関係を通しても、……これらの女性は排除された者と呼ぶことはできないし、周縁にある者と呼ぶことさえできないように思われる。弱者という概念が彼女たちの悲惨な状況を最もよく表わしているようにみえる」。彼女たちは最も悲惨な状況におかれていたが、けっして孤立していたのではなく、地域社会と結びついて生活していた。「彼女たちは力の許す限り、たとえ最も不安定な形であろうと、労働市場にとどまった。いわゆる「正規の」労働市場に加わるにはあまりに弱くなっていたので、自宅でささやかな縫い物の仕事をしたり、街路の片隅で駄菓子を売ったり、小さな子どもや病人の面倒をみることによって、アパートの同じ階の隣人や家族をさりげなく手助けしていた」。また、子どもや同じ老齢女性と同居することもあった〔二四八〜二五〇頁〕。

くず屋

くず屋は民衆にとって不可欠であった。例えば、民衆は普通古着を身につけていたが、「民衆にとって、ブルジョワの古着を着ることは、体面と同化のしるしを表わしていた。なぜなら、これは公的空間におけるある種の儀式やあるいは特別なできごとに参加するための一つの前提条件であったからである」〔二七三頁〕。

当時の都市経済と民衆諸階級の生活においては、公式経済とともに、路上の小商いやくず屋（リサイクル業）のような非公式経済が重要で、それらは公式経済にも浸透していた。また、少なくともある人数の人びとが非公式経済から公式経済へ移行していった。この経済の二重性は、一九世紀前半のパリを理解するための道具として必要である(19)〔二七五頁〕。

一八五六年時点で、少なくとも一万人（この仕事に依存している者はもっと多い）が直接この商いに携わっていた。彼らが、孤立していたのでも、受動的でもなかったこと、またそれ以上に重要なことは、彼らが今日では社会的資本と呼ばれているようなネットワークと連帯を享受していたことを明らかにしている〔二七八〜二八九頁〕。

社会的エリートの言説が生み出したくず屋のイメージは、エリート自身について語っているとしても、対象を明らかにしているわけではない。「他の民衆諸階級と同じように、くず屋は危険で周縁的な存在というよりも自立的で人に危害を加えない存在であると結論できる」。それだけでなく、彼らを当時のパリ経済のなかに次のように位置づけている。「われわれは、都市生活の経済的・社会的そして文化的周縁にあるとみなされていたくず屋を、都市を構成する一つの要素をなしているとみなした。彼らの存在は、失業と貧困を生み出す構造的かつ変動的力の重要性と同じように、一九世紀パリにおける非公式経済とリサイクルの重要性をわれわれに思い起こさせる。同様に、生き残り戦略と自分たち固有の生活を制御する民衆諸階級の多くの者の能力の重要性もまた思い起こさせるのである」〔二九六〜二九七頁〕。

カルチエ

第三部は「生きられた空間」と題されており、当時の民衆にとっての日常生活の場であるカルチエをさまざまな角度から分析している。カルチエを日常生活の枠組みとして捉えるのは、次のような理由による。「カルチエは、しばしば都市のなかの村にたとえられるが、社会的な凝集力を生み出す安定した個人間の関係をもたらし強固にすることを可能にする優れた枠組みとみなされている」からである。しかし、カルチエを閉じられた共同体としてではなく、外に開かれたものとみる必要があるとも指摘している[20]〔三〇四〜三〇五頁〕。

カルチエの分析において、各々特徴のある六つのカルチエを取り上げて詳細に分析している。貴族的なカルチエであるフォブール・サン・ジェルマン、ブルジョワ的なカルチエのショセ・ダンタン、家具職人を中心とする職人的なカルチエであるフォブール・サン・タントワーヌ、左岸の皮革産業の中心であるサン・マルセル、ガルニ(家具付き安宿)の集中する労働者の多いパリ中心部のカルチエであるオテル・ド・ヴィル、そして民衆的要素が支配的であるが、社会的には混合しているカルチエであるフォブール・サン・ドニである。

一般的にいえることは、大半の者がパリにおいて親戚と友人のネットワークをもっていることで、これは孤立した都市の移住者という神話を否定するものであるとしている。また、カルチエを超えて都市全体へ広がるネットワークが多くみられるが、これは住民の地理的流動性と都市生活への適応を表わしているとみなしている［三一八頁］。

しかし、社会階級ごとに相違がみられる。社会的エリートの人びとにとっては、友人は居住しているカルチエに限定されないのに対して、民衆諸階級では住んでいるカルチエでの友人関係が多い。もっともそれは比較としてであって、他の地域に対して閉鎖的ということはない。さらに結婚相手の選択において社会集団のあいだの態度の相違は最大になる。民衆諸階級の四分の三近くが結婚相手を同じカルチエでみつけるのに対して、社会的エリートの人びとの場合は五分の二のみである［三二二～三二三頁］。

カルチエの性格を決定しているものとして次のように述べている。「社会構成、都市における機能そして居住タイプが、密接に絡み合い、相互に強め合って、あるカルチエにその性格とまとまりを与えている。そこで展開される個人間の関係は明らかにそれらに強く支配されている」［三二六頁］。

移住民はすべてのカルチエで住民の大半を構成していたが、彼らが地域の社会関係に与えた影響を計ることは史料的には難しいとしている。また、移住者にとって、カルチエの日常生活のなかで、酒場はソシアビリテと都市の決まりを身につける場であり、新参者の同化において大きな役割を果たした［三二七～三二九頁］。

六つのカルチエのなかで独立の章を立てて分析されているのが、フォブール・サン・ドニである。当時の証言は、このカルチエを小商いの王国と呼んでいるが、このカルチエの商工業従事者数はそれを裏書きしている。このカルチエでは、小ブルジョワと労働者の関係が密接であり、「商店主が一般に小ブルジョワジーに属しており、労働者や職人が民衆諸階級に属しているとみなされているとしても、これらの多くのつながりは、社会的には一方のカテゴリーの上層部がもう一方のそれの下層部からそれほど離れていないことをよく示している」と述べている〔三五一～三六二頁〕。

このカルチエでは、結婚相手が同じカルチエに住んでいる者同士である割合は四九％に達しており、その三六％は同じ通りの住人であり、大部分は五〇〇メートル以内に住んでいた。少なくともフォブール・サン・ドニでの結婚相手との出会いは、居住地の近くというのが支配的である。他方、友人の大半はカルチエの外から来ており、都市空間全体への同化も示している〔三六三～三六六頁〕。

また、カルチエのなかに、さまざまなネットワークをつくりだす核になるような人びとの存在が認められる。それは有権者の資格をもつ名望家であるとか、かなり以前からカルチエに定着している商工業者である〔三六七頁〕。

しかし、結局、若干の相違はみられるものの、住民の行為はどこでもよく似ておりカルチエの独自性はあまりみられない。したがって、限定をつけたうえで、カルチエが帰属意識を生み出す場として歴史分析に使用できる、としている。とくに民衆の場合は関係がより狭い空間に集中しているのでより有効である〔三六九～三七一頁〕。

最後に、都市改造で取り壊されることになるスラム街を取り上げている。それは、モンターニュ・サント・ジュヌヴィエーヴの北斜面のスラム街である。

ここでもやはり酒場は地域の民衆の日常生活の核をなしていた。酒場は単に飲み物と食事あるいは宿を提供していただけではなかった。酒場の主人は出生証明書や死亡証明書を必要とするときに、戸籍係の役人への仲介者になったし、さらに将来の夫婦は彼らを結婚に際しての証人として選んだ。カルチエの小教区教会で式をあげた夫婦の四分の一は彼らの証人のなかに少なくとも一人の酒場の主人を数えていた。また、そこで仕事の情報を得たり、困っているときには支払いをつけにしてもらったり、同じ職業や出身地の者の集会がおこなわれた〔三九六～三九七頁〕。

この地域の六つの通りの詳細な分析の結論として、ここが経済活動の活発な地域であり、けっして荒廃した地域ではなかったこと、またこの地域でも人びとにとってのネットワークの重要性が指摘されている。この地区で一八六一～六五年に亡くなった人のうち病院で亡くなった者は五人中一人だけであった。……その他の者は自宅で最後を迎えることを選んでいる［三九七〜四〇六頁］。

また、この地域はヘッセンからの出稼ぎの移住者が集まっていた。彼らは日雇いや道路清掃という社会の底辺を形成していたが、当時の社会的エリートがもっていたイメージとは異なり、彼らは救済や犯罪また自殺などとは無縁であった。その理由として彼らが永住を目的としていなかったことと、生き残りのためのネットワークが存在していたことを明らかにしている［四〇八〜四一六頁］。

同　棲

第四部は、「態度と行為」と題され、同棲、宗教、自殺が取り上げられている。まず民衆のあいだに広くおこなわれていた同棲であるが、一九世紀半ばにパリの夫婦のうち三分の一が同棲していたと結論している。シュヴァリエは同棲が子どもを法すれすれの状態におき、やがて彼らの何人かを法に対する反抗へと追いやると述べているが(21)、このような推論は、民衆のおかれた状況を犯罪に安易に結びつけており、ラトクリフの批判を借りるまでもなく受け入れることはできない。

ラトクリフは、民衆はきちんと教会で結婚式をあげ、自分たちの子どもを認知することを強く願っていたし、愛情関係における、また結婚に対する民衆諸階級の態度は、おそらくわれわれが思っているよりも伝統的で順応主義的であったと結論している［四四四〜四六三頁］。

宗　教

民衆の宗教との関わりを、結婚における教会との関係を通して分析している。宗教的感情の衰退はすでに一八世紀には始まっていた。しかし、教会に対する抵抗の先兵をなしていたと思われた職人が、結婚に際しては教会の規範を最も尊重していた。また、民衆諸階級は全体としては、たとえ非常にしばしば結婚のミサを拒否したとしても、儀式の象徴主義のなかに教会を信じ続けていたし（結婚の九割において市民の儀式に続いて教会での儀式が執りおこなわれた）、彼らがこのような場にあわせてきちんとした衣装を着ることに特別の重要性を与えていたことが知られている。

他方、子どもの洗礼という行為のなかに、民衆と宗教の関わりを分析している。一九世紀中葉において、一〇人中九人の子どもが洗礼を受けている。宗教的感情をよく示すのは、誕生後どのくらいで洗礼を受けたかということにあるとし、この点からすると、一九世紀半ばに宗教的感情に変化が生じている。しかし、その衰退が非常に明確になるのは世紀の終わりになってからである。「一九世紀中に、社会的エリートと民衆諸階級の態度のあいだで徐々に逆転が起こった。社会的エリートは、一八二〇年代には教会の教えに最も忠実でなかったが、一八八〇年代に最も忠実になった。民衆諸階級の場合は逆であった。しかし、ここでもまたこの逆転は漸進的なものであり、とくに世紀中葉以後に生じた」〔四八二～四八九頁〕。

自　殺

パリの自殺の増加率は人口増に比例しておらず、また全国の増加率より低い。一八三六～五七年のあいだにパリの自殺は四八・三％増加しているが、フランス全体（セーヌ県を除く）は六〇・二％増加している。また、一八四七年の不況期に、首都における自殺数は四分の一増加し、全国の総数の一九％を占め、この時期〔一八三六～五七年〕で最も高い割合を示した。さらに注目すべきはおそらく女性が男性よりもより増加率が高かったという事実である。女性の自殺数は前の五年間の平均に対して三九％増加した」〔五〇九頁〕。経済危機と自殺の増加の関係は明瞭である。逆に一八四八年には自殺は一八三六～五七年のあいだで男女とも最も低くなることを指摘したのち、次のように付け加えている。「この大きな減少は、首都における政治危機がもつ重みと統合的な影響力を反映している」［五〇七〜五〇九頁］。

一般に年齢とともに自殺率が高くなるが、パリでは四〇〜六〇歳が最も高い。男性が自殺者の七一％を占める。全国の女性の自殺のなかでパリの女性は二〇・二％、男性は全国の一六・五％を占める。寡夫が最も自殺が多い。自殺者の出身地をみると、パリ生まれに比べて地方出身者の割合が高いということはない。モルグの統計でも、セーヌ県あるいはパリ盆地出身者は二七％に達している。外国人の自殺者数は彼らがセーヌ県人口に占める割合の二倍になっている。周縁の人びとの自殺者の割合が高いということはなく、産業労働者や娼婦の自殺も少ない。自殺率の最も高いグループは、家事使用人と退職した兵士であるが、彼らの自殺には都市環境以外の要素が大きいとしている［五一〇〜五一七頁］。

自殺の原因の大部分は経済的な困窮にあり、自殺が社会的病理の兆候とはいえない。都市化が自殺に影響したということを裏書きする証拠はみられない。パリ周辺の諸県でも自殺率が高いが、周辺の諸県には大都市はない。これは自殺が都市的環境と関係が少ないことを意味していると結論している。しかし、これはこの地域の自殺の原因がパリとは異なることを示しているだけかもしれず、パリの自殺が都市環境と関係ないことを示す証拠にはならないと思われる。死亡者数全体における自殺者数の割合は小さく、セーヌ県で、一八三六〜五七年に、自殺者数は全死亡者の一・四％を占めるにすぎない［五二二〜五二四頁］。

最後に、モルグにもたらされた死体の九〇％近くが身元を確認されたということは、これらの自殺者は生前において孤立していたのではなく、新しい移住者であっても、家族や同郷の者、労働仲間、近隣の人びとによって形成されたネットワークのなかに統合されていたことを示している、と結論している［五二五頁］。これはシュヴァリエとは大きく異なっている。

3 ラトクリフ批判

ラトクリフのシュヴァリエ批判の根底にあるのは、シュヴァリエが当時の社会的エリートの思想の延長上にあるという点にある。しかし、シュヴァリエの視点はラトクリフのいうような社会的エリートの視点だとは言い切れない。彼が一九世紀前半のパリ民衆の独自の性格を強調した背景には、この時期のパリ民衆の例外的な性格を明らかにしようとする志向があった。すなわち、フランス革命、七月革命、二月革命そしてパリ・コミューンを生み出した一九世紀パリ民衆の独自性を明らかにすることが、少なくとも彼の問題意識としてあった。この独自性は、ミシュレやユゴーによって創造された伝説的パリ民衆像によって説明されてきたが、このような神話の果たす役割は大きいとしても、パリ民衆に神話性を超えて具体性を与えることが必要であり、それが可能なのが歴史人口学なのだと主張している[22]。それゆえ、シュヴァリエが当時の社会的エリートの著作から多くを引用しているとしても、彼らの思想の流れを受け継いでいるとはいえないだろう。彼が民衆の暴力や犯罪を取り上げているのも、民衆をそのような状況に追い込んだ条件を統計によって客観的に明らかにしようとしたのだといえる。そのため外からの視点になっているが、これはこの著作が書かれた時代の科学的志向を示しているのであって、社会的エリートの視点と同じであることを意味するのではない。

ラトクリフの研究は、一九世紀前半のパリ民衆の世界について多くの知見をもたらしただけでなく、とくに『労働階級と危険な階級』で提示されたパリ民衆の世界のイメージを大きく修正した。シュヴァリエのパリ民衆は貧困の淵に沈んでいったが、ラトクリフのパリ民衆は貧困の淵を前にして、明るいとまではいかないが、ネットワークと連帯によって逞しく生きる姿をみせている。それらの事実を具体的に明らかにしていくこと自体は重要なことであるが、しかし、それは困難な状況におかれた人びとが生き残っていくために、ある意味では、いつの時代でもどこの地域でもしばしばみられたことである、といえなくもない。一九世紀のパリ民衆とは、ヨーロッパの諸革命の震源地であったパリの民衆でもあった事実を視野に入れる必要があろう。それは民衆と政治・社会運動を含む政治文化との関係を取り上げることであり、それは民衆の生活の一部をなしていた[23]。

右のこととも関連しているが、同書には権力の問題が欠如している。民衆も権力の網の目のなかで生きている以上、権力のつくりだしている統治構造を無視した民衆の日常生活史も文化史もありえないだろう[24]。

また、同書は民衆を評価するために民衆のある側面を無視している。民衆と暴力の問題がその一つである。民衆のあいだの暴力といわれるものは、ブルジョワの一方的な見方であって、それはしばしば一種の儀礼であるといわれるが、それだけに回収してしまうことはできない。例えば、暴力に対する崇拝やグレーヴ広場での公開処刑見物に対する熱狂なども、民衆の文化との関係で分析する必要がある[25]。

ラトクリフは、とくにカルチエでの民衆の日常生活を分析するために、家族会議記録、小教区の結婚記録簿、小教区の洗礼記録簿などの新しい史料を駆使しているが、これらの史料は、地域に定着した民衆に関するものであり、民衆諸階級のなかでも上層部分に関するものだといえる。そういう意味では、地域の日常生活の枠を形成していた民衆ともいえるが、これらの史料で、カルチエの新しい移住者や流動的な人びとを捉えることは難しいと思われる。定着している民衆と移住者の関係は同書では十分明らかになっていない。また、日常における民衆のネットワークと先に述べた政治・社会運動との関係なども明らかにする必要があろう。

おわりに

民衆史は民衆の視点から捉える必要があるのは当然であるが、しかし、民衆、それも無名の民衆の歴史を明らかにすることは可能であろうか。個々の民衆の生というのは、ある観点からすると平凡で画一的であるとしても、多様かつ深遠であって一般化できるようなものではない。われわれ、少なくとも筆者に可能だと思えることは、ある時代のある社会に生きる民衆のおかれた状況を、可能な限り客観的に明らかにし、そのうえである集団の傾向あるいは個人の考えや態度を理解することである。この場合、状況というのはネットワークやソシアビリテや民衆文化そして遍在する権力をも含むだろう。

一九世紀パリ民衆史研究は、シュヴァリエの歴史人口学によってその基礎を据えられたことから、数量化が一つの重要な要素になった。数量化によって、それまで未知の多くの事実が明白になったことは確かである。シュヴァリエを脱構築しようとしたラトクリフも、新しい視点と史料に基づく数量化によってこれを批判しようとした。しかし、その過程で数量化による研究そのものの限界にぶつかっている。

例えばラトクリフは次のように述べている。「しばしば、われわれはそれを認めざるをえないのだが、われわれが提起している結論に達したのは、明確な証言によってというよりも論理的な演繹によってであるという意味で、その証拠は、法律家の言葉でいう状況証拠にあたるものである」〔三六九頁〕。あるいはまた、次のように一般的方法の問題としても述べている。「統計は記述的であり、行為のモデルを引き出すことができるが、それを説明することはできない。そうするためには、われわれは演繹によらざるをえない。それが一九六〇年代の人口学者から学んだ教訓である。彼らは小教区簿冊を丹念に精査することによって、ヨーロッパ近代に特有な人口システムの驚くべき存在を明らかにすることができることを示したのであるが、しかしそれを説明することはできなかったのである」〔四七一頁〕。あるいは、シュヴァリエ自身が『労働階級と危険な階級』以後の著書でほとんど統計を使っていないだけでなく、次のように統計の限界を指摘していることを、ラトクリフが引用している。「統計はすべてを総計するが、しかし本質的な事実には達しない。本質的な事実は人と人との接触から生まれる」〔三四三頁〕。

ネットワークやソシアビリテや民衆文化あるいは権力は、数量化できる部分はあるとしても、その多くは数量化できない以上、別の方法が必要であろう。ただ、数量化できる要素は可能な限りそうすべきであるし、そうすることによって説明をするためのモデルをより明確化し、また隠された問題を発見することが可能となるだろう。

第一一章

お雇い外国人になったコミューン兵士

1　日本から届いた嘆願書

一八七一年のパリ・コミューンにおける国民衛兵の問題を明らかにするために、ヴァンセンヌの陸軍文書館 Service Historique de l'Armée de Terre とパリの国立中央文書館 Archives Nationales を中心にして史料の収集をおこなったが、その作業の過程できわめて興味深い一つの事実に遭遇した。それはクロード・フランソワ・ピサール Claude François Pissard というモンマルトルの無名の若い労働者に関するもので、彼は国民衛兵としてコミューンに参加し、コミューン最後の日にヴェルサイユ軍によって逮捕され、一〇年間の国外追放の刑に処せられているが、その彼が、のちに明治政府のお雇い外国人として工部省で働いていたのである。パリ・コミューンと明治維新は、同時代の出来事であり、両者のあいだに関係があっても不思議はなく、事実、プロイセン軍包囲下のパリに滞在して見聞したことを書き留めていた日本人がいたことは知られている(1)。しかし、コミューン参加者が明治政府で働いていたという事実の指摘はじめてのように思われる。本章では、以下このピサールという人物についての史料の紹介をおこないたい(2)。

まず、国立中央文書館に関しては、司法省関係文書のなかの恩赦に関するＢＢ24系列のなかに、ピサールが日本から司法大臣宛に出した嘆願書と、それをめぐっての外務省と司法省のやりとりに関する文書が各一通と、外務省のメモおよびピサールのごく簡単な経歴を書いた小さなメモが保管されているだけである。他方、陸軍文書館のパリ・コミューンに関する軍法会議関係文書のなかのピサールの個人文書には、(3)二回分の尋問調書、軍法会議の陸軍理事への検事の報告書、判決文、恩赦決定通知書が保存されている。また日本側の史料としては、「工部省沿革報告」(明治二一年八月)(4)を使用した。

一八八〇(明治一三)年春、突然はるか日本からピサールなる者の嘆願書がフランスの司法大臣宛に届いた。そこには次のように書かれていた。

司法大臣閣下

この嘆願書を閣下に提出することは私の名誉とするところであり、ご配慮いただけますよう希望する次第であります。

私は、一八七一年五月二八日(5)に第一九区において、武器を携行することなく逮捕され、一八七二年三月四日、(6)モン・ヴァレリアンに設置された第二四軍法会議に召喚されました。一〇年の国外追放の刑に処せられ、同年五月にパリをあとにしてロンドンへ行きました。逮捕された時点では、私は第一八区の第一二五大隊第一中隊の一衛兵でありました。私は、かつて刑の宣告を受けたことはないということを申し添えておかねばなりません。

私はイギリスを去って、日本に来ました。私は江戸に住んでいて、(7)四年前から工部省の営繕課で彫刻工職長(8)の資格で働き給与を受けています。

祖国と私を隔てている距離のゆえに、私はフランスで起こっていることに疎いのですが、部分的恩赦についての法律が採択され、私もその恩恵に浴する権利があることを知りました。しかし、不幸にして、その要求をなすべき期限がかなり前に切れていることを知りました。

それゆえ、わが祖国から四千里(リュウ)離れたところに住んでいるというだけで、私より好運な、あるいはより多くの情報をもっていたがゆえに期限内に必要な手続きをおこなうことができた同胞たちに与えられた特典を享受することができない状態にあります。

閣下の公平さを信じて、失礼をも顧みず、私の状況を披瀝し、一八七九年三月三日の部分的恩赦に関する法律の恩恵を受けた人びとのなかに私を付け加えることをお認めくださることを希望しております。

私が知ることができなかった法律上の障害によって、この法律の恩恵に浴することが許されない場合には、閣下、私の刑期の残りの減免をお認めくださるようお願いいたします。当地での私の品行は、私の上司たちによって発行され、その写しを閣下にお送りすることを名誉に思っております証明書(9)が明らかにしていますように、方正であるということを敢えて申し添えます。

閣下、私は非常に恭しくかつ従順な下僕であることを名誉に思っております。

フランソワ・ピサール

このピサールの嘆願書に対して、外務省の政治・商業訟訴局から司法省宛に一八八〇年三月二四日付で次のような問い合わせの文書が出されている。

拝　啓

コミューンの反乱に参加した廉で一〇年の国外追放の刑に処せられ、日本に亡命し、そこで四年前から政府に雇用されている通称フランソワ・ピサールなる者が、期限は過ぎているが、一八七九年三月三日の恩赦に関する法律の適用が受けられるように、横浜のフランス国領事の仲介を要請しました。同時に、彼は、ここに同封いたしました貴省宛の手紙を貴省の代表に提出しておりますが、そのなかで彼は、この法律の適用が受けられない場合でも、刑の減免を認めてもらえるよう懇願しております。

ピサールなる人物の嘆願書に対して、貴省がとるべきであると考えられた決定についてお知らせいただければ幸いです。この人物の行状は、わが領事の証言によれば、いかなる告訴の対象にもなっておりません。

敬具

これに対して司法省の刑事事件・恩赦局は、同年四月一日付で次のように回答している。

拝復

反乱参加のゆえに一八七二年三月六日、一〇年の国外追放の刑に処せられ、現在江戸に居住している通称クロード・フランソワ・ピサールなる者は、一八七九年三月三日の部分的恩赦に関する法律によって彼のおかれた状況に生じた変化について知らせるよう要求しております。

彼は一八七九年五月一七日の政令によって恩赦されており、したがって恩赦法の適用が受けられること、ただし、以前に重罪もしくは普通犯によって一年以上の禁固刑を受けていないという条件付で、ということを彼に通知していただければ幸いです。

以上がピサールの嘆願書とそれをめぐる外務省と司法省のあいだのやりとりである。これによってピサールが横浜の領事に仲介を依頼していたことがわかる。

ところでピサールは、日本側の史料においてはどのように現われているだろうか。本章では、フランス側の史料を中心にしたのと、日本側の史料探索についての筆者の経験不足のために、次の一点だけしか取り上げられなかった。ご教示を乞う。

「工部省沿革報告」の営繕課についての記述のなかに、「傭外國人各務擔當表」というのがあり、次のような箇所がみられる。(10)「國名　佛蘭西、人名　フランソハ・ピーサー(11)、職名　石煉化石職工、月給　一〇〇円、傭入年月　八年五月一八日、解傭年月　一三年七月二二日」となっている。この表によると、明治七年一月から同一八年一二月までに営繕課に在職していたことのある外国人は、イギリス人七名、フランス人四名、プロイセン人一名、イタリア人一名の計一三名である。これを月給別でみると、六五〇円一名、四〇〇円一名、三八〇円一名、三五〇円四名、二〇〇円一名、一五〇円一名、一〇〇円四名で、ピサールは最も低い層に属している。なお、「表中月給金額ハ壹弗ヲ壹圓トス」と註記されている。また、職名も嘆願書では彫刻工職長と書かれているが、ここでは職工となっている。もっとも嘆願書は、一八七九(明治一二)年末から八〇(明治一三)年初めのあいだに書かれたと推定でき、ピサールが在職した最後の頃であるので、職名に変化があったことは考えられる。前出の司法省から外務省への回答が一八八〇年四月一日付で、すでにこの年の七月二二日には退職しているところをみると、通知を受け取るや直ちに帰国の準備にはいったように思われるが、その後の足取りは不明である。

では、このピサールはどういう人物であったのであろうか。後出の尋問調書と判決文から、次のようなことが判明する。職業は彫刻職人(または木彫職人)で、一八四九年二月二日オート・サヴォワ Haute Savoie 県サランシュ Sallanches に生まれ、パリの第一八区のグート・ドール Goutte d'Or 街区のポワソニエール Poissonniers 通り一四番地に両親と同居していて、独身であった。コミューン当時は二二歳であり、工部省にいたのは二六歳から三一歳のあいだであった。判決文には、被告の人相書が付けられており、それによるとピサールは、身長一メートル六一センチ二ミリ、頭髪と眉毛は茶色、額の広さは中くらい、目の色は茶色、鼻は尖っており、口の大きさは中くらい、顎は尖っており、顔の形は卵形で、顔色は青白いと記されている。とくに目立ったところのない平凡な男のイメージと思われる。

2　コミューン兵士ピサール

次に、ピサールがパリ・コミューンにどのように関わっていたのかをみてみよう。この点に関しては、二回分の尋問調書が本人の声を直接伝えていて興味深い。しかし、その前に彼が所属していた第一二五大隊のおおよその軌跡を知っておく必要があるだろう。(12) この大隊が組織された第一八区は、三月一八日の蜂起の発祥の地であり、国民衛兵の大隊の数が第一一区に次いで多い区である。第一二五大隊の衛兵の大半はグート・ドールとシャペル Chapelle 街区の住民から構成されていた。ピサールもグート・ドールの住民であった。この大隊は、プロイセン軍による包囲下のパリにおいて、同じ区の第六四、一一九、一四二各大隊とともに国民衛兵軍第五二連隊を形成し、一八七一年のビュザンヴァル Buzenval の出撃に参加している。包囲下の大隊長は、アンドレ・ラランドル André Lalandre で、のちにコミューン下に昇進してドンブロウスキー Dombrowski の参謀部のメンバーになっている。

第一二五大隊は、三月一八日には、最初にモンマルトルの丘に駆けつけた大隊の一つであった。この日、大隊長ラランドルは辞任し、アントワヌ・アレクサンドル・シェロー Antoine Alexandre Chéraux が指揮をとる。彼は衛兵をモンマルトルに連れて行き、トマ Thomas とルコント Lecomte 両将軍の見張りを命じている。三月二八日にはウジェーヌ・デュシャトー Eugène Duchateau が大隊長に選出され、大隊を率いて四月三日、パリ南西郊外のシャティヨン Chatillon 平原の角面堡を奪取し、占領、三日間とどまる。デュシャトーは、四月一二日には大隊長を辞任したが、一衛兵として大隊とともに四月一四日から一七日までパリ北西郊外のアニエール Asnières でベコン Bécon 城を防衛した。このとき、再びシェローが大隊の指揮をとったと推定される。しかし、彼はアニエールで飲酒のゆえに罷免され、四月二七日に再びデュシャトーが大隊長に選出されている。

第一二五大隊は、四月三〇日から五月八日までパリ南西郊外のイシー Issy に滞在した。その間デュシャトーは二回負傷し、彼に代わってアントワヌ・アレクサンドル Antoine Alexandre が指揮をとった。五月八日から五月一二日までは、ヴァンヴ Vanves 高等中学校(文献により、イシー高等中学校となっている)に滞在した。五月二〇日には、大隊はパリ南郊外のカシャン Cachan, アルクィユ Arcueil, ジャンティイ Gentilly へ行き、五月二三日までジャンティイにとどまった。大隊の一部は、ヴロブレウスキー Wroblewski の命令で第一三区のジャンヌ・ダルク広場まで退却し、そこで全員逮捕された。また大隊の一部はパリを縦断して二三日ノール駅に達し、アレクサンドルは体勢を立て直そうとするが、すでにヴェルサイユ軍は間近に迫り、かつ指揮系統は崩壊し、情報もない状態であったので、アレクサンドルは士官を集め、大隊を解散し、最後の戦いに参加するかどうかは士官たちの選択に任せた。

一般に、国民衛兵の基本的行動単位は中隊であり、そのため個人の行動の軌跡は大隊のそれと一致するとは限らず、したがって、先述の第一二五大隊の軌跡は大まかなものである。またあまり軍隊的規律はないので、同じ大隊であっても個人によって行動がかなり異なることにも留意しておかねばならない。

ピサールに対する二回の尋問のうち一つは、ヴェルサイユに設置された第一師団第七常任軍法会議の検事代理によって、一八七一年一〇月一七日におこなわれた。尋問は型通り、氏名、年齢、出生地、職業、住所を確認したのち、次のようにおこなわれた。

質問　あなたは三月一八日以後、国民衛兵のどの大隊に所属していたのですか。

返答　第一二五大隊第一中隊です。

質問　あなたはどの出撃に参加したのですか。

返答　私は四月三日シャティヨンの出撃に参加し、その平原に二日いました。それからイシーの出撃に参加し、そこに五日間とどまりました。大隊は、それからロボー Lobeau 兵営に戻り、次いでジャンティイへ行きました。私は家に戻るために、五月八日頃この大隊を離れました。

質問　五月八日から逮捕された日までのあいだ何をしていたのですか。

返答　五月二一日まで自宅にいました。二二日、私は自宅を出て(欠損)大通りで私の大隊に出会いました。私は彼らとともに行軍することを余儀なくされました。私はなんとか逃げだしたのですが、フォブール・サン・ドニ

Faubourg Saint-Denis に着いたとき、第一一七大隊[13]によって、サン・ドニ門近くのバリケードに配属されてしまいました。そこに一日とどまりましたが、再び第一一七大隊を離れてタンプル Temple へ行き、そこから第一一区の区役所へ、それからロケット Roquette 通りを通ってペール・ラシェーズ Pere Lachaise へ、次いでパリ通りにある第二〇区の区役所〔ベルヴィル〕へ行きました。

質問　いつ、どのように逮捕されたのですか。

返答　二八日朝九時頃、レブヴァル Rébeval 通りとピュエブラ Puébla 通り〔第一九区〕の近くで、というよりむしろオベルカンプ Oberkampf 通りで戦列部隊によって逮捕されました。

質問　ということは、シャペルのバリケードを防衛し、モンマルトルの大砲を守備したあなたの大隊の軍事行動に従わなかったというわけですね。

返答　私は全力をあげて逃げようとしました。私は強制されてベルヴィルまで行ったのです。

質問　刑の判決を受けたことはありますか。

返答　まったくありません。

質問　あなたは反乱に参加した廉で告発されています。自分の無実を証明するために何か付け加えることはありますか。

返答　私は五人の子どもをかかえる家族の支え手です。私には仕事がなかったので、国民衛兵に入隊するよりほかになかったのです。

この後、調書が読み上げられ、第一師団第七軍法会議検事代理と書記および被告の署名がなされている。そしてそのあとに、検事代理の署名入りで、次のような提言が付記されている。

通称ピサールなる者は、連盟兵側の第一二五大隊の戦闘中隊に所属し、出撃〔シャティヨン、イシー〕に参加し、反乱に最後まで加わった。

性格は穏和で、反乱に引き入れられたに違いない。警察の報告書番号二九を添付する。(14)

もう一つの尋問調書は、モン・ヴァレリアンに設置された第一師団第二四常任軍法会議の検事によって、一八七二年二月二八日におこなわれた尋問の記録で、型通りの本人確認ののち、次のように記されている。なお、ピサールが第七軍法会議から第二四軍法会議に移された理由は不明である。

質問　前回の尋問によって、あなたが連盟兵側の第一二五大隊第一戦闘中隊に所属していたことが明らかとなった。あなたはどんな服装と武器を持っていたのですか。

返答　私は国民衛兵の制服と一八六七年型元込め小銃を持っていました。

質問　あなたは、まずシャティヨン平原の事件に参加し、次いでそこからイシーへ行きました。この二つの場所であなたは何をしたのですか。

返答　私の大隊は、確かに、シャティヨン平原に二日間滞在しました。私はそこにいましたが、戦闘には参加しませんでした。というのはわれわれは用いられなかったからであり、また平原が奪取される前にパリに戻ったからです。パリに戻ったのちに、われわれはイシーに送られましたが、このときも私は戦いませんでした。というのは、われわれは水道橋の近くの水辺の位置を確保していたからです。ここにわれわれは六日間ほどいました。

質問　それからどうしたのですか。

返答　私の大隊は、まず家に返され、それから軍隊がパリに侵入する三、四日ほど前に兵営に入るために召集されました。しかし、私は家にとどまりました。

質問　あなたはどこで、またどんな服装で逮捕されたのですか。

返答　五月二八日日曜日午前八時から九時のあいだに、メニルモンタン Ménilmontant 大通り近くのオベルカンプ通りの入口です。

質問　そのときどんな服装をしていたのですか。

返答　平服を着ていました。

質問　なぜこの日にあなたがこの街区にいたのか、またなぜこのような服装をしていたのかを説明してください。

返答　軍隊がパリに進入したことを知ったとき、私は家を出ました。というのは、強制的に私を戦わせるために、人が私を捜しにくるのを怖れたのと、フォブール・サン・ドニ六四番地に住んでいる私の友人の一人の家へ行こうと思ったからです。私はまずロシュシュアール Rochechouart 大通りで私の大隊の駐屯部隊の衛兵たちに遭遇し、彼らに逮捕されました。しかし、彼らから逃れることができて、友人の家へ行ったとき、友人は彼の家にはおりませんでした。そのとき、私は第一一七大隊の衛兵たちに逮捕されました。私は、このフォブール・サン・ドニのバリケードでこの大隊によって監視下におかれました。しかし、私はまた彼らから逃れて、フォブール・デュ・タンプルへ行ってそこに二日間とどまりました。このフォブールから出て、リシャール・ルヌワール Richard Lenoir 大通りへ私の雇主の一人を探しに行きましたが、彼はいませんでした。そこで再び、第一一区の区役所の方へ上がって行き、そこからベルヴィルへ登って行ったのです。

質問　家を出るとき、あなたはどんな服装をしていたのですか。銃は持っていたのですか。

返答　私は国民衛兵の制服を着て、銃を持っていました。

質問　それなら、どういう風にして平服に着替えたのですか。銃はどうしたのですか。

返答　フォブール・デュ・タンプルで親切な女の小間物屋を見つけ、彼女が私に民間用の服を貸してくれたのです。このとき、銃を捨てました。

質問　コミューンの最後の防衛者たちの避難所となった街区で、あなたは自己の大義のためにバリケードか建物の構築あるいは防衛に貢献したに違いない。

返答　私はバリケードの構築に携わらなかったし、銃もまったく撃っていません。

質問　それではなぜあなたは家にとどまっていなかったのですか。

返答　私の大隊の多くの衛兵が、私が彼らとともに兵営に行かなかったために私に恨みをもっていたことを知っていましたので、彼らが私を捜しにくることを怖れていたのです。

質問　あなたの返答は、まったく不真面目であるように思われる。なぜなら、まず、人があなたを捜しにくる可能性はなかったであろうからであり、さらに、あなたは友人の家に避難するために家を出たといっているが、あなたは武器と荷物を持っていた。

返答　私は国民衛兵の制服を着、銃を持って自宅を出ました。というのは、もし私がそれらを持っていなかったら、街のなかを通過できないと思ったからです。私はまた銃を家に残しておこうとは思いませんでしたが、それはもし家宅捜索があった場合、私の父に迷惑がかからないようにするためでした。

質問　それでは、あなたがフォブール・サン・ドニの友人の家に避難所を得られないことがわかったとき、なぜあなたは自宅に戻ろうとしなかったのですか。

返答　ロシュシュアール大通りにいた私の大隊に再び捕えられるのが怖かったからです。

質問　兵役に就いたことはありますか。

返答　私はくじを引きましたが、家族の支え手として兵役を免除されました。当時これは、区ごとに家族にとって最も不可欠の者四名に与えられた特典でした。これを決定したのは皇帝だと思います。

質問　あなたは、過去に司法上のあるいは警察の有罪判決を受けたことはありませんか。

返答　まったくありません。

質問　あなたは何らかの国際的組織(15)あるいはその他の組織に所属していなかったですか。クラブまたは公開集会に頻繁に出席しなかったですか。

返答　私はこの種のいかなる組織にも所属したことはないし、クラブや公開集会に出席したこともありません。

質問　集められた情報から、あなたにはパリの反乱に積極的に参加した嫌疑がかかっている。あなたの無実を証明するために何か付け加えることがありますか。

返答　私は仕事がなく、したがって生存手段がなかったので、コミューンの軍隊にはいることを余儀なくされました。

翌二月二九日、この検事は第一師団第二四軍法会議の陸軍理事宛に次のような報告書を提出している。

クロード・フランソワ・ピサール、年齢二三歳、木彫職人、は第一二五大隊第一中隊の衛兵であり、反乱の全期間この団体に所属していた。なぜなら、彼は、五月二八日日曜日になってやっとメニルモンタン大通りに面したオベルカンプ通りで逮捕されたからである。

ピサール自身、四月初めにシャティヨン平原で、二週間後にはイシー村で、彼の大隊と行動をともにしたことを認め、また反乱の最後の週のあいだ中武装していたことを認めている。しかもそれは合法的政府の軍に対しておこなった抵抗によって最も有名な街区、すなわち、フォブール・デュ・タンプル、ベルヴィルそしてメニルモンタンにおいてであった。これらのさまざまな状況にあって、彼はどんな役割を果たしたであろうか。彼は、きわめて消極的な役割だと主張している。

彼は二日間シャティヨン平原にとどまったことを認めているとしても、この場所で展開された戦闘にはまったく参加しなかったと主張している。彼は、イシーで六日間任務に就いたことを認めているとしても、彼はそこで完全に戦闘から離れた位置を占めていたので、戦闘に参加することはできなかったと述べている。最後に、彼が五月二一日から二八日のあいだパリの街頭にいたとしても、それは人が彼を捜しに彼の家に来ることを怖れていたからである。

これらの主張は、信じるにかたく、否定するにきわめて容易である。まず、戦闘に参加しないでシャティヨン平原に四八時間とどまっていることは不可能である。とりわけ、被告のような一八六七年型元込め銃を持っていた衛兵は、ピストン銃しか持っていない人びとよりもむしろ用いられたのであるからなおさらである。

イシーで六日間後衛にとどまることも同様に信じがたい。というのは、各大隊は交替で前哨を務めていたことが判明しているからである。

最後に、ピサールが五月二二日月曜日に国民衛兵の制服を付け、武器と弾薬を携行して自宅を出たのは、あまり確かでもない家宅捜索をまぬかれようと考え、また、友人の家に避難しに行こうとしたためだけであるというような主張をどうして受け入れられようか。

そのうえ、彼は時間の使い方について詳述しているが、きわめて奇妙である。

彼が言うには、家を出て、避けたいと思っていた彼の大隊にばったり出会って、そこから逃れ、フォブール・サン・ドニの友人を探しに走り、彼に会えず、かわりに連盟兵側の第一一七大隊に遭遇し、今度はこの大隊によって逮捕された。彼は再び逃げることに成功し、リシャール・ルヌワール大通りに住む元の雇主の一人の家へ向かったが、この人物もまた不在であった。そこで彼は武器を捨て、軍服をある親切な女小間物屋が貸し与えた平服に着替え、街区から街区へとさまよい歩き、ついに服装を替えたにもかかわらず、軍隊によって逮捕された。

被告のこの主張にはいかなる信用もおけないことは明白である。というのは、まず、彼は心静かに自宅にとどまることができたからであり、また、彼が本当に友人の家へ避難を求めに行こうと思っていたのなら、武装して家を出なかったであろうからである。そして、彼は自分の努力の不成功を認めたとき、シャペルに住んでいたのだから、(16)

自宅に簡単に戻ることができたであろうからである。最後に、彼は武器を使用したことを自白しなかったが、いつもそうだったわけではない。なぜなら、彼の文書のなかの書類の一つに、それは被告の最初の尋問の要約そのものであるが、次のように述べられているからである。「五月二八日オベルカンプ通りで武器を持たずに逮捕されたが、彼の大隊とともに二回発砲していた(17)」。これは、まだ真実へのごく小さな一歩でしかない。

要するに、われわれの意見は、ピサールは意志をもってかつきわめて積極的にコミューン軍で働いたということであり、彼が少なくともシャティヨン平原とパリ通りで戦ったと確信している。

したがって、われわれの考えでは、通称クロード・フランソワ・ピサールなる者を、反乱のなかで、軍服を着用し、明白な武器を携行かつ使用して、一八三四年五月二四日の法律第五二条に規定され罰せられている罪、および軍事裁判法第二六七条の条文に適用された罪を犯した、と判決を下す理由が存在する。

一八七二年二月二九日

検事署名

これを受けて一八七二年三月六日、第二四軍法会議はピサールに対して以下の判決を下した。

判　決

フランス人民の名において、モン・ヴァレリアンに設置された第一師団第二四常任軍法会議は以下の判決を下す。

今日、一八七二年三月六日、モン・ヴァレリアンに設置された第一師団第二四常任軍法会議は、陸軍理事の論告と求刑を聞き、彫刻職人通称クロード・フランソワ・ピサールなる者を全員一致で、反乱運動のなかで、軍服を着用して明白な武器を携行していた廉で有罪を宣告した。

（過半数は、情状酌量の余地を認めた）

したがって、上記会議は全員一致で、上述の通称ピサールなる者を、一八三四年五月二四日の法律の第五条第一項、普通刑法第四六三条第四項と第三二条、そして軍事裁判法第二六七条の適用によって、一〇年の国外追放刑を宣告する。

軍事裁判法第一三九条によって、当該会議は、上記ピサールをして、裁判費用を国庫に、現在所有するあるいは将来の財産によって、返済せしむることを宣告する。

判決文には、このあと、前述の「人相書」が付記されている。

また、「恩赦決定通知」という書類には、ピサールの恩赦の日付は一八七九年五月一七日となっており、決定内容は、「国外追放の刑期の残余の免除」となっている。

以上の尋問調書と報告書から、どの程度の真実を引き出せるだろうか。とくに軍事裁判というような状況のなかでは、一般に被告は、確信犯は別として、進んで真実を語らないものであるので確実なことはいえないとしても、ピサールがシャティヨンとイシーへの出撃に加わったことは、彼自身認めているように、確かであり、戦闘そのものには参加しなかったという彼の主張は、第一二五大隊の軌跡を考えれば、検事の報告が指摘しているように、信用できないといえよう。また、ピサールのいうように五月八日に自分の大隊を離れたのだとすると、それが意味していることは、コミューン樹立に続く高揚感のなかでおこなわれたヴェルサイユ軍との最初の戦闘において、コミューンの将来にあまり可能性がないことを身をもって知ったということであるように思われる。事実、この時点で国民衛兵を離脱する例がしばしばみられる。ピサールはそのような一人であったのであろう。

彼について、前出の一八七一年一〇月の尋問調書で担当検事代理が、「性格は穏和で、反乱に引き入れられたに違いない」と評価しているように、ある確固とした信念のもとに参加したのではなく、一つは仕事がなかったためであり、もう一つは、コミューン樹立後の高揚感によってそうしたように思われる。五月二一日にヴェルサイユ軍がパリに侵入してからのピサールの行動は尋問調書からだけでは確かなことはいえないが、彼の主張するように、自宅に戻った衛兵を強制的に進軍させるという例はしばしばみられるので、それを逃れようとしたことはありうる。ただ彼が逮捕されるまでにたどったと述べている場所は、まさにヴェルサイユ軍とコミューン軍との最後の戦闘がおこなわれたところであり、彼の主張をそのまま受け入れることはできないだろう。

3 第一二五大隊の仲間たち

最後に、ピサールが、短期間とはいえ、コミューンのなかでともに過ごした人びとのプロフィルを垣間見てみよう。第一二五大隊に所属する衛兵で何らかの情報を集められたのは、四七名であるが[18]、そのなかで年齢が判明しているのは三一名で、一八七一年三月時点では、一〇代二名、二〇代一〇名、三〇代一六名、四〇代二名、五〇代一名であり、三〇代が最も多く(五二%)、主力は二〇歳から四〇歳(八四%)である。もっとも年齢不詳のため、この数字にはいってないが、右の五〇代の一人(五二歳)の父親がバリケードで戦死しており、この人物は少なくとも七〇歳を超えているだろう。彼は高齢にもかかわらず、国民衛兵中央委員会への中隊代表を務めている。

ところで国民衛兵というのは、地域住民が武装したものであるから、隊内には、親子、兄弟、夫婦、内縁関係の男女(女性は酒保係である場合が多い)が一緒にいる場合がしばしばみられる。この大隊のわずか四七名のなかだけでも少なくとも親子が三組計六名いる。独身者は一四名、既婚者は一八名である。出身地が判明しているのは三二名で、そのうちパリ生まれは七名(二二%)、地方出身は二二名(六九%)で、外国人は三名。この外国人はベルギー人二名、バイエルン人一名である。住所が記載されているのは一三名で、そのうち九名は第一八区、他の四名はパリ市内の他の区である。これから地方出身で第一八区の住人が多いといえよう。ピサールはまさにその一人であった。

三五名の職業が判明しているが、そのうちの一人はコミューンが任命した軍医で運動には参加していないのでこれを除くと三四名で、そのうち二四名（七一％）は労働者である。その職種はさまざまであるが、製靴業に属する労働者が最も多く五名、ほかに鋳物師と石工が各二名を数えるだけで残りはすべて異なる職種である。職種から判断するかぎりでは、ノール鉄道の機械工を除いて工場労働者はあまりいない。この大隊は、その多くが労働者、しかも伝統的な労働者で構成されていたといえよう。その他の職業のなかで目立っているのは、事務員で五名を数える。事務員はコミューン全体のなかでも重要な位置を占めており、とくに士官と下士官のような国民衛兵の幹部を供給している。第一二五大隊でも、この五名のうち三名の階級がわかっているが、二名が中尉で一名が軍曹である。ほかに、建築家、仲買人、職業軍人、保険代理業者が各一名、そして浮浪者も一名いる。(19)

次に、国民衛兵のなかでの階級をみると、士官二四名、下士官八名、衛兵六名であるが、これは階級の高い者が訴追される可能性が高いので、したがって史料も残るわけで、当然ともいえよう。衛兵にしかすぎなかったピサールが逮捕されているのは、どう解釈すればよいのだろうか。尋問での供述、とくに五月八日以降に関するそれは、検事の報告書がいうように信用できないのであろうか。しかし、他方、戦闘で活躍したり、明確な政治的・社会的信念をもっていたりした場合には、下士官や士官に選出される確率が高いので、衛兵のままであったということは、やはりそれほど積極的なコミュナールではなかったようにも思われる。また一般に、兵役の経験者が士官や下士官に選ばれることが多い。兵役の経験者は一二名で、そのうちの一〇名は第一二五大隊での階級がわかっている。士官九名、衛兵一名である。また、四七名中前科が記されているのは六名で、そのうち五名は盗みで、一名は軍隊における脱走である。以上が、ピサールがともに過ごした第一二五大隊の一部の人びとのプロフィルである。

コミューン参加者でのちに明治政府のお雇い外国人になるという、興味深い人物について紹介してきたが、十分な資料がないため、この事実の確定にとどまり、彼のコミューン観や激変期にあった当時の日本社会についての彼の考えを知るまでにはいたらなかった。

第V部　フランス政治社会史

第一二章

農村社会・名望家・国家

はじめに

最近イギリスのフランス史家ロジャ・プライスが、フランス第二帝政史に関する著作を矢継ぎ早に公刊した。『ナポレオン三世と第二帝政』『フランス第二帝政――政治権力の解剖』『一八四八～一八七〇年のフランスにおける人と政治』がそれである。(1) このうち最初の著作は、七〇ページ足らずの小冊子で、内容も『フランス第二帝政』からナポレオン三世に関する部分を取り出したものであるが、あとの二著はそれぞれ五〇〇ページ前後の大著であり、プライスによるこれまでの第二帝政史研究の集大成となっている。

第二帝政の政治史は、ある意味ではすでに手垢の付いた歴史であり、それ自体それほど興味深いものとはいえなくなっている。しかし、解決すべき問題がなくなってしまったというわけではない。ナポレオン三世の政治的役割ひとつとっても、ある者は政治決定における彼のイニシアチヴを強調し、またある者は状況が決定的であったと主張しており、はっきりした結論が出ているわけではない。ただ、純粋な政治史研究の方法では、これ以上の進展がないことははっきりしている。

他方、アナール派の歴史学は、これまで多くの新しい事実を発見し歴史を書き換えてきたが、政治史への挑戦という、アナール派の成立過程からいっても、これらの発見が政治史研究と必ずしも結びついてこなかった。

プライスは、この二つの分野に橋を渡して第二帝政の全体像を提示しようとしたといえよう。最新の著書で、プライスは次のように自己の意図を述べている。「この著書は、政治史と社会史のあいだの裂け目に橋を架けるために、政治文化の分析を利用することに関心を寄せている、一人の社会史家による「新しい」政治史への貢献[2]」をめざしたものである、と。

プライスは、第二帝政に関して多くの知見を加えただけでなく、歴史の方法においても注目すべき主張をおこなっている。ここでは、とくに方法の問題に注目していきたい。プライスは、フランスでの社会史研究やさまざまな歴史論争を主体的に受け止めながら、自らの問題意識を少しずつ明確にしていったといえるが、本章では、彼の主要著作を執筆年順に検討し、一人の歴史家の研究の軌跡を通して、歴史の方法について考察してみたい。

ところで、プライスが取り上げている対象は多岐にわたるが、彼の仕事のなかで最も精彩を放っているのは、農民の研究であろう。一九世紀の農民とその社会は、伝統的社会から近代社会への移行という彼の問題関心の核心にある。それゆえ、方法の問題と農民の問題を中心に紹介していきたい。

1　経済史・社会史・人類学そして政治史

本章作成のために、プライスの九冊の著書と三本の論文を参照したが[3]、プライスの主要著作を年代順にみると、一九七〇年代前半、八〇年代前半そして二〇〇〇年代前半に集中していることがわかる。一九七〇年代前半は、おもに第二共和政と経済史に関する著書・論文を発表し、八〇年代前半にはおそらく彼の最も優れた仕事の一つであろう農村史に関する著作を出している。その後、これらの研究をふまえて、一九九〇年代後半から、とくに二〇〇〇年代前半に第二帝政史を対象とした大著を発表している。

プライスの研究の出発点は、先述のように第二共和政史と経済史にあるが、これは一九六〇年代から七〇年代にかけて歴史研究の中心であった経済史を基礎にして、政治史を捉えようとしたことを示している。(4) つまり、一八四八年を、一九世紀中葉の経済危機と結びつけて明らかにしようとした。もちろん、すべてを経済に還元するというような経済一元論ではなく、当時のフランスの社会史研究、とくにモーリス・アギュロン Maurice Agulhon とアンドレ＝ジャン・テュデスク André-Jean Tudesq の研究をふまえている。(5)

プライスにあっては、伝統的社会から近代社会への移行という大きな枠組みを設定し、そこにおいて伝統的経済から近代的経済への転換が重要な位置を占めるという意味での経済重視であるといえる。プライスは、経済的アンシャン・レジームの終わりを、一八五〇年から八〇年におく。一八四〇年代から変化が開始され、四七年から五一年には全面的な危機に陥る。そしてこの危機のあとの一八五二年から五七年が、根本的な構造的転換をもたらした時期だとする。そして、この転換において、この時期の鉄道網の発達が決定的な意味をもった。経済発展は、商品の交換を担う運輸手段に依存しており、また、ある時点における運輸技術が、取引量の限界を規定し、取引の性格を決定すると主張する。(6) この構造転換をへて、一八八〇年代以降にフランスで全国市場が成立した。

同時期に発表された経済史に関する論文「一九世紀フランス農業における労働力不足の開始」は、一八五〇年代に始まる労働力不足が農業にもたらした結果について検討したもので、この時期を農業だけでなくフランスの経済と社会の転換点として捉えている。

一九世紀前半の農業は、貧弱な交通網、局地化された市場構造、人口の滞留とその結果としての資源への人口圧力によって特徴づけられるが、一九世紀後半にはいると、農村は労働力不足に悩まされることになる。「男子農業労働者数は、一〇年のあいだ〔一八五二～六二年〕に一一七万二〇〇〇人ほど減少した。これは農村史における大転換点であった。この一〇年以前においては、フランスのほとんどの地域は人口過剰による危機の脅威のもとにあった」(7)。この農業労働力の減少は都市への移住に起因しているが、ただ地域によって大きな差異があった。というのは、農村人口そのものは逆に一八五六年に最大に達しているからである。フランス南部では、大地主は賃金が高くなりあまり利益を生まなくなった土地を細分化して売却し、農業労働者たちがこれを購入した。一八五〇年代からの賃金の上昇がこれを可能にしたのである。こうしてかえって小土地所有農民が増加し、農業労働者の減少をもたらしたのである。

他方、農業労働者が都市へ移住していったのは、むしろ繁栄していて賃金も高い地域においてであった。パリ地域や北東部の農業は、労働力不足と高賃金に対応するために、一八六二年頃から急速に機械化されていった。プライスは、都市への移住を引き起こす要因として、単に経済的な要因だけでなく、生活スタイルなどの文化的な都市の吸引力についても述べている。また、交通、とくに鉄道の発達が大きな要因となっている。それは人と物の移動をもたらしただけでなく、市場構造そのものを変化させた。また、農村工業の衰退も、労働力不足とその高騰および鉄道がもたらす大工場の製品との競争に原因があった。

一九七〇年代前半のプライスのもう一つの仕事は、第二共和政の政治史に関する研究である。彼の最初の著作自体第二共和政に関するものであったが、さらにこの主題に関する論文集と史料集を出している。ここではとくに論文集をみていくが、これはプライスの手になる序論と他の著者による一一本の論文から構成されている。この序論は、一八四八年革命の原因を七月王政の社会的・政治的構造のなかに求め、共和国が保守化し、ついには第二帝政にいたる過程を明らかにすることにあるが、ここでは第二共和政史についてではなく、方法のうえで興味深い点を取り上げて紹介することにする。

プライスは、一八四九年の立法議会選挙の結果を分析して次のように結論している。「政治行動を社会経済構造と関連づけるのは難しい。同じ構造がさまざまな政治的反応を引き起こす」[8]。ここに明言されているように、政治的行為を社会経済構造のみから説明することはできない。そこでプライスは、農村における政治化の分析には、社会人類学と歴史学のアプローチを結合する必要があるとしている。農民の政治行動を理解するために、まず共同体の内部構造が明らかにされる。人類学的なアプローチによって、村の内部の集団の共同性と差異性および対立が示される。名望家と農民のあいだには垂直的な庇護・従属関係が存在した。共同体と外部世界の関係は、名望家によって媒介されており、この役割がその権力の源になっていた。名望家は二つの文化世界——村の文化と外部世界のそれ——に根を下ろしていた。また、共同体内のイデオロギー対立は、しばしば名望家のあいだの党派主義的対立の隠れ蓑となっていた。このように農民のおかれていた文脈 context が明らかにされ、そのうえで農民の政治行動の意味を解き明かしていくという方法がとられている。

他方、保守的な名望家たちは、一八四八年革命を前にして自分たちが共通の利益をもつことを認識し、それまでのローカルな党派的対立に代わって、社会的連帯意識が芽生え階級意識をもつようになった。また、普通選挙の実施とともに、名望家のコントロールを超えた状況に対処するために、彼らは国家への依存を強め、あらゆる威圧的な武力の行使を国家に委ねることを支持するようになった。そして、ルイ・ナポレオンのクーデタも、結局は保守的名望家による「長期に及ぶ弾圧の究極の行為以外のものではない」[9]として位置づけている。以上のようにプライスは、一九世紀のフランス社会を、伝統的社会から近代社会への移行という大きな枠組みのなかに捉えて、一九世紀中葉の社会とそこにおける政治的行為の意味を、経済史・社会史・人類学の方法を結合して明らかにしようとした。

プライスは一九八〇年代前半に再び旺盛な研究の成果を公にするが、ここでは農民とその社会に関心が集中している。まず「弾圧の技術、一九世紀中葉のフランスにおける民衆抗議の統制」[10]と題される論文であるが、これは一八四〇年代と五〇年代に、凶作に続いて生じた広範な一連の騒擾に対する政府の対応を考察している。彼は治安対策のあり方は、農民の政治行動の具体的なあり方を規定しているとする。治安維持にあたるのは、警察、田園監視人、国民衛兵、憲兵、軍隊であるが、どれも人員が少なく、とくに農村においては少なかった。そのため重要な位置を占めているのが村長である。村長による治安維持の有効性は、彼が統治しようとしている共同体との関係の性格如何にかかっており、時により、彼は政府の代表としてよりも、自分が住んでいる共同体の成員として行動した。村長が無理に法を執行しようとすると、共同体のなかで孤立する恐れがあったからである。この村長の影響力を決定するものは、彼の地域の名望家としての地位であった。田園監視人は、村長によって任命され、彼の直接の指揮下にあった。憲兵は軍事省に所属し、治安維持に最も有効であった。他方、国民衛兵は治安にはあまり信頼できない武力で、ときに衛兵が蜂起参加者の側にまわる可能性があった。軍隊は、騒擾のリーダーを威圧することと、騒擾が生じたときに群衆を追い散らすことに使用され、部隊を展開することは最後の手段とされたが、ここでもやはり人員が不足していた。

次に「一九世紀中葉のフランスにおける貧民救済と社会危機[11]」と題された論文を取り上げよう。ここでは、フランスにおける経済的アンシャン・レジーム期の最後の危機（一八四六〜四七年と五三〜五六年）において、大衆の窮状を軽減するためにとられた手段が検討され、支援した人びとの動機と目的が考察されている。まず慈善についてみると、慈善を通しての互酬関係が存在していた。「「金持ち」は仕事と慈善を与えることが期待されており、そのかわりに威信を獲得するだけでなく、……従属者のネットワークをつくりあげる。ある程度まで、このような関係は共同体内の精神的連帯をもたらし、経済的不平等によって引き起こされた緊張を相殺する[12]」。また、窮状に対して慈善に頼るのではなく、家族・隣人の相互援助や相互扶助組合によって対応する場合もあった。

自治体によって組織されるか承認された貧困者救済事務所は、地元の名望家が資金を出し、統制していた。プライスは事務所の収入と支出や、救済された人数、給付の内容や金額を分析する。とくに一八四六年と四七年に絞ってさまざまな統計を取り上げている。都市住民における貧民の割合、パン券を給付された人数、給付を受けた人の職種等々、興味深い統計が示される。危機の時代における人びとがおかれていた状況が少しずつ明らかになっていく。救済は給付によるだけでなく、公共事業による失業救済もおこなわれた。また、多くの自治体は救済のための特別税を課した。低価格での食品の販売のために食料協会が組織されたり、穀物の供給を改善し食料価格を下げるために共済組合が組織された。自治体は市場に介入して食糧の供給を確保しようとした。パリでは一八五〇年代においても、パン価格の統制が重要であった。官民のさまざまな救済がおこなわれたが、窮状の深さと広がりに比べてまったく不十分であり、食糧暴動が頻発した。

2 フランス農村の近代化と鉄道

一九八〇年代前半のプライスの仕事で際立っているのは、『フランス農村の近代化――一九世紀フランスにおける交通網と農業市場構造』であろう。これは五〇〇ページを超える大著で、経済史・社会史・人類学・政治史の方法が結実したものである。同書は、鉄道建設が、フランスの農村経済の発展に対してもった重要性を明らかにしているが、その影響は経済にとどまらず、「伝統的なフランス農村文明の終焉を最終的にもたらしたのは、鉄道の発展と結びついた交通システムにおける変化と、市場構造に対するその影響の複合であった(13)」としている。

プライスは、「本書の主要な目的は、農業部門での意志決定を分析し、変化する市場機会と可能な改革に関する知識の伝播への対応のパターンを説明することである(14)」としている。このように、同書は基本的に経済史の研究であるが、それはあくまでフランスにおける伝統的社会から近代社会への移行を明らかにするためであり、経済史プロパーではないし、もちろん経済決定論ではない。

プライスは、経済的決定における文化の重要性を指摘して次のように述べている。「経済的決定は、基本的に、ある一定の文化の枠組みのなかで検証される場合にのみ認識できるような、一定の社会的規範、組織と行為の規則によって影響される」[15]。また、彼は自分のアプローチについて、社会人類学者ヨアン・M・ルイス Ioan M. Lewis のアプローチと多くの共通点をもっている社会史家のアプローチであると述べている。それは、ルイスの表現を借りて、「事物の相互連関にあくなき関心をもつ全体論的・包括的なアプローチ」であるとし、「経済的関係は、社会的関係の一つの全体的システムの部分をなしている」[16]とする。そして経済史はそれ自体が目的とみなされるのではなく、社会をよりよく理解する一つの手段とみなされている。このように、全体的システムと相互連関が、プライスのアプローチの根幹である。

全体は三部からなり、第一部では、鉄道システムの発達以前のフランスにおける交通の状態と農業市場構造が検討される。第二部では、低生産性農業と局地化された経済システムの残存の意味を、生活水準と社会的関係の観点から考察している。そして、第三部では、鉄道網の発展と交通全体の近代化が検討され、またこれが市場組織に及ぼす影響、都市市場への交通の便の改善によって農業に与えられた刺激、そしてこれらの市場を満たすために増大する競争について述べられている。

鉄道網の発展が、それまでのフランス農業の局地的市場構造を変え、近代化を推進したことが明らかにされているが、ここでも「鉄道決定論」にならないように、それを当時の社会の文脈のなかにおいて、その意味を考察している。また、一九世紀後半の鉄道網の発展にともなう社会の変化への対応(「適応の危機」)を通して、このような時代と社会に生きた人びとに肉薄している。プライスは、一九世紀後半の変化がもたらしたこととして次のように結論する。「その結果がどんなに限られたものであろうと、近代的交通網の発展が、多くの点でなお不完全ではあるにしても、伝統的な食糧危機に終止符を打った市場システムの創出を容易にしたのが、この時期であった。……それは農村におけるアンシャン・レジームの遅ればせの終焉を印した」[17]。

ただ一九世紀後半の変化は、フランス国内の農業の地域格差を拡大する結果ももたらしたとし、次のように結論する。

「フランス農業の技術的二元性は、地域でまた地域内でも、ますますはっきりしてきた。大規模な企業的農業家とそれと対をなす小農民が、対照的な原理を基礎にして活動し続けていた。後者にとって、自分の農場は金儲けの手段としてよりもむしろ生き方そのものであった。より一般的にいえば、競争の圧力が緩和された結果〔第三共和政の保護政策〕として、フランスの農業は資本集約的というよりも労働集約的なままであった。その構造的変化への能力と生産性における上昇率は必然的に抑えられたままであった(18)」。

3 政治権力の解剖

次にプライスの研究の集大成といえる第二帝政史に関する二冊の著作を取り上げたい。まず『フランス第二帝政──政治権力の解剖』であるが、第一部は、ルイ・ナポレオンの大統領選出とクーデタを可能にした状況の分析がおこなわれており、第二部では、国家の観点からみた国家と社会の関係が扱われ、第二帝政の諸制度およびナポレオン自身と支配階級の諸集団の役割、そして政府機関の実際の統治について分析される。第三部は、帝政に対するさまざまな反対派の発展と、それに対するナポレオンと政府の対応が分析される。第四部では、内政と外交のあいだの相互作用の分析と軍事的敗北の原因さらに体制の崩壊の分析がなされている。同書の主題である権力の解剖とその方法からいって第二部が最も興味深い。

プライスは、同書の目的について次のように述べている。「これは、歴史上の人物とその文脈、すなわち彼らがおかれていた政治諸制度と社会的ネットワークについての著作である。権力の行使と国家の諸制度、そしてこれらと発展しつつある社会との相互作用のメカニズムの研究である(19)」。あらゆる政治体制の第一の役割は秩序維持にあり、そして第二帝政は二月革命に続く社会的不安と恐怖のなかでそれを利用する形で成立した以上、とくにこの役割が重要であった。

第二帝政は独裁体制ではあるが、一枚岩からは程遠く、しばしば政府内の内部対立によって分裂した。また、帝政の特徴は変化への適応という点にあり、ナポレオンは変化する政治状況に対応して、自由化を通して体制の移行を試みた。それゆえ、第二帝政の政治史を考えるとき、政治的リーダーシップの問題が重要な問題になる。

プライスは、これまでの研究においてと同じように、社会構造と社会関係を重視して、次のように述べている。「社会構造と公式・非公式を問わない結びつきが、政治権力の行使のあり方を規定し、より広範な政治文化の創出に影響を与える」[20]。権力の中心に皇帝が据わり、彼の取り巻きとして個人的秘書や私的な顧問の存在が指摘され、権力の中枢部について次のように述べている。「宮廷の小さな世界を中心とする専制的なシステムにおいて、個人的な対立があまりにもしばしば政策に影響を与える可能性があった。しかしながら、最終的には、皇帝が責任をとった」[21]。

他方、「大臣たちはばらばらな集団であった。……大半は揺るぎない大ブルジョワ家族の出身で、以前はオルレアン主義と結びついた議会制度の支持者であり、社会的には保守的で反民主主義的であった」[22]。大臣の実際の影響力は、ナポレオンとの個人的関係に大きく依存していた。一八六〇年一一月からは立法院で政府の政策を擁護する無任所大臣が任命され、議会と大臣の関係に変化が生じるようになる。しかし、大臣たちは連帯責任の意識を発展させることはできなかった。

ここでナポレオンの国家と社会についての考えの一端を示す、興味深い発言を紹介しておこう。ナポレオンは、一八六二年のロンドン万国博覧会に出品したフランスの業者を前にして次のように演説したという。「諸君は、イギリスには各自の意見を述べたり、各自の利益をはかるための無制限の自由が存在することに驚かれたであろう。このようなことが可能なのは、イギリスの自由が、社会と国家がよって立つ基礎を尊重するからである。ひとたびわれわれが完全な自由の樹立のための不可欠な基礎を確立したならば、フランスも同じ自由を享受できるだろう」[23]。このナポレオンの発言はさまざまなことを語っていると思われる。一つは当時の覇権国家としてのイギリスの位置と自由で豊かな社会のイメージ、またナポレオンの現状認識、すなわち英・仏の格差、さらに親英家としてのナポレオンの近代性をも語っているように思われる。ただ問題は、このようなイメージのなかで当の皇帝は自分がどこに位置すると考えていたのだろうか、ということである。

官僚組織は、第二帝政下にかなり意識的に整備されたが、「行政機構の基本的構造をほとんど変更することはなかった。しかしその指導的人物たちは国家の権威を高める決意をしていた。このことは、中央と地方の両方における公務員の大幅な増員を必要とした。一二万二〇〇〇人から二六万五〇〇〇人へと増加したが、それはおもに警官、教師、そして郵便局員の増員によっていた」(24)。また、帝政の重要な存在理由である治安維持は、パリは警視庁、地方は警察庁そして知事という三つの下位部門をもつ内務省と憲兵の所属する軍事省が担当した。後者は必要とあれば部隊を出動させた。

地方行政に関しては、知事が小皇帝と呼ばれ、大きな権力をもっていた。しかしながら地域の名望家の協力なくしては統治できなかった。もっとも社会的には彼ら自身もこれらのエリートの一員ではあったが。このことを官選候補者の選択についてみると、知事は官選候補者の三分の二から四分の三を指名したが、その際、知事にとっては、社会的エリートのネットワークのメンバーで、すでに七月王政期に政治に参加し、かつての王朝反対派であった者(場合によっては正統王朝派であっても)を受け入れる以外の選択肢はほとんどなかった。このように絶大な権力をもつといわれた知事も、実際には地元の名望家との関係に基づいて統治せざるをえなかったのである。

最後に、市町村長について紹介しておきたい。帝政下に官僚制が発展したとはいえ、人員の点でなおまったく不十分であった状況において、市町村長は重要な位置を占めていた。彼らは行政の末端に位置しているが、国家と共同体の接点にあったという意味で、行政にとってきわめて重要な存在であった。三〇〇〇人以下の住民の自治体の長は、知事によって任命され、それ以上の場合は内務大臣によって任命された。市町村長は、実際には、地域の代議士と名望家の助言を求めたのち、尊敬され影響力のある地域の名望家のなかから選ばれた。「有能でとりわけ忠実な村長は、農村共同体のなかで、しばしば彼の秘書という戦略的な地位を占める村の学校教師によって補佐されながら、学校や教会や道路を改善するために、増大する国家の補助金を確保するという点で、共同体のために大いに貢献したのである」[25]。彼らは共同体の治安を維持し、選挙を組織する責任を負っていた。しかし、すでに「弾圧の技術」でみたように、彼らは共同体のなかでの自己の地位を傷つけないようにするために、場合によっては行政に抗して共同体側に立つことも辞さなかったのである。

ナポレオンは、公的秩序の回復と道徳秩序の推進とならんで、経済的繁栄が社会的調和を確保する手段を与えるだろうと考えていた。このように帝政は、経済的目的を優先事項に掲げた最初の体制であった。ナポレオンはフランス経済の近代化のために、鉄道建設や重工業の発展を重視した。また、一八六〇年からの一連の通商条約によって、経済の近代化に一層の刺激を与えようとした。帝政期が全体として好況期であったこともあるが、とくに農村では繁栄がかつてよりもより広く享受されていたことが、さまざまな地域研究によって明らかにされている。

プライスは、各権力集団の内部構造を明らかにするとともに、その凝集力と内部対立を分析し、また他の権力集団との相互関係を綿密に検討するという、重層的な捉え方によって、権力の解剖をおこない、第二帝政の政治史を書き換えたといえよう。ナポレオンの独裁権力も、時に対立することはあっても、既存の名望家の支配の上に成立していたのであった。帝政末期の自由帝政は、共和主義者ではなく、社会的に保守的な自由主義者への譲歩であった。それは、大ブルジョワジーへの譲歩であり、かつては帝政に対して非妥協的であった自由主義者によっても支持された。それは、ある意味で第二共和政の再現であった。

4 社会諸階層と政治

『一八四八〜一八七〇年のフランスにおける人と政治』は、内容の点でも方法の点でも、プライスのこれまでの研究の集大成といってよいだろう。同書の表題「人と政治」にも表明されているように、また、「本書は、政治史への制度的あるいは政党政治的アプローチをとるよりも、むしろ人びとが四半世紀の政治的変化をどのように経験したかを考察する」(26)と述べられているように、一九世紀中葉の大きな経済的・社会的・政治的変化を生きた人びとを通して、この時代の政治史を提示することがめざされている。

プライスは、この問題に取り組むための方法に関して、これまでの著書に比べてかなり突っ込んだ検討をおこなっている。政治行動を社会経済構造に還元することはできないが、古い政治史(制度、事件、偉大な人物)への回帰にも、最近の文化史の文化還元主義にも反対する。政治行動を理解するために、文化が重要であることを十分認めたうえで、文化そのものも変化する以上、そこにすべてを還元することはできないとする。既存の政治文化は「歴史と社会的神話の産物であるがゆえに伝統的ではあるが、それと同時に、変化する社会経済的・政治的構造とその受容に対応してたえず変容している」(27)ものとして捉えている。このような状況を重視するプライスの捉え方は、彼が研究の対象とした一九世紀半ばのフランス社会が、経済・社会・政治における大きな変化のなかにあったということと無関係ではないだろう。この時代は、社会経済構造や文化史のような静的な捉え方によってすべてを説明するには、あまりに動的であるからである。ある一つの要因に還元するのではなく、さまざまな要因の相互連関からなる状況を明らかにし、そのなかで政治行為を捉える。これは、ルイスに関して彼が述べているホーリズムとも関係していると思われる。

プライスは、少なくともこの時代のフランス社会では、階級というカテゴリーが最もリアリティをもっていたとして、その分析概念としての有効性を主張する。当時の人びとは、この言葉を使い、それによって社会を理解しようとしていたからである。そして、第二帝政の政治的経験を階級との関係において考察する。階級の定義としてプライスは、トムソン E. P. Thompson の定義を支持し、さらに次のように述べる。「階級の一員であることは、行動に影響を与える多くの要素の一つでしかない、しかも必ずしも最も意味のある要素でもない。階級を特権的な説明要素として使うよりも、むしろそれは過去の社会にはいっていくのに便利で意味のある手段になるだろう」[28]。つまり、あくまで「社会的変化の多元的因果関係モデル」[29]の一部としてこの概念を使うとしている。

他方、プライスは同書の他の部分で因果関係のさまざまな要因の重要度が時とともに変化するとも述べている。これは次のように考えられる。すなわち、複数の因果関係が存在すること、そしてある特定の因果関係が他のそれを規定するのではないが、どれも同じ比重をもつのではなく、状況のなかでその重要度が変化する。こうすることで決定論や還元論を避けることができるだろう。

同書が対象とするのは、国家と社会の相互作用を定義することに加えて、諸社会集団の内的力学と分裂を明らかにすることにある。独自の文化をもつほど自立的な社会集団は存在しないのであって、諸集団の関係と集団内の価値の共有と競合を考察する必要がある。また、過去の記憶も政治的行動と深く結びついており、とくに当時フランス革命は現在を理解するためのモデルとして考えられていた。

史料としては、知事や検事総長、将軍、警察、視学官、大学区長などの膨大な報告や公的・私的な社会調査を渉猟している。プライスはとくに司法関係文書が有益であると指摘している。彼は、行政や司法側の文書によって農民や労働者の内面まで明らかにすることに限界があることを認めたうえで、他の史料では知りえない多くの情報を引き出すことが可能であると述べている。

七月王政以来、社会的エリートとして貴族と新たに大ブルジョワジーが加わった。彼らは、財産の所有と社会的地位の維持という、強力な共通利害をもっていた。また、彼らは、貴族もそうでない者も、内部に対立を抱えながらも、強い一体感と同じく共通の価値観と生活スタイルをもっていた。地方のエリートである県会議員の社会的出自をみると、きわめて安定しており、ほとんど変化がみられない。そこでは圧倒的に地主が支配的であった。彼らのあいだの関係をみると、さまざまな形のネットワークが存在しており、それを通して、集積された社会的・象徴的資本を利用することができ、そのつながりが内的安定性を強化し、社会的エリートの統一を確かなものにしていた。貴族は職業の選択において、知事や外交官そして司法官を優先し、実業は若干名誉に欠けると考えていた。これに対して、大ブルジョワジーは実業家や専門職や官僚に就いていた。彼らは貴族に比較して出自をはじめとして多様な集団であった。社会関係においては、社会的エリートは家父長的な態度をとり、支配下にある村民が困窮した場合には、慈善を施すことを通して、自己の支配を正当化する。しかし、農民の離村が進むにつれその影響力は低下していくことになる。帝政期にほぼ重なる一八五一年から七一年のあいだに、二一二万三〇〇〇人が村を去っている。すでにみたように、帝政下においても、重要な政治権力は社会的エリートの手中にあった。帝政政府はたえず彼らと妥協を余儀なくされていると感じていた。また、彼らの帝政への支持は、心からの支持ではなく条件付きであった。

中産階級の階級意識は、無産者に対する優越感によって形成されていた。しばしば、両者の隔たりは物質的なものというより心理的なものであったが、そのゆえに中産階級にとって、身なりや外観が最重要なものとなっていた。社会的差異は維持されねばならなかった。他方、普通選挙の実施は、中産階級の人びとに影響力を行使する機会を与えることになり、政治権力と国家の支配を求めて社会的エリートと競った。しかし、中産階級は階級としては一枚岩ではないように、政治的にも中産階級の政治というものはありえなかった。彼らは個人的にさまざまな政治的選択に適応していった。しかし、共和主義運動においては、中産階級が中心になっていた。この運動は社会的・イデオロギー的にかなりの多様性によって特徴づけられる利益集団の同盟であった。それは、とくに都市的な性格をもち、労働者、手工業者、商店主から構成される部隊と専門職と実業家からなる指導部をもっていた。

この時代のフランス社会のなかで農民の占める位置は大きかった。一八五二年において農村人口は全人口の七四・五%を占めていた(農村には農民以外の人びともいたが)。普通選挙の結果、農民は政治的にも重要な存在となった。しかも、この時期の経済的・社会的な変化は、直接農民に関わる問題であった。このような農民の政治行動を理解するためには、農民の日常生活の詳細な分析が必要となる。まず彼らの労働と生活の場である共同体をみる必要があるが、共同体を閉じられた空間と捉えてはならない。農民は、商業的な機会や圧力と同じく自然環境や、人口学的変化にたえず適応する必要があった。

農村の社会的階層性の頂点には、裕福な土地所有者の小集団である名望家たちがみられる。彼らは、貴族である場合もそうでない場合もあったが、数百ヘクタールの土地をもち、城館に住み、広い交際のネットワークを享受していた。彼らのすぐ下に数十ヘクタールの土地をもつ小名望家が位置していた。彼らは、しばしば専門職や商人あるいは退役士官や役人であった。彼らは教育を受けており、身なりが良く、しばしば治安判事や県会議員を務める、紛れもない紳士方であった。近隣の市場には、公証人、法律家、医者、薬剤師、商人、商店主、手工業者がおり、すべての村に司祭と学校教師がいた。社会的階層性の底辺には、つねに貧困な状態にあった土地をもたない労働者がおり、これらの二つの集団のあいだには種々雑多な多くの土地所有農あるいは借地農が位置していた。

また、共同体と、国家や教会や市場によって代表されるより広い社会とのあいだの複雑な相互関係にも注意をはらう必要がある。そのために共同体内のオピニオン・リーダーだけでなく、農村世界と外部世界をつなぐ文化的また政治的な媒介者を確定しなければならない。さらにプライスは、農民の政治行動を理解するには、過去と現在のあいだの複雑な相互関係を理解することが最も重要であるとしている。

農民の政治行動を考察するとき、表面的な捉え方ではその意味を明らかにできない。例えば、農民の名望家に対する態度について、プライスは次のように述べている。「農民が「お偉方」によって扱われる、慇懃だが人を見下したような馴れ馴れしさのなかにある明白な軽蔑は、彼が、地主や役人や教育のあるまた身なりの良い人びとに対したときに感じる劣等感を内面化するのを助長した。おそらく卑屈さと愚かしささえもが、農民の怒りと怨みを隠す一つのポーズ(「公の日課」)であったにもかかわらず、服従しているようにみえる必要が結局彼らの行為を形づくっていたのである[30]」。また、官選候補者への投票の意味は、皇帝への感謝の表明であると同じく、持続する繁栄のための諸条件を確保しようとする合理的手段であったし、農民の利益を代表すると主張するブルジョワ的な共和主義者の政治指導者の世界観と、農民のそれとのあいだには大きな隔たりがあった。

第二帝政期は、伝統的農村文明の頂点であると同時に、都市文明の影響の始まりの時期でもあった。「農村での変化は一九世紀中葉から加速され、強まった。一八四〇年頃から八〇年頃までの四〇年ほどのあいだに、多くの農村共同体の伝統的な均衡(けっして停滞ではない)が外部の力——人口学的な変化と市場統合そして国家活動の発展——によって覆されることになった。それは、共同体内部にも、また共同体と発展する地域および国民社会のあいだの社会的関係に対しても、また世論形成と政治化の過程にも複雑な影響をもたらした[31]」。

第二帝政期には、多くの地域でなお農民が農村のエリートたちへの従属意識を保持していたとしても、名望家の終焉が近づきつつあることを示す多くの兆候があった。持続する繁栄は、ほとんどの地域で社会関係に影響を与え、多くの農民の依存性を減らし、自信を増大させていたが、ある地域ではその関係を変えさえしていた。

プライスは、農民史研究で先駆的な仕事をしているユージン・ウェーバー Eugen Weber に対して、批判を加えている。ウェーバーは、一八七〇年代までフランスの農民は政治以前的ないし非政治的であったとする。その理由は、当時の農民がローカルな問題と人にしか関心を示しておらず、それはイデオロギーや国民的関心事に基づく近代的政治とはいえないとする。これに対して、国民統合されないと「政治化」がないというのでは、それ以前に存在していた農民の政治行動を無視することになってしまうと批判する。外からみている限り、農民の主体性がみえてこないが、農民の世界のなかにもぐり込めば、フランス革命以後の経済的・社会的・政治的大変動を生きた農民独自の政治が存在していたことがみえてくるはずだと主張する。

都市労働者に関する部分では、この分野で積み重ねられてきた研究をふまえて、さまざまな角度から分析されているが、農民についての分析と叙述に比較すると若干精彩を欠いているように思われる。これまでの研究を超える部分は少なく(32)、用いられている史料もとくに新しいものはみられない。

第一三章

フランス第二帝政と名望家支配

政治エリートのプロソポグラフィを通して

はじめに

最近フランスにおいて第二帝政史研究が活発化している。一九九五年には、ジャン・チュラールが中心となって、二〇〇人の歴史家を動員した大部の『第二帝政事典』が刊行された(1)。また、一九九一年以来、第二帝政にとってのキーパーソンの一人である企業家の伝記研究が都市ごとあるいは県ごとに刊行中で、現在(二〇〇六年時点で)八巻まで出版されている(2)。全巻が完結すれば、今後の第二帝政の経済・政治・社会史の研究を大きく変えるような結果をもたらすかもしれない。

政治史においては、政治エリートを対象とした新しい研究が生み出されている。まずエリック・アンソーの一〇〇〇ページを超える大著『第二帝政の代議士たち——一九世紀エリートのプロソポグラフィ』(3)をあげることができよう。また、未刊ではあるが、フランシス・ショワゼルの元老院に関する博士論文も提出されている(4)。さらに、イギリスのロジャ・プライスは、第二帝政の政治史に関するこれまでの彼の研究の集大成ともいえる仕事(5)を、矢継ぎ早に公刊している(本書第一二章参照)。

とくに、アンソーの仕事は、政治史研究における方法として、副題にもあるように、プロソポグラフィを中心に据えている点に特徴がある。アンソーは、クリストフ・シャルル Christophe Charle にならってプロソポグラフィについて次のように述べている。「プロソポグラフィの狙いは、諸個人の略歴を明らかにし、それを豊かにすることによって、ある団体あるいはある人間集団の集合的な伝記をつくりあげることにある」[6]としている。具体的には、対象とするエリート集団の諸個人の諸側面を統計的に比較・分析することによって、そこから当該集団の構造や性格あるいは他の集団との関係を導き出す方法である。これは、つねに具体性と個人の多様性を損ねることなく、一般性を導き出していくための有効な一つの方法であるといえよう。

第二帝政の政治史に関して、プロソポグラフィという表現をとってはいないが、実際にはこの方法を駆使した研究がこれまで蓄積されてきている。第二帝政期の県会議員[7]の分析に始まり、コンセイユ・デタの評定官[8]、知事[9]、そして立法院の代議士[10]の統計的人物研究が公刊されてきた。これらの研究は、第二帝政期の主要な政治・行政機関を担う政治エリートの研究に基礎的なデータを与えているが、それがこれらの政治・行政機関の単なる制度分析を超えた把握を可能にしている。これらの研究によって、第二帝政期の主要な政治エリート集団のプロソポグラフィが、ほぼでそろったといえよう。これらの研究を通して、第二帝政の政治構造の解明が格段に進んだといっても過言ではないだろう。

かつてアンドレ゠ジャン・テュデスクは、七月王政期のフランス社会の研究を通して、名望家支配の実態を明るみに出し、それが単に七月王政期の支配形態というだけでなく、伝統的社会から資本主義社会への移行期に出現する支配形態であることを明らかにした[11]。テュデスクによれば、この名望家による支配は、一八世紀の半ばから第三共和政の初めまでみられるが、とくに七月王政期に支配的な形態となったとする。この時期はまた、他方では、新しい経済体制と社会についての新しい概念が生み出された時期でもあり、名望家はこのような移行期の指導集団を代表しており、貴族と企業家からなっていた[12]。

柴田三千雄は、テュデスクの名望家支配国家を、ヨーロッパ近代史の大きな理論的枠組みのなかで捉え直した。彼は、重商主義的世界体制における国家構造を「社団国家」とし、産業革命段階の世界体制における国家構造を「名望家国家」、また帝国主義段階の国家構造を「国民国家」と規定している。[13] そして、一八八〇・九〇年代のフランス政治を特徴づけているオポルテュニスムを、名望家体制から大衆政治へ移行する時期の過渡的な政治路線とみており、[14] 第二帝政に関しては、「ボナパルティズムは名望家国家の一形態」[15] であるとしている。しかし、テュデスクは、「名望家の支配は、中央権力の脆弱な時期と一致する」[16] としており、中央集権国家としての第二帝政との関係を明らかにする必要があろう。また、第二帝政下に名望家の、全面的ではないにしても、衰退が始まっているのは確かであり、この事実をどう位置づけるかが問題となろう。

シャルルの場合、一九世紀に名望家支配社会から能力主義的 meritocratique 社会[17] への移行がなされるとみなしている。後者の社会は、前者の内部で、一八三〇年代から八〇年代に形成されていったとし、七〇年代に転換点をおいている。テュデスク、柴田、シャルルの三者はともに、名望家支配を、伝統的社会から資本主義的産業社会への移行期に出現する支配構造とみなしている点では一致している。ただ、第二帝政の位置づけに関してかなり異なっている。テュデスクの場合は、明らかに第二帝政は名望家支配の衰退期であり、その結果が第三共和政に露わになるとみるのに対し、柴田の場合は、第二帝政を名望家支配の一形態と規定しており、名望家支配の終焉はずっとあとに起こることになる。シャルルの場合は、伝統的な名望家支配と能力主義的な社会が並行して進んでいるとみる。そして、第二帝政期に根本的な変化が生じているにしても、この時点ではまだそれが名望家支配に取って代わるまでにはいたっていないとする。[18]

第二帝政による上からの強力な近代化と中央集権化の推進、それに加えて普通選挙の実施が、名望家支配を足元から突き崩しつつあったと考えられるが、しかし、のちにみるように、例えば名望家の典型である県会議員の出身社会階層や職業をみると、帝政末期のそれと名望家の最盛期であった七月王政期のそれとのあいだにほとんど変化がみられない。

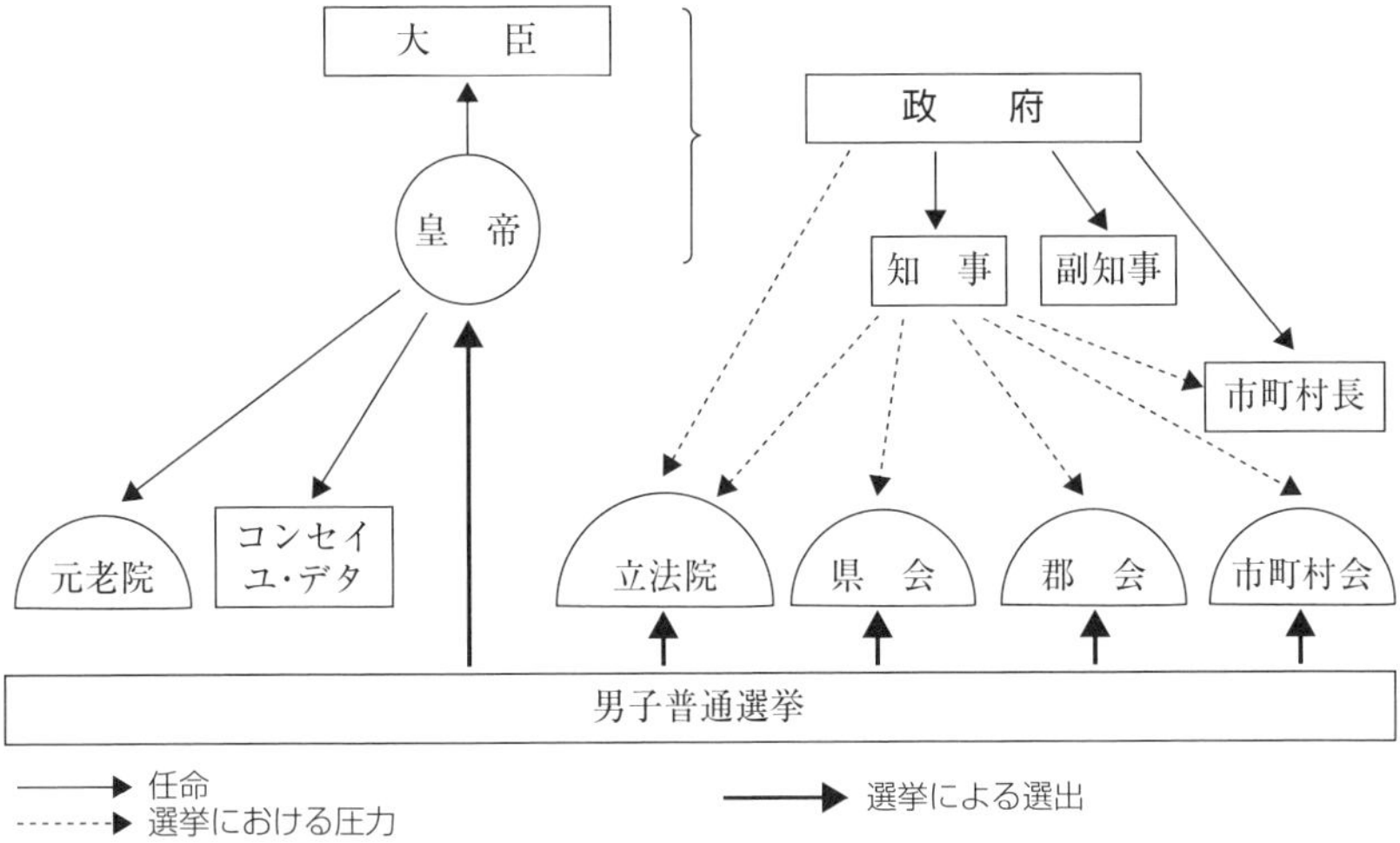

図1　第二帝政の政治・行政組織

また、彼らは帝政期に経済的にはむしろより繁栄しており、それどころか帝政末期には貴族出身の県会議員の割合が増加さえしている。これらの事実をどのように考えればよいのだろうか。

以下では、これまでの第二帝政の政治エリート(ここでは、県会議員、コンセイユ・デタの評定官、知事、立法院の代議士)のプロソポグラフィをふまえて、論点をおもに中央集権国家としての第二帝政と名望家支配の関係に絞って検討し、第二帝政の政治構造の一端を明らかにしたい。

第二帝政期の政治エリートを取り上げる前に、まず、第二帝政の政治・行政組織を概観しておこう[19](図1参照)。

これらの組織は、帝政樹立以前に発布された一八五二年憲法に基づいているが、任期一〇年の大統領が世襲の皇帝になった点を除いて、基本的な構造は帝政樹立前後で変化していない。内閣は皇帝が任命する。コンセイユ・デタも皇帝が任命し、法案を起草する。立法院は普通選挙によって選出され、法案を討議し、採択するが、行政権を統制する権限はない。元老院は、枢機卿、元帥、提督それに皇帝によって指名される終身議員からなり、憲法遵守の監視者の役割を果たす。皇帝は国家意志の唯一の保持者であり、唯一の執行権力である。内閣は、彼に対してのみ責任をとる従順な存在である。

皇帝は、自分の都合の良いときに、人民投票という方法で、国民に対してのみ責任を負う。

他方、普通選挙に基づく議会である立法院は、立法府としての権限の一部を剝奪され、皇帝に対して従順なコンセイユ・デタと元老院によって掣肘されていた。地方議会である県会、郡会、市町村会は普通選挙で選出されるが、県会議長、郡会議長、市町村長は政府と知事によって任命される。

なお、本章では煩瑣を避けるため、各節で検討の対象とする著作からの引用はすべて本文のなかに〔　　〕で該当ページを示し、註は当該著書以外の文献の引用に限った。

1 県会議員と名望家

名望家とは

本節では、ルイ・ジラールとアントワーヌ・プロストおよびレミ・ゴセの『一八七〇年の県会議員』[20]を中心に帝政末期の県会議員について検討したい。県会は地方議会のなかでは一番上に位置している。県会議員の人数をみると、一八七〇年時点で、全体として八九県二九二一議員からなるが、最も多い県会で六二議員、最も少ない県会で一七議員、単純平均では一県会当り三二・八二名の県会議員がいることになる〔一九二～一九三頁〕。ジラールらの研究は、そのうち二七九八議員（全体の九六％）のデータを収集しており、全県会を網羅している。また、これと比較し変化をみるために、一八四八年と五二年の県会議員各々一五三三名と一九一八名のデータも収集している。県会議員の任期は九年で、三年ごとに三分の一ずつ更新される。

県会議員の多くは名望家であった。ジラールは、県会議員を調べることによって、「第三共和政前夜〔第二帝政末期〕の地方の名望家」〔二七頁〕を明らかにできるとしている。名望家の概念は、人により微妙に相違しており、一義的には定義できない。テュデスクによれば、名望家とは「同郷人によって知られており、彼らを指導し、代表し、左右する能力があると彼ら自身によって認められている人物」であり、「名望家の支配は、社会の法的区分がもはや社会的・経済的発展に対応しなくなった時代に生まれ、他方、都市集中が輪郭を取り始めてはいるが、なお部分的な社会事象である時代に、花開いたのである」(21)。また、「名望家は、階級に分かれてはいるが、階級意識がなお存在していない社会における指導者の集団を代表している」(22)とも述べている。この移行期の社会にあって、名望家は、地域と全国、同郷人と国家を仲介し、活気はあるがなお局地的である都市と農村世界を結びつけたとしている(23)。

ジラールは、次のように述べている。「名望家は、彼を一群の農村共同体の代表にした選挙を通して、社会的・行政的影響力を兼ね備えることによって、行政と村長たちのあいだの不可欠の媒介者になりえた。このようにして、選挙で選ばれた特権階級が登場するが、彼らはある場合には、衰退しつつある伝統的な特権階級に取って代わったが、ある場合にはそれを強化した」〔三頁〕。

アンソーは次のように述べている。「名望家の影響力は、保護・被保護関係 clientélisme に基づいている。この関係は、非公式で暗黙の契約による二人の人間のあいだの不均衡な利益と奉仕の交換として定義できる。名望家は、その選挙の一部を、彼のために投票したかあるいは投票させた被保護者に負っている。名望家は、新しく得た地位によって、被保護者に利益を与えることで彼に対して義理を果たすことが可能になる。彼はこうして支配的地位の代償を払う。彼の被保護者はそれを恩に着ることになる。終わりのないこの交換過程は、名望家の権力と分かちがたく結びついている」(24)。そして、彼の場合は、名望家をもう少し広くとっている。「名望家とは、地域ないしはローカルな次元の代表、すなわち県会の議長から村会の単なる議員までを務めており、その社会的信用と人間関係によって、自分の市町村民の利益を高度な次元で擁護できる人物である」(25)。

職業と社会階層

まず県会議員の職業からみてみよう。一八七〇年時点での県会議員の出身職業は、地主が三三・六%、自由業が三〇%、官僚が二一%、実業家が一五・五%の割合であった〔四五〜四六頁〕。そして、何よりもその割合の恒常性に特徴がある。というのも、第二帝政初めにおいても〔四六頁〕、一八四〇年と比較しても〔四八〜四九頁〕、ほとんどこの割合に変化がみられないからである。このような出身職業の割合の恒常性が県会議員の一つの特徴である。

他方、職業の割合は変化していないが、議員自体は大幅に入れ替わっている。一八四八年時点で七月王政期の県会議員の五六%が落選しており、生き残った者も五二年の選挙では半分が落選しており、帝政初期の県会議員の七三%は、四八年以前には議席をもっていなかった。「県会議員の出身の社会学的安定性は際立っている。議員の四分の三が淘汰されたにもかかわらず、その後継者は同じ社会・職業カテゴリーに属している。人を変えたが、環境は変えなかったのである」〔五〇頁〕。あるいは、「多くの人が追い払われたが、彼らに取って代わった人びとは、彼らと兄弟のように似ていた。彼らは同じ社会集団と同じ政治集団に属していた。この大変動が終わるや――それは県会をほんの数インチ移動させただけだったが――、県会は不変性の深い眠りに陥ったのである」〔一七〇頁〕。

「県会議員はほとんど全員、中流ブルジョワジーと大ブルジョワジー、すなわち法律家、司法官、影響力のある官僚そして産業家あるいは地主に属している。名望家の終焉を予感させるものは何もない。むしろわれわれが眼前にしているのは、絶頂期にある名望家である」〔五三頁〕。第二帝政が直面したのは、まさにこのような地方名望家であった。しかし、ジラールたちの研究は、七月王政期に支配的であった名望家が、同じ地域の別の名望家に取って代わられたことがもつ意味については十分に検討していない。

財　産

県会議員のあいだの財産の開きは非常に大きく、最も富裕な者と最も貧しい者とのあいだには一〇〇倍もの差があり、名望家という一つの社会集団に括ることは難しい［五五頁］。しかし、「大半の県会議員は非常に裕福というのではないが、貧しい者は非常に稀である。ゆとりある生活というのが一般的である」［五六頁］。財産の最下位グループに位置しているのは、医者、公証人、下級官吏であり、「これらの職業のメンバーが「名望家」であるとするなら、彼らはそれを彼らの財産によるよりも、その能力に負っていることは疑いない」としている［六四頁］。第三共和政になると医者の社会的地位は上昇するが、第二帝政期にはなお低かった。他方、財産の最高位グループは、実業家、高級官僚、士官、地主である。「このような人物はたとえ能力がなくても、彼らの富が、ほとんどの場合、彼らを名望家にするに十分であるだろう」［六四頁］。

また、中間グループとしては、弁護士、司法官が位置しているが、彼らはしばしば「財産による名望家」というより、「能力による名望家」ではあったが、収入の点で医者や公証人に比べると大きな差が存在した［六四頁］。議員になった医者二人に一人は、年収八〇〇〇フラン以下なのに対し、地主貴族は二人に一人が年三万フラン以上の収入を得ていた［七二頁］。「全体として、最も裕福なカテゴリーは、一八七〇年において、三〇年前と同じように土地貴族のそれであった。産業化と経済発展にもかかわらず、彼らの古くからの優位性は持続した。しかし、それは実業ブルジョワジーの富裕化によって脅かされていた」［八三頁］。

名望家のタイプ

ジラールは、影響力の観点から、名望家を次の四つのタイプに区別している。

(1)　小郡次元の能力による名望家

「階層制の底辺に、小名望家あるいは小郡次元の名望家が位置する。村会議員になることで名望家に到達した豊かな農民、医者、そしてとりわけ公証人。これらはけっして権力者というのではない。彼らの財産は小さく、体面を保って生きるだけの余裕はあるが、それ以上ではない。普通彼らは、自分が県会において代表する小郡に住んでおり、彼らの影響力がその範囲を越えることは稀である。なぜなら、彼らの影響力は、まさにこの小郡の枠組みのなかでなされている彼らの職業活動と結びついているからである。……それは小郡次元の名望家であるとともに能力による名望家である」〔九二頁〕。

(2) 小郡次元の財産による名望家

「地主と産業家が名望家の第二のタイプをなす。それはなお小郡次元の名望家である。彼らは選挙区に住んでおり、進んで自治体の職務を引き受ける。この点では、前のタイプと区別されるものは何もない。しかし、彼らの財産が彼らを前者から分ける。それは実際しばしばかなりなもので、つねに全体の平均を上回っており、しばしばかなり上回っている」〔九三頁〕。

前二者に共通することとして次のように指摘されている。「これら二つのタイプに共通するのは、安定性である。これらの名望家は、深く根付き、非常に強力な個人的な地位をもっている。最も才覚のある者、最も裕福な者は、それを全国的な政治的経歴の出発点にして、代議士に立候補することができる」〔九三頁〕。

(3) 「地位」による名望家

これは、政府高官、士官、上級司法官、最も裕福な地主貴族などで、「その名声が外からきており、自分の選挙区には住んでいない人びと。それは、よそ者の名望家である。彼らは県の問題の行く末に、おそらく最も決定的な影響力を行使する。彼らの権威は、しかし、彼ら個人よりも彼らの地位に依拠している。彼らは、紹介されたときにその肩書きがなかったなら、地方では知られることはないだろう」〔九三〜九四頁〕。

(4) 郡庁所在地の名望家

「弁護士、下級司法官、銀行家が、何人かの医者、商人とともに、県会議員の最後のタイプをなす。前三者よりも非均質的なタイプで、実際、中間的なタイプである。彼らと他の者とのあいだの境界は不明瞭で、類似点が多い。主要な相違は、彼らの職業活動の枠組みにあり、その活動はローカルにとどまっているが、いくつかの小郡に及んでいることである。……彼らは、郡庁所在地でかなり知られており、その法律的あるいは財政的な能力によって評価されているが、彼らはこの郡庁所在地を代表する一種の使命をもっている。……それはけっして財産による名望家ではなく、これらの能力による名望家は郡庁次元の名望家である」［九四頁］。

これら名望家の四タイプの区別の基礎にあるのは、「財産による名望家」と「能力による名望家」の区別である。これは名望家のなかの二つの要素、伝統的な要素と新しい能力主義的な要素を代表している。しかし、確かに後者は新しい方向を示していたとしても、両者が相容れないということはなかった。おそらく「能力による名望家」は「財産による名望家」になろうとし、「財産による名望家」は時代の大きな変化のなかで生き残るためには、「能力」の必要性を感じていたであろう。「財産による名望家」は、最初から財産以外にも多くの「文化資本」を有しているがゆえに、「能力による名望家」への転換においても有利であることは間違いない。伝統的名望家といえる地主貴族は、第二帝政下に経済的にも発展を遂げるが、これは貴族が、農業技術の改良に専念し、農業の資本主義的経営を推進したからであり、「財産の名望家」がつねに変わらなかったのではない。

県会議員の兼任

県会議員は地元の名望家だけが選ばれたのではなかった。第二帝政期の県会議員の特徴として、他の議員や行政職の兼任がきわめて多かったことをあげることができる。国家次元の有力者の多くが県会の議員や議長を兼ねていた。例えば、一八五三年の県会議長のリストをみると、七名の大臣、一九名の元老院議員、三〇名の代議士、四名のコンセイユ・デタの評定官がみられる。中央と関係のない名望家の議長は、一一名だけであった[26]。また、第二帝政期を通じて、大臣の三分の二、コンセイユ・デタの評定官の五分の三、代議士の五分の四以上が県会議員を兼ねていた。そのうち、二七名の大臣、四三名の元老院議員、七七名の代議士が県会議長を務めている。これは議長全体の三分の二を占めていたことになる。残りの議長の所属も考慮すると、県会議長の五分の四は、中央で強固な地位を占めていた者であることが明らかになる[27]。

このように非常に多くの中央の政治家や行政官が、県会の議長あるいは議員を兼任していたという事実は、大物政治家を県会に送り込むことによって、帝政政府が地方の名望家支配に楔を打ち込もうとしていたとみることができる。また、政府は、立法院の官選候補の指名や県会と郡会の議長および市町村長の任命を通して、いわば人事権を利用して地方の名望家をコントロールしようとしたと考えられる。ただ、この場合も代議士は微妙な立場にあった。彼らは官選候補者として政府に加担している一方、普通選挙で選出され地方の利益を代表してもいたからである。

貴族の影響力

第二帝政期の県会議員における貴族の存在は注目される。貴族は時代遅れになってしまうのではなく、かえってその影響力を増大させている。それは、まず県会議員のなかで貴族が占める割合を検討してみることでわかる。一八七〇年時点で、県会議員のなかに占める貴族出身者の割合は、二七・六%に達する〔二一七頁〕。一八四〇年においては、県会議員の六人に一人が貴族であったが、七〇年には四人に一人以上、ほとんど三人に一人が貴族出身であった。貴族出身者が非常に多いだけでなく、その割合は第二帝政期にむしろ高くなっているのである。一八七〇年において、貴族は一つの政治勢力をなしていたのである〔二一八頁〕。ただ、のちにみるように、他の政治エリートの知事や立法院の代議士の場合は、第二帝政期に貴族の割合が低下している。

また、貴族は経済的にも優越していた。貴族の県会議員の二人に一人は、百万フラン以上の財産をもっていた〔一一九頁〕。貴族は、このように、一つの政治権力であっただけでなく、経済権力でもあった。「貴族の政治的・社会的権力は、本質的に経済的基礎に依拠している。それは、土地所有であり、借地農、債務者そして大土地所有者に恩義を受けている者を結びつける従属的なつながりである」〔一二七頁〕。貴族のあいだで支配的な名望家のタイプは、前述の名望家のタイプでいうと、財産による小郡の名望家と、地位によるよそ者の大名望家である〔一二二頁〕。貴族は名望家であるが、自ら指導者であろうとし、そうであると考えている名望家であり、一八七〇年においては、彼らは少数の大ブルジョワジーとともに、フランス社会の「エリート」を構成していたといっても過言ではなかった〔一二九頁〕。このように、帝政の中央集権的権力にもかかわらず、地方においては名望家による支配は揺るぎなかった。

政治的意見

政治的意見に関しては、三つのグループに分類される。第一のグループは、非政治主義で、最も人数が多い。第二グループは、帝政への加担者で政治的意見をもつが、実際の行動では行政に対して献身的である。第三のグループは、政府反対派である。各グループの割合は、非政治主義者が議員の三分の二近く(六〇%)、加担者が四分の一ほど(二四・二%)、反対派が一六%となっている。反対派のなかには「疑わしい」者も含まれているので、固有の反対派の議員に絞ると、三・四%になる〔一三三〜一三四頁〕。

以上から非政治主義者と加担者がほとんどであることが判明する。強力な反対派というのも、昇進や勲章あるいは立法院の官選候補への個人的な野望を挫かれたためであって、政治的反対派というのでないことがしばしばであった〔一三五頁〕。「この時代のフランスは、自分たちの重要性とそれを尊重する政府に満足したローカルな名望家による共同の一致によって支配されていた。職業の階層制も対立する政治傾向に明確な分裂をもたらすことはなかった。名望家の世界の深い一致は明白であるようにみえる」〔一五二頁〕。

第三共和政と名望家

第三共和政になっても、名望家が県会を支配していた。「第三共和政の最初の一〇年に県会の議員の民主的拡大について語ることはできない。……一八八二年においても席を占めているのはつねに同じ名望家であると判断せざるをえない」〔一七九頁〕。あるいは、「とくに、貴族であろうとブルジョワであろうと、地主は彼が非常に重視している地域の名望家の役割を果たし続けている。議会や政府の次元での発展を考えると、名望家の終焉の印象をもってしまうが、この表現は雄弁ではあるが、おそらく過剰であろう。ローカルな次元では、名望家は非常に頑強に抵抗した。彼らは、少しずつ共和主義者になっていったとしても、他の社会集団に席を譲ることはなかった。県会議員に関しては、名望家の世界はゆっくり共和国へすべり込んでいったが、共和国もその世界を破壊しなかったのである」〔一八〇頁〕。

ここで示唆的なのは、他の社会集団に席を譲ることはなかったが、名望家自体が徐々に共和主義へ転向していったことである。これは、名望家が状況に合わせて自ら変化を続けていたのだということであり、その外見にもかかわらず、もはや一九世紀前半の名望家と同じ社会集団ではないということを示している。

名望家支配と帝政

第二帝政が統治しようとしたフランスは、このように名望家によって支配されていた。帝政は名望家の支配の上にしかその権力を築くことができなかったのである。彼らと直接対峙しなければならなかった知事たちは、そのことを熟知していた。

「しばしば、名望家なしで済ますことは不可能であった。彼らは地域に非常に深く根づいていた。なんぴとも彼らに対抗できなかった。大統領ナポレオンが使った知事たちは、ほとんどがルイ・フィリップのもとで任命されていたが、彼らは名望家を無視することはできないと考えていた。彼らは、大衆は名望家の影響下にあり、大衆は名望家を媒介することによってしか政府に投票することに同意しないと確信していた。それゆえ、これらの知事たちの考えでは、問題は、名望家と折り合いをつけ、彼らを体制に加担させることであった。この弱気な政策は、結果として、まことの王朝である名望家の影響力を強化しないまでも、維持することになった[28]」。

地方において名望家支配が揺るぎなかったとしても、大部分の名望家は帝政に加担した非政治主義者であり[29]、秩序を維持してくれる帝政に満足しており、彼らのほとんどはそれに抵抗するということはなかった。

2　知事と名望家

この節では、ベルナール・ル・クレールとヴァンサン・ライトの『第二帝政の知事たち[30]』を中心にして、知事と名望家の関係を検討したい。同書は、第二帝政期に任命された総計二二〇名の知事のデータを元にしたプロソポグラフィである。

帝国知事の任務

知事は地方において中央政府を代表している。それゆえ、知事は地方を支配する名望家に対して中央権力として直接対峙することになる。ここでは、知事と県会および市町村会との具体的な関係を通して、名望家と帝政の関係をみることになる。

第二帝政の知事は、帝政の統治にとってきわめて重要な位置を占めていた。ナポレオン三世は、地方における知事の権力と影響力を強化し、立法院の代議士や他のすべてのローカルな影響力を殺ごうとした［四六頁］。県庁が地方の行政と政治の中心になり、地方行政に関しては、知事に権限を移譲すること（これを「地方分権化」と称していた）によって合理的かつ効率的に治めることができるとみなされた。知事は自分の県の下級役人の任命権をもつことになった。また、市町村の組織に関しては、知事は、県庁ないし郡庁所在地以外の自治体で、人口が三〇〇〇以下の市町村長と助役を任命する。知事は市町村長を、市町村会の議員以外から任命し、職を停止し、罷免できる。また、知事は市町村会を二カ月間停止することもできた。

知事の主要任務としては、権力の代表、県行政とローカルな集団の監督、警察の指揮そして政治的指導があった［四九頁］。知事にとって立法院選挙の官選候補者の選定と選挙に勝利することは最も重要な任務の一つであった。選挙における成功が知事の力と有効性の最も確実な証とみられ、その結果は昇進に直結していた［七〇頁］。

また、地域の経済の発展や社会的分野においても寄与した。「知事が、しばしば地元の名望家の意向に反して、経済と下層階級の運命の改善に与えた、本当の活力、実際的な刺激を、知事の功績にしないことは、不当であるし、不正確でもあるだろう」［七四頁］。知事は、自由貿易の支持者であり［七七頁］、帝政の経済の近代化を、場合によっては名望家に抗してでも推進した。このような第二帝政期の知事の権力を示す表現として、次のような例があげられている。「県の専制君主」「知事の黄金時代」「県の魂」「地方における政府の行動の一体性の要」［四四頁］。

前節でみたように、帝政は地方の名望家支配を受け入れ、その上に自らの権力を築かざるをえなかった。しかし、中央集権化を通して、フランスの近代化を推進しようとしていた帝政にとっては、このような状態を続けるわけにはいかなかった。何人かの知事は、七月王政下につくりだされた名望家の影響力のネットワークを一掃しようとする非常に強い意志を示していた。内務大臣ペルシニーは知事たちに次のように述べた。「今日では、選ぶのは大衆であって、旧い有力者ではない。……重要なことは、権力の手がこれらの旧い有力者が立っている土台を少なくとも掘り崩していない小郡が一つたりともないことである」(31)。オート・ロワール県の知事は次のように述べている。「これまで、行政はあれこれの徒党の言いなりであった。……今こそ、政府がけっして失ってはならない強い立場を取り戻す好機である。……われわれの厳しい農民の信頼を得るためには、力強い権力が、罰しまた保護できることを、彼らに示す必要がある」(32)。これらの証言は、現実に地方を支配しているのが名望家であることを裏書きしているとともに、名望家支配と一線を画そうとする政府と知事の強い意思も示している。

表1　知事の出身社会階層別人数［181頁］

	1852年	1860年	1870年	実数(%)
貴　　族	46	34	31	88(40)
ブルジョワジー	26	40	45	91(42)
小ブルジョワジー	12	12	10	38(17)
下層階級	3	―	―	3(1)

知事の社会学

知事の出身階層でいうと、表1のように、ブルジョワジー出身が最も多く、貴族出身がほぼ同じ人数おり、両者だけで八二%を占める。しかし、小ブルジョワジー出身が、少ないとはいえ一七%もいるのは、能力主義的な要素がそれなりに浸透していることを示していると思われる。出生地に関してはセーヌ県出身が二二〇名中四九名(パリ出身は四五名)であり、二位が八名で五名以上の知事を出している県はパリ以外では六県のみである[一七六頁]。知事任命時の平均年齢(一八六〇年以前)は四四・五歳[一七七頁]。父親の職業に関しては、「知事は、その大半が、文官か武官の息子であり、家族の伝統が彼らを、そして彼らの兄弟あるいは姻戚と同様に、国家に仕える道に向ける。しかし、行政への志向が政治行動へのそれにまさっている」[一七八〜一七九頁]。また、家族のつながりが強く、例えば知事の息子は二一名、家族と軍隊とのつながりも強く、将軍の息子が一六名、女婿が一四名いる[一七九〜一八〇頁]。

表1は、知事の出身社会階層について、帝政初期、中期、末期についてみたものである。貴

族出身の知事の数は減少傾向にあり、一八五二年には半数以上(五二・八七%)であったが、七〇年には三分の一強(三六・〇五%)になっている。しかし、貴族出身の割合は、第二帝政の行政のなかでは、知事は外務省と参謀部に次いで多い。ただ、貴族出身の知事の五分の三は、ナポレオン一世の帝国貴族である点に特徴がある[一八三頁]。県会議員の場合は、帝政期に貴族出身の割合が高くなっていたが、のちにみるように、立法院の代議士においても知事と同様に貴族の減少とブルジョワジーの増大傾向が明瞭であり、政治エリートの上層部では変化が現われている。

教育に関しては、パリ大学法学部出身が圧倒的で、二二〇名中一三〇名を数える。他方、高等教育を受けていない知事は一四名のみである[一八九頁]。彼らは大学を卒業後、弁護士(八四名)、軍隊(二六名)、中央官庁(二四名)、地主(一九名)、県行政官(一七名)、コンセイユ・デタの傍聴官(一七名)などに就き、まず郡長、次いで知事に任命されるのを待つ[一九二〜一九四頁]。彼らは、高等教育を身につけ、知事に任命される前に十分な専門的知識と経験をもった能力ある者たちであった。

知事と名望家

第二帝政期の知事は、貴族あるいはブルジョワジーの出身で、教育も教養もある政治エリートであり、自らの県において政府を代表し、非常に大きな権限を有していた。しかし、彼は日々地方の名望家とその社会的・政治的支配に対さなければならなかった。彼が相手にするのは、手だれの政治家であり、強力な実業家であり、裕福な地主であった。彼らは、自分たちの地盤と永続性に自信をもっていたので、一時滞在の官僚である知事よりも、中央に対して地元の利益を代表することに習熟していると主張していた[一四一頁]。知事が相手にしなければならないのは、例えば次のような人物である。

「ある医者のいうところを信用すれば、小郡には小さな独裁者がいて、自分の好悪によって、郡長や知事を鼓舞した。

自分の友人を保護し、敵を追及した。市町村長と助役、市町村会の議員の指名を意のままにした。田園監視人の全体の保護者になり、若い新兵には自分の誠意を約束し、警察署長と憲兵には昇進を約束した。自分の共同体と周辺に過剰な道路を獲得し、あらゆる行政の恩恵の分配者になった」〔一三四頁〕。

前節でみたように、代議士や、元老院議員、コンセイユ・デタの評定官などが県会議員を兼任する場合が多く、知事が、彼らに、あるいは彼らのあいだの対立に対処することは困難であった〔一三四頁〕。大名望家のなかには、県を自分の所領のように考える者もいて、知事は厳しい立場におかれた。「知事にとって、ローカルな次元と同時に、中央でも影響力のある人物と良好な関係を維持することが、すぐさま不可欠であるようになる。……彼らの大部分は県会の議長職にあり、県を自分の領地とみなしていた」〔一三五頁〕。

こうして、「大多数の知事は、自分たちの特権を意識していたにもかかわらず、少しずつ名望家と妥協し、最終的に帝政初期のスタイルとは異なるスタイルを採用することになる。テュデスクが強調するように、「県会議員は、県会よりもっと大きな重要性をもっている」。彼に認められている権力——それはかなり限られたものであるが——以上に、県会議員は、その影響力、道徳的権威をもっている。彼がパリとの関係をもっているか、全国次元でかなりの人物である場合はなおさらである」〔一三三〜一三四頁〕。

知事は、実際には、帝政初期に規定されていたような大きな権力をもった存在ではなかった。秩序維持において知事を補佐するのは憲兵、市町村長、警察署長であるが、警察はしばしば市町村長の統制下にあった。また、田園監視人も市町村長に従属していた。さらには、県職員の数も不十分であった〔一二五〜一二六頁〕。それだけでなく、帝政に忠実な県職員も少数派であった。オート・ガロンヌ県の知事は、県庁の職員に関して次のように嘆いている。「「帝政派」の職員は五三名だけで、それに対して六二九名が正統王朝派で、二四一名がオルレアン王朝派であり、共和主義者が五三名である」〔八二頁〕。

また、帝政初期と比べて市町村長の任命における権限が減少していった。一八五五年には、すべての市町村長の任命は内務大臣の承認を必要とするようになり、六五年からは市町村長の任命は市町村会の選挙後に、しかも市町村会の議員のなかから選ばなければならなくなった。

しかし、より本質的な問題は次の点にある。知事は、本来自分が治めている県とのつながりが薄いほど都合がよかった。というのも、ローカルな次元の利益の対立に巻き込まれると、結局誰をも満足させることができなくなるからである。帝政期の知事二二〇名のうち、自分が生まれた県を治めていたのは九名だけであった［四八頁］。しかし、これは知事の弱点にもなった。知事の一人は次のように書いている。「知事は自分の県に根をもっていない。彼はそこでは不信をもたれている中央権力の代表でしかない」［一四〇頁］。他方、県会議員も、また県会議員を兼ねる立法院の代議士も普通選挙によって選出されているので、政府を代表する知事より住民の意思を代表していると主張できた。

知事の非政治化と官僚化

知事は、政府の方針転換とともに、政治的活動を控え、行政に専念するようになった。それとともに、専門化と官僚化が進展していった。一八六〇年末に内務大臣から知事へ出された次の通達は、地方の名望家との和解と協調を訴え、名望家の力に依拠する必要性を説いている。「旧政府の多くの尊敬すべきまた優れた人びとが、皇帝が成就した偉大な事績に対して皇帝に称賛を送りながらも、個人的尊厳の感情から、なお距離をおいている。彼らに値する敬意を彼らに示すように。彼らの知識と経験を国に役立てるよう彼らに勧めるいかなる機会をも見逃さないように。そして、彼らに次のことを想起させるように。追憶への愛着を保持することは高貴なことであるが、自分の国に役立つことはさらにもっと高貴なことであるということを」［一六〇頁］。

知事の専門化と官僚化をよく示しているのは、帝政下の二二〇名の知事のうち一七八名が副知事（郡長）から任命されていることである〔一八七頁〕。とくに一八五八年以後、外部からの任命が急減し、副知事からの昇進が増加する〔二〇六頁〕。また、知事になるためのコースが固定化されていく。県参事会のポストは、かつては土地の名望家にとっておかれた、パートタイムの名誉ある定員外の職であったが、いまや県庁での経歴における最初の職階になった。元知事の一人は次のように不満を漏らしている。「県参事会は、その定員外の制度を、副知事(郡長)になるために使うよう定められた単なる行政学校になってしまった」〔二〇八頁〕。

専門化と官僚化の進展とともに能力の重視が明確化する。「次のようにいうほうが正確であろう。たとえ庇護者が不運から救い、任命と昇進を容易にするとしても、彼が一つの職を保証することはできず、最終的には結果によって評価する大臣さらには本省によって経歴が決定される、と。第二帝政は、考えられているほど恩恵が左右したわけではない。能力が最終的に最良の資格である」〔二七八頁〕。このように、知事の主たる出身社会層であるパリのブルジョワと帝国貴族という限られた枠組みのなかではあるが、能力主義的原理が浸透しつつあったといえよう。

最後に、著者は帝政下における知事を次のように位置づけている。「帝国知事は、知的で、しばしば教養があり、ほとんどつねに勤勉で、国家のセンスをもっており、実際的で、効率と社会的・経済的進歩に熱心で、ときには人気があったが、法律のテクストが想定しているほどの権力と手段はもっていなかった。彼らは体制の政治的発展の犠牲になったと考えたくなるほどである。知事をナポレオン三世の最も直接的な代表にするという、統治の初期に示されたナポレオンの意思と、……最終的に代議士とローカルな名望家にかつて以上の影響力を与え、パリにかつて以上の介入の手段を与えるにいたる実践とのあいだにあまりにも大きな相違が存在していた」〔三一一頁〕。

知事は、名望家の支配を打破し、中央集権化を実現しようとして挫折したが、しかし、経済と行政の近代化において一定の役割を果たした。これがやがて地方の名望家の基礎を徐々に掘り崩していくことになる。

3　コンセイエ・デタと帝政

一八五二年憲法によると、コンセイユ・デタの主要な任務は、立法権、行政権、司法権の三権のすべてに関与しており、共和国大統領の指揮下に、法案を起草し、立法院での討議においてこれを擁護する。また、行政問題、行政訴訟、行政権と司法権の権限をめぐる争いに関する政令を立案し、大統領と大臣によってコンセイユ・デタに提起されたすべての問題について自らの意見を提出することができる。コンセイユ・デタは、このように憲法の規定では大きな権限をもつ国家機関であった。また、ナポレオンはコンセイユを執行権を補佐する機関として重視していた。

コンセイユ・デタの組織構造

ここでは、ヴァンサン・ライトの『第二帝政下のコンセイユ・デタ』[33]を中心にして、コンセイユ・デタと帝政の関係を検討してみよう。ライトは、帝政期に評定官に任命された総計一一九名の個人データ〔二一三〜二二一頁〕をもとに、コンセイユの組織とその変容を明らかにし、それを帝政の政治構造のなかに位置づけている。コンセイユ・デタの場合、中央機関として政府や立法院と関わるが、地方の名望家と直接の関係をもたない。しかし、出身階層からみると、若干中流ブルジョワジーが多いとはいえ、他の政治エリートと同じように大半が上流階級出身である。

コンセイユの組織は常任評定官と、非常任評定官（最大二〇名）の二つの要素からなる。後者はかつての常任評定官で、純然たる名誉職であり、総会に出席することも採決に参加することもできない。常任評定官には二種類あり、コンセイユの六つの部会のいずれかに属する評定官（四〇〜五〇名）と、コンセイユの部会には所属せず、他の国家機関の正規の職にあり、評定官としては給与を得ていないが、総会に出席し採決に参加する権利をもつ常任無任所評定官（一五〜二一

表2　評定官の父親の職業［57頁］

産業家と卸売商	18	コンセイユ・デタ評定官	5
地　主	15	医　者	5
代議士	14	手工業者と小商人	4
軍　人	9	外交官	3
下級官僚	9	代訴人	3
高級官僚	8	教　授	3
司法官	7	弁護士	2
知　事	7	不　明	1
公証人	6	合　計	119

表3　評定官の出身社会階層

貴　族	30
大ブルジョワジー	27
中流ブルジョワジー	46
小ブルジョワジー	11
下層階級	5
計	119

［57頁］

名）がある。ライトの個人データ一一九名は前者に関するものである。

コンセイユの階層制のなかで、評定官の下にあるのが調査官でさらにその下にあるのが傍聴官である。どちらも各々四〇名が任命される。

評定官の社会学

次に彼らの出身階層をみてみよう。表2は、評定官の父親の職業を示しているが、産業家、大商人、地主、官僚、自由業がほとんどで、この時代の他の政治エリートと変わらないといえよう。

表3は出身社会階層を示しているが、単独の社会階層としては、中流ブルジョワジーが最も多いが、貴族と大ブルジョワジーを加えた上流階級は五七名で四七・九〇％を占めている。

学歴をみると、九五名（七九・八三％）が法学部出身で、多くは成績優秀であり、そのうち一八名は法学博士の学位を取得している［六四頁］。また、彼らの四分の三（一八五二年）そして半分以上（一八六〇年と七〇年）が弁護士として登録しており、法律の実務の経験をもっている［四七頁］。たとえほとんど上流階級と中流ブルジョワジーの枠内であるとしても、能力主義がすでに浸透していることを示している。また、出生地はパリに集中していて、三二名（二六・八九％）を数えた。二位でやっと五名である［五六頁］。任命された時点での年齢の平均は五一歳［五〇頁］で、すでに十分な経験と知識を身につけた有能なエリートであった。他の政治エリートと同様、評定官の家族のネットワークは強く、また、他の行政部門の家族とも広範なネットワークをもっている［六一頁］。

政治的見解と宗教的見解

評定官の政治的見解をみると、ボナパルティストはわずかしかいない。最も重要なのはオルレアニストで、彼らの帝政に対する見方として、ライトは次のように述べている。「多くのオルレアニストにとって、七月王政は社会的・政治的進歩の時代であった。国の重要な名望家として、彼らは行政、議会そして地方における正統王朝派の旧い枠組みを取り代えた。彼らはオルレアン家よりもむしろ同家と結びついている政治制度に愛着をもっていたので、新しい帝政を受け入れることを不都合とは思わなかった」［七七頁］。

また、オルレアニストの精神状態として次のように指摘している。「七月王政下においては、オルレアニストは政治的には保守主義者と自由主義者に分かれていたが、他の問題においては、かなり驚くべき見解の一致が存在した。ブルジョワジーの支配、保護主義、安価な政府、ガリカニスム、そしてとりわけ議会主義が、オルレアニストに精神状態の独自性をつくりあげていた」［七九頁］。

しかし、帝政下の実際の行動においては、評定官は基本的に非政治的な態度をとった。宗教的には、評定官の多数を占めたのは、穏健なガリカニスムであった。彼らの考えは次のようなものであった。「教会は果たすべき役割をもっている。この役割は、社会的分野、慈善そして教育の分野——とくに若い女性にとって——で重要である。教会は無秩序に対する防壁になるし、不満のはけ口となり、大衆の行き過ぎに対する安全弁となる。しかし、教会の権力はコントロールされなければならない。その権力が拡大するのをおさえねばならない。しかし、あまりやりすぎて弱体化させてはならない。なぜなら、それはあまりにも有益な社会的制度であるからである」［九〇頁］。

他の中央機関との関係

中央機関として、コンセイユは皇帝と大臣とどのような関係にあったのか。大臣たちとコンセイユのあいだにはたえざる緊張が存在していた。コンセイユは、大臣の法案を修正する権限をもっており、しばしばそれを使った。しかし、皇帝と大臣がゆずらなかった場合、コンセイユは最終的には折れた〔一一九頁〕。大臣は、コンセイユの反対が強いと予想される場合には、無任所評定官を動員することで対応する。彼らは高級官僚でコンセイユへの帰属意識はなく、しかも総会での議決権をもっていたからである〔一三一頁〕。

コンセイユは立法院とは二度接触する。議会委員会（立法院）による修正案をめぐって討論と採決をおこなうときと、政府案を立法院で擁護するときで、激しい議論の応酬と対立があった。しかし、一八六九年九月八日の元老院決議によって、コンセイユは立法院の修正案に対する統制権を奪われ、意見の表明をおこなうだけとなった。帝政末にかけて、コンセイユの権力は立法院に対して衰退する一方で、行政裁判と諮問委員会の役割に限定されるようになる〔一五五〜一五六頁〕。

専門化と非政治化

時の経過とともに、コンセイユは専門性を高め、年功序列化を進めていった。年功序列の原則の浸透は、皇帝の任命権との争いにおいてコンセイユの独立性を高めた〔四七頁〕。このことは、帝政後半にコンセイユ内の調査官が、空席のできた評定官に任命されるようになることに現われている。評定官任命時点で調査官であった者は、一八五二年には二名（評定官合計四〇名）だけであったが、六〇年には一四名（同四八名）、七〇年には二一名（同五〇名）に達している。一八五二〜七〇年の合計は三一名で二位の代議士の一九名よりかなり多い。一八七〇年の評定官の任命直前の職業をみると、調査官二一名、知事八名、官僚八名、代議士五名、軍人三名、司法官一名、外交官と第二共和政期の評定官が各一名となっており、調査官が圧倒的に多く、四四％を占めている〔五二頁〕。帝政末期には、より合理的で公平な評定官の任命がなされるようになり、任命に際しては、行政上の経験が政治的な評判に取って代わるようになった。それとともに、コンセイユは国家に対する個人の権利の擁護者になっていき、コンセイユ・デタは、第二帝政末期に近代的行政機関として発展していくことになる〔一六七頁〕。

ナポレオンはコンセイユ内の傍聴官制を高級官僚養成学校にしようとしていたが、コンセイユが行政裁判所と諮問機関になっていき、専門化が進行するにつれ、傍聴官制はコンセイユの評定官養成の役割を担うようになる〔一八七頁〕。これはちょうど県参事会が知事の養成学校になったのと対応しているといえよう。どちらも最初政治と行政の両面にかかわっていたにもかかわらず、専門化と非政治化が進行し、近代的行政機関として国家のなかに位置づけられていった。県行政の整備と同様、中央集権的な行政機構の整備は、少しずつ名望家の媒介を必要とする場面を減らしていくことになるだろう。

4 代議士・名望家・帝政

本節では、エリック・アンソーの大著『第二帝政の代議士たち――一九世紀のエリートのプロソポグラフィ』(34)を中心にして、立法院の代議士たちと帝政と名望家の関係を探っていきたい。アンソーは、クーデタ以後帝政末までに選出された総計六一三名の立法院代議士のデータを元に、第二帝政期の政治史を再構成している。このうち官選候補者が圧倒的に多くて五二〇名（全体の八四・八二％）、政府に公認されずに当選した代議士が九三名である。アンソーは、この六一三名の代議士一人一人について、全部で一五五にのぼる項目からなるデータを作成している。彼は、この膨大なデータをコンピュータを駆使して解析し、今まで不明であったり、あるいは気づかれていなかった多くの興味深い事実を明ら

表4　代議士の出身階層の割合の選挙ごとの変化（単位：%）［83頁］

出身階層	1852年	1857年	1863年	1869年
貴　　族	43.08	46.08	38.08	31.95
大ブルジョワジー	12.31	11.60	18.51	21.52
中流ブルジョワジー	20.77	20.22	23.84	21.87
小ブルジョワジー	16.15	16.10	15.30	18.06
下層階級	7.69	5.99	4.27	6.60
合　　計	100.00	99.99	100.00	100.00

かにしている。しかし、ここでは代議士と名望家と帝政の関係に絞って検討していきたい。

代議士と家族

まず、六一三名の代議士の家族についての分析がなされている。表4は、第二帝政期の代議士の出身階層の割合の変化を、選挙があった年ごとにみたものである。まず、貴族の出身の割合が非常に高く、一八五七年には半分近くが貴族であった。つねに貴族の割合が最も高いとしても、他方では帝政期を通じて貴族の割合の低下と大ブルジョワジーの上昇が明瞭である。それに対して、中流ブルジョワジーと小ブルジョワジーそれに下層階級の出身はあまり変化していない。これらの傾向は知事の場合と似ている(35)。

他方、貴族の出身では、第一帝政の貴族の出身も存在するが、アンシャン・レジームまで遡る貴族が中心である［八一頁］。この点で、第一帝政の貴族が多い知事の場合とは異なる。代議士とコンセイユ・デタの評定官の出身階層を比較すると、代議士の場合は、貴族出身と下層の階層（小ブルジョワジーと下層）が多く、コンセイエ・デタの場合は、中流ブルジョワジー出身が多い(36)。

出生地はセーヌ県出身が圧倒的に多く一三六名（二二・一九%）、そのなかでパリは一三一名（二一・三七%）で、他の政治エリートでは、コンセイユ・デタの評定官が二六・八九%、知事が二〇・四五%である(37)。代議士は、県を選挙区とする普通選挙によって選出されているにもかかわらず、パリ出身の割合が高いといえよう。これは、政治エリートにとってパリが決定的な意味をもっていたことを示している。さらに、地方出身でもほとんどの場合高等教育はパリで受けていることを考えると、パリのもつ意味はさらに重くなる。

代議士にとって家族は非常に重要であった。それは「家族によって獲得され、維持されてきた、経験、人間関係そして名声が決定的な切り札となる」[一五三頁]からであった。アンソーは、父が名望家であった代議士を少なくとも二〇二名(三二・九五%)と見積もっている[一五〇〜一五一頁]。三人に一人が名望家の出身であることになる。父親が代議士であった者は一三二名(二一・五三%)である[一四七頁]。「直系尊属に代議士をもつ第二帝政期の代議士に、傍系親族に少なくとも一人の代議士をもつ代議士を加えるなら、「相続者」の全体は、三五三名となり、代議士全体のじつに五七・五九%を占めている」[一七三頁]。これは、支配階層の存在を歴然と示しているといえるだろう。

他方、子どもの数をみると、第二帝政期の代議士の二人に一人以上(五三・七八%)は、子どもが三人以下(とくに二人と三人)の家族出身であるのに対し、七月王政期の名望家の家族は三人に一人(三六・八一%)のみである。逆に、子どもの非常に多い家族出身の代議士は、第二帝政下では稀である[一五六頁]。これは、第二帝政の代議士が生まれた家族が、子どもに対する新しい感性をもっていたことを示している。当時の政治エリートの家族のなかに、家族に対する近代的な新しい感性が出現していたといえよう。

さらに、代議士の息子で地方議会に参加しているのは、合計一七五名に及ぶ。これは、成人の息子をもっている代議士の三分の一(三三・四六%)に達する。一七五名中一六三名(九三・一四%)は、父親が代議士に選出された県でその地位に就いている。そして、少なくとも一〇三名(五八・八六%)は、その後父のあとを継いでいる[二三九〜二四〇頁]。代議士はその選挙において、自分の才能と同じくさまざまな資本、出身の家族環境、彼が属しているネットワークなどにも依存していた[二四九頁]。

しかし、帝政期の代議士の孫をみると、多くの場合、孫の代にはすでに連続性が切れている。一般に第二帝政では、政治的遺産は一つの切り札であったが、第二帝政以降、時代や体制を超えて持続する政治的家族は稀になる［二四五頁］。これは第三共和政になって、名望家の支配が終焉したことを示しているのか、あるいはデモクラシーの浸透の結果を示しているのだろうか。あるいはまたその両方であったと考えるべきであろうか。

しかし、官選候補者に選ばれるために必要とされることは、職業生活でその結果を出していること、また、慈善行為で際立っていることであり、これはやはり家族の政治遺産だけでなく、能力主義的な側面の必要も示しているといえよう［二四九頁］。

教　育

代議士の九五・五四％が中等教育を受けていた。一八五二年時点で中等教育を受けている生徒数は、全国で三万人だけで、これは全少年の三％以下であった。また、代議士の八〇・〇四％が高等教育を受けている。他の政治エリートと比較すると代議士の受けた教育は一九世紀のエリートの平均であったといえよう［二五六～二五七頁］。ただ、中等教育への進学率にみられるように、エリートとそうでない者とのあいだの溝は決定的に深い。

代議士のなかで、最も高学歴な社会層は第一帝政と王政復古期の新貴族出身で、九割が高等教育を受けている［二六九頁］。逆に、高学歴でない社会階層は、旧貴族と下層出身で、前者は四分の一近くが中等教育まで、下層出身者は六分の一以上が初等教育しか受けていない。高学歴の旧貴族が少ないのは、彼らが相続した経済的資本と人脈のゆえに、高学歴をそれほど必要としないからであった［二六九～二七〇頁］。

大学では法学部が圧倒的に多く、七割（六九・二七％）に近い［二六二頁］。陸軍士官学校出の代議士の四分の三は、貴族の出身である。理工科大学出の代議士は、六割がブルジョワジー出身で、三分の一が貴族出身である［二七五～二七六頁］。

以上のように、代議士にとって高学歴が前提となっている。そういう意味で能力主義が拡大しつつあるといえる。しかし、学歴による社会的上昇には限界もあった。それは知識と教養の問題であり、家族の出身階層の問題である。「卒業証書によって社会的上昇を遂げることと、受け入れられることとは、実際、まったく異なる二つのことである。教育を受けることは、しばしば教養を身につけるよりもやさしい。文化は大部分、学校教育の外で獲得される知識である。学校教育は、もっとずっと重要な切り札に比べれば、表面的なものにすぎない。その切り札というのは、名前であったり、家族のネットワークであったり、あるいは財産そのものである」〔二八五頁〕。例えば、エミール・オリヴィエは、芸術について次のように述べている。「芸術はまことに社会的に非常に大きな有用性をもっている。それは、意見の多様性によって対立している教養ある人びとのあいだで調停者の役割を果たす」〔四四〇頁〕。ここには、社会層の違いや財産の差あるいは政治的意見の相違を超えて、一つの文化を共有していた教養人の存在が示されている。これが支配層とそうでない者を区別していた。

職業

代議士になった時点での職業は次の通りである。地主あるいは農業家が一八〇名(二九・三六%)、弁護士が八二名(一三・五四%)、産業家が六八名(一一・〇九%)、高級官僚が六八名(一一・〇九%)、卸売り商人が三三名(五・三八%)、士官が二六名(四・二四%)、司法官が二二名(三・五九%)、銀行家が一七名(二・七七%)、将官が一六名(二・六一%)、宮廷職が一四名(二・二八%)、実業家が一四名(二・二八%)、公証人が一二名(一・九六%)、ジャーナリストが一二名(一・九六%)、医者あるいは外科医が一一名(一・七九%)、技術者が八名(一・三一%)、文学者が七名(一・一四%)など。小ブルジョワジーの職業は〇名、下層階級の職業は一名〔二九四〜二九五頁〕。「立法院の議員の職業構成の特徴は、最も民衆的な職業の不在と、生産と交換手段の所有者(地主、農業土地所有者から産業家、卸売り商人、実業家そして銀行家まで)が非常に高い割合を示している点にある」〔三〇一頁〕。これは代議士の世界が、中流ブルジョワジー以下の大多数の人びととは切れた世界であることを明瞭に示している。他方、世紀末の第三共和政の議員は、第二帝政の代議士と比較して、地主と産業家および実業家の割合が低下し、医者、とくに弁護士の割合が高くなっている〔三〇〇頁〕。

ただ注目すべきは、この時代のすべての大企業、経済活動の全部門が、立法院に代表されていることである。銀行であれ、鉄道であれ、鉱山や冶金あるいは保険であれ、それらの企業の重役会において代議士の名前を見出すことができる〔三二五頁〕。また、代議士は商工会議所や農事共進会をはじめとする経済関係のあらゆる組織に属しており、多くは議長の席にあった〔三一九〜三二二頁〕。また、フランス北部と東北部においては、貴族も自ら工場や製鉄所の経営者へと転換している場合もみられる〔五八四頁〕。これは、状況に対応して名望家が自ら変化していったことを示しており、もはや伝統的名望家から遠い存在といえよう。

このように、立法院の代議士のなかに、政治と経済の密接な関係がみられたが、そのことを象徴的に示しているのが、立法院議長に任命されたウジェーヌ・シュネデールである。彼はル・クルゾーの冶金工業の経営者で、巨万の富を築いた産業界の指導者であったが、立法院議長に産業界の代表が任命されたのは彼が最初であった。このことは、帝政が名望家支配に依拠しつつも、方向性において経済の近代化をめざしていたことを示している。シュネデール自身、大名望家であり、かつ近代的大企業の経営者であった。

財　産

財産の観点からみると、代議士の親は他のエリートと比べても裕福である〔四六四頁〕。代議士の収入は県会議員や知事に比べて高く、県会議員を兼ねる代議士のほうが県会議員のみより平均でははるかに収入が多い〔四七八頁〕。他のエリートに比べて、帝政の代議士がとくに不動産を好む点に特徴がある。六一三名の代議士のうち三〇三名（四九・四三％）が大きく素晴らしい城館を所有していた〔四九六頁〕。

一九世紀において、富は社会的地位の最重要な要素の一つであった。「人は「富のなかに、信望の保証、独立の保証、社会的影響力のしるし」をみた。この富が、尊厳を与え、なんぴとによっても強制されないことを可能にし、それをもっている人にその権威を保証する手段を与え、彼のまわりに良きことをもたらす。無私が一つの徳であるなら、富は政治家にとってなおさら重要な切り札となる。富のみがしばしばわずかな報酬で、一つあるいはいくつかの責任を担うことを可能にするからである」〔五〇五頁〕。

また、政治家としての代議士にとって、家族の伝統が重要な意味をもっていた。「家族の伝統がこの分野では基本的な役割を果たす。ハビトゥスが多くの職業の起源にある。家族のネットワークと指導階級の社交性によって与えられる人脈という資本が、重要な切り札になる。公職にある男の息子は、自分がやがて引き受けるべき社会的責任をもっているという考えのなかで大きくなる。しばしば彼は自分自身に使命が与えられていると思う。彼が政治的伝統を引き継ぐのは自然にみえる」〔五一三頁〕。これは伝統的な名望家の心性であろう。

代議士とローカルな世界

代議士は普通選挙によって選出される以上、当然ローカルな関係が重要である。「代議士は選挙民と国家のあいだの仲介者である。彼は、同時に、守護者であり庇護者であり助言者であることが要求される。彼に対する信頼として彼が得る敬意が、その代価である」〔七一五頁〕。

したがって、当然、県会、市町村会といったローカルな組織と密接な関係があった。とくに、代議士はこれらの地方議会の議員や市町村長を兼ねていたのでなおさらであった。次の表5は、地方議会の議員や市町村長を兼任している代議士を、第二帝政期とそれ以前とで比較したものである。

第二帝政の代議士で地方議会の議員や市町村長を兼ねている者は、それ以前に比べて突出している。第二帝政期のほとんどの代議士（八四・三四％）が、何らかの地方議会のポストに就いているが、なかでも県会議員を兼ねている者は、八割に近いこと、また市町村長を兼任している代議士も四割を超えている。郡会に関しては第二帝政期もそれ以前もほとんど関心をもたれていない。地方議会の議員を兼ねる代議士は、時代とともに増加し、帝政最後の一八六九年の立法院選挙では、五二年以来最高の八五・七六％に達した。また、代議士＝県会議員の兼職と、代議士＝県会議員＝市町村長の兼職のパターンが多かった［七三五頁］。

県会当り平均三二・八二人の県会議員がいたが(38)、県会に平均五・五三人の代議士（元代議士も含む）が含まれていた［七三九頁］。ここにさらに、第1節でみたように、大臣、元老院議員、コンセイユ・デタの評定官ら多くの政府高官が加わり、しばしば県会議長の職にあった。

帝政は、官選候補制を通して新しい人びとを選出することによって、名望家支配を脱しようとしたが、結局、地域の名望家に依存せざるをえない場合が多かった。「一八五二年において、政府は新しい人びとに官選候補の公認を与えようとしたにもかかわらず、どうしても過去を一掃することができなかった。それは、……政府が威信のある人物の保証を受けることを願っていたからであり、適切な人物をみつけることができなかったからであり、しばしば旧代議士に頼らざるをえなかったからであるが、しかしとくに政府が求めたのが地方議会の議員であったからである。この後者の大部分は、実際、十分知られており、また中央の議員よりも政治的に危険でないという利点をもっていた」［七三六頁］。

地域の名望家のなかでも、貴族が強い影響力をもっていた。「第二帝政のすべての代議士のなかで、貴族は地域と県の公職に相対的に最も専念している人びとである。彼らは県

表5　地方議員や市町村長を兼任している代議士の割合　（　）内は％。［733頁］

議員の種類	1852年以前	1852～70年
何らかの議員	317(51.71)	517(84.34)
県会議員	217(35.40)	481(78.47)
市町村長	136(22.19)	260(42.41)
郡会議員	45(7.34)	36(5.87)

会に多くの議員を擁し、ある者は大都市の市長になることを受け入れている。しかし、ブルジョワジーや下層出身の代議士に比べて、最も印象的なことは、彼らが占めている小都市の市長と村長の地位である。ローカルな委任を受ける人はとくにその社会的地位、影響力によって選ばれるのであって、その思想によってではない。県会議員、郡会議員、あるいは大都市の市長にあてはまることは、より低い次元においてはなお一層真実である。人びとは、彼が彼らの利益を守ることを期待している。生まれついての保護者である貴族以上に、誰がこの任務を果たせるだろうか。狭い地域では、市町村長の職はしばしば貴族の家族の父から息子へ移譲される。それほど重くないこの任務を避けることは、彼の条件に受け継がれている義務の一つを負うことを拒否することになり、家族の影響力をそれだけ弱めることになるだろう」［七四四～七四五頁］。

貴族が、彼らの権力の源としての地域にきわめて強い執着をもっていたことは、次のような事実に現われている。「貴族出身の代議士の九〇・七五％が、一つ以上の地方議会の議員を兼ねていたが、貴族でない代議士の兼職は八〇・五七％でしかなかった」［七四四頁］。また、名望家である大地主が、それはしばしば貴族であったが、県会のなかで支配的グループをなしており、また最も多く村長に任命されていた［七四六頁］。

他方、新しい代議士たちに対し、政府は早くから地域への根づきを要求し、非常にしばしば、代議士はまず県会議員になり、次いで市町村長になった［七三六～七三七頁］。県会の会期は短く、年一回開かれるだけであった。それゆえ、骨の折れる仕事ではなかった。代議士はそこで他の名望家や立法院の同僚、またしばしば元老院議員や大臣と接触した。それは、同郷同士のあいだで、隣人として会い、友情の絆を結び、あるいは関心のある計画を促進する機会でもあった［七三九頁］。

名望家と新人

官選候補者（五二〇名）には二つのグループが存在していた。一つは名望家であり、もう一つは「新人」であった〔七九五頁〕。前述のように、父親が名望家である代議士は少なくとも二〇二名おり、これは全体の三人に一人（三二・九五％）であった。彼らは地方において強固な地盤をもち、名望家支配を維持しようとした。第二帝政は、結局、彼らの支配の上にしか統治をおこなうことができなかったが、しかし、経済をはじめとするさまざまな近代化政策が彼らの基盤を掘り崩しつつあった。さらに、帝政が正当性の原理としている普通選挙の浸透が、徐々に名望家支配に影響を及ぼしていくことになる。アンソーは、ゆっくりとではあるが、第二帝政期に名望家の衰退が始まったと結論している。

「制限選挙王政期に伝統的名望家の全盛期を迎えたが、第二帝政期には彼らの衰退が始まる。多くの地域で、これらの人びとが選出され続けたのは、ただ普通選挙がなお幼児期にあり、農村の選挙民がまったく自由ではなかったためであった。選挙戦にますます積極的に参加せざるをえなくなり、また彼らの敵の攻撃に身をさらすことを余儀なくされて、彼らは自分たちの威信の一部を失った。とくに、権力は、可能な場合、官選候補の公認をもっと確かな候補に与えることを望んでいたのである」〔七九六頁〕。

他方、官選候補のもう一つのグループである「新人」については、アンソーは次のように結論している。「これらの人びとは、大部分ブルジョワジーの出身であるが、しばしば民衆の出身もいた。彼らのなかには、長期の教育を受けた最も多くの代議士とともに、教育を続けなかった人の大部分がみられる。自らの社会的上昇を、自分自身の力だけでかちえた独学で家父長的な企業家が、このグループのなかで最も広くみられた人物の一人である。これらの人びとはすべて、また彼らがなお指導階級に完全には一体化していないと感じている場合には、早くそのなかに溶け込みたいという意志によって特徴づけられる」〔七九七頁〕。彼らは、伝統的な名望家のような家門によらない、能力に依拠した新しい人びとを代表していたといえる。帝政は、このような「新人」を立法院に送り込むことで、名望家支配を打破しようとした。

帝政後半には立法院が政治の中心になっていく。立法院の代議士は帝政と名望家支配のまさに要に位置していたからである。一方では、彼らの多くが名望家出身であり、かつほとんどが政府公認の官選候補者であったが、他方では彼らは普通選挙によって選出され、県の利害を代表していた。このことが彼らを政治の中心に据えることになった。

一八七〇年のオリヴィエの議会主義帝政は、一見、伝統的な名望家支配に基礎をおく、七月王政期のオルレアニストや第二共和政期の秩序党の体制への回帰にみえるが、実際には上から近代化を推進しようとする中央集権的帝政と、状況に対応して自らも変化しつつあった名望家とのあいだの妥協の産物であったというべきであろう。

おわりに

第二帝政は名望家支配の上に権力を築かざるをえなかった。その上に立って、帝政は、普通選挙を権力の正当性の根拠とし、中央集権化を通して近代化を推進しようとした。名望家の側も、秩序を回復し維持できる権力として、帝政を受け入れた。しかし、帝政が中央集権化と近代化を推進することは、地域を支配し、地域と中央のあいだの媒介者として自らの権力を維持していた名望家の支配の基礎を掘り崩すことになる。例えば、英仏通商条約の締結をはじめとする自由貿易政策への転換は、フランス経済の近代化を企図したものであるが、名望家の一部に打撃を与えることになった。あるいは帝政が促進した鉄道網の整備は、市場構造を変えることにより、名望家支配の基礎であった農業そのもののあり方を変えていった(39)。

第二帝政期に、ジラールらが明らかにしたように、地方の名望家支配は衰退するどころか揺るぎなかったとしても、名望家が伝統的支配をそのまま維持することは不可能であった。近代化の進展をおしとどめることはできなかったし、普通選挙の浸透を阻止することもできなかった。彼らもそれに対応して変化していかざるをえなくなる。地域によっては名望家支配自体が変質していった。したがって、名望家といっても、かつての伝統的名望家とは同じではなくなっている。もちろん、全体が一様に変化したのではなく、地域によって大きな格差があった。テュデスクのいうように、帝政期に伝統的な名望家の衰退が始まったとしても、他方では彼らは状況に適応することによって、その支配を維持したのだった。このように分析に名望家の主体性を導入することで、ジラールとテュデスクの矛盾――名望家支配の持続か衰退か――を解明できるのではないだろうか。

第二帝政期における地方の名望家の恒常性の外観に対して、政治エリートの上層部では明らかな変化が生じていた。どの政治エリート(県会議員、知事、コンセイユ・デタ評定官、代議士)のグループでも、貴族と大ブルジョワジーからなる名望家が大半を占めていたが、しかし、そのなかで県会議員の場合を除いて、貴族の割合の減少と大ブルジョワジーの増加という共通の変化がみられた。第二帝政期の政治エリートにおいては、家門はなお決定的な力をもっていたが、政治・行政機関の指導的地位において徐々に能力主義的傾向が浸透していた。また、彼らのあいだに、例えば、家族に対する近代的な新しい感性が広がっていた。さらにとくに代議士の場合に明らかなように、彼らにとって経済と政治がそれまでにないような密接な関係をもっていた。その象徴が、大名望家であり、大企業経営者で立法院議長であったシュネデールであった。

あとがき

一九六〇年代後半に歴史の勉強を始めた者にとって、一九世紀のパリの歴史は光り輝いて見えた。戦後日本にとって近代化と民主化が喫緊の課題であったとき、フランス革命は近代民主主義の象徴であり、パリは華やかで文化的な近代都市そのものに見えた。パリは近代化と民主化をめざす導きの糸のように思えた。しかし、欧米の帝国主義と植民地支配について知るようになって、近代化や民主主義以前に欧米の近代そのものに対する批判が必要であると思うようになった。

他方、民衆の世界の研究に専念するようになって、それまでの一九世紀パリは別の相貌を示すようになった。パリ民衆は、民主主義の旗手であり担い手であったのは事実であるが、同時に彼らを取り巻く貧困と悲惨さは輝ける近代市民のイメージとはかけ離れていた。史料を通して見る彼らは、粗野で暴力的であるが、しかし、妙に魅力的でもあった。筆者にとってそのような民衆との出会いのきっかけとなったのは、本書第四章で取り上げたドニ・プロ『ル・シュブリム』であった。そこに現われる民衆の世界はじつに惨憺たるものであった。それはプロがシュブリムを徹底的に批判しようとしていたからであるが、そこに記述されている事実はプロの意図を超えて読む者に訴えてくるものがあった。筆者は『ル・シュブリム』に記述されている事実を一つ一つカードにとり、それをプロとは正反対の民衆運動の形成という観点から再構成し直すことによって、別の民衆像を創り出そうと企てた。たまたま同時期の公開集会運動の研究をおこなっていたため、酒場のシュブリムの世界と公開集会の世界が見事に眼前で交錯した。一本の補助線によって、異なるできごとのつながりが一気に見えるようになったのである(本書第四章と第五章参照)。そこに登場するシュブリムは、個性的で魅力的ですらあった。まさに「未開人 sauvage」の社会がそこにあった。近代社会を批判するために、欧米の知識人はアジアやアフリカの社会にそれを求めたが、近代都市パリという文明社会の足下に「未開人」の社会が存在していたのだ。それはじつに新鮮な経験だった。

パリ民衆ということでとくに印象に残ったのは、さまざまな史料の端々に登場する自立した無名の民衆たちの姿であった。もちろんパリ民衆がみんなそうだったというのではないが。彼らは、本書のいくつかの論稿のなかで、あるいは第一章「一九世紀パリ研究史」の著作紹介のなかに姿を見せている。自立した民衆エリートに関しては、拙著『第二帝政とパリ民衆の世界』(山川出版社、二〇〇〇年)のなかで詳細に取り上げている。彼らは組織に依存しない独立の存在であるが、それがどうして可能なのかがわからなかった。共和主義や社会主義といったイデオロギーや宗教的信念に依拠していたのではない。その自立性の基底には、腕一本でモノを創り出す優れた職人としての自負があった。自立した民衆は、労働とカルチエの日常生活における共同性とどこかでつながっているとは思うが、断言はできない。彼らは一九世紀パリの民衆運動のなかで重要な働きをし、バリケードにおける最後の闘いに決然として赴いた。彼らのすべてが正義のために闘っていたわけではないが、このような無名の民衆の自立性は近代的な個の自立性ではない。近代的市民の個の自立性ではない。

現代においても、時にパリの街の片隅で、あるいは何か大きな社会運動のなかで自立した民衆の姿が垣間見られるように思う。

最後に、本書は山岸美智子さんのご協力なしには日の目を見ることはなかったことを述べておきたい。彼女から本書の編集を承諾するメールをいただいたその日に、病院でステージⅢの進行性食道がんを発症していると告げられた。ひとまず出版を延期しようと思ったが、彼女に励まされ、編集を全面的に委任することでお願いすることになった。もしこのとき断念していたら、治療後の体力と気力の状態から考えて、出版はあきらめていたと思う。また、妻の和子はとくに退院後の長くつらい闘病生活をさりげなく支え続けてくれた。彼女なしにはそもそもがんからの復帰自体がなかったと思う。お二人に心からの感謝を捧げたい。

二〇二四年一二月四日

木下賢一

初出一覧

今回一書にまとめるにあたって、一部の既発表論文の見出しや前置き部分を変更したが、本文と論旨自体には変更を加えていない。今となっては問題意識が古くなっているものもあるが、曲がりなりにも事実と論理に基づいて論旨を展開することを心掛けてきたので、内容自体は変更する必要がないと判断した。

第Ⅰ部

第一章　「一九世紀パリ研究史」（書き下ろし）

第二章　「Let It Be」喜安朗ほか編『歴史として、記憶として――『社会運動史』一九七〇～一九八五』御茶の水書房、二〇一三年。

第Ⅱ部

第三章　「パリ・コミューン前夜の民衆運動――「労働の世界」と運動」『社会運動史』第一号、一九七二年。

第四章　「酒場と労働者と政治」（原題「第二帝制下におけるパリの労働者階級について」）『社会運動史』第五号、一九七五年。

第五章　「第二帝政末期のパリの公開集会（一八六八～一八七〇）」『史学雑誌』第八六編第七号、一九七七年。

第Ⅲ部

第六章　「第二帝政期パリの労働運動」（原題「第二帝政末期のパリの労働運動――労働者評議会を中心に」）『駿台史学』第六九号、一九八七年。

第七章　「第二帝政期パリの労働運動と民衆運動」『駿台史学』第八一号、一九九一年。

第八章　「ストライキを生きた労働者たち」(原題「フランスにおける労働史研究の新しい動向――ミシェル・ペロ著『ストライキにおける労働者』をめぐって」)『社会経済史学』第四三巻第二号、一九七七年。

第Ⅳ部

第九章　「一九世紀パリ民衆の世界――ルイ・シュヴァリエの歴史人口学的研究を中心に」『駿台史学』第五九号、一九八三年。

第一〇章　「一九世紀パリ民衆史再考」『駿台史学』第一三九号、二〇一〇年。

第一一章　「お雇い外国人になったコミューン兵士」(原題「お雇い外国人になったコミュナール」)『駿台史学』第七九号、一九九〇年。

第Ⅴ部

第一二章　「農村社会・名望家・国家」(原題「フランス第二帝政史研究における新しい動向について――「新しい政治史」に向けて」)『駿台史学』第一二四号、二〇〇五年。

第一三章　「フランス第二帝政と名望家支配」『駿台史学』第一三〇号、二〇〇七年。

近代都市《きんだいとし》パリの形成《けいせい》と民衆《みんしゅう》の世界《せかい》
近代化《きんだいか》と共同性《きょうどうせい》

2025年 3 月10日　　1 版 1 刷　印刷
2025年 3 月20日　　1 版 1 刷　発行

編　者　木下賢一《きのしたけんいち》

発行者　野澤武史

発行所　株式会社 山川出版社
〒101-0047　東京都千代田区内神田 1-13-13
電話　03(3293)8131(営業)　8134(編集)
https://www.yamakawa.co.jp/

印刷所　株式会社 明祥

製本所　株式会社 ブロケード

装　幀　長田年伸

Printed in Japan　ISBN978-4-634-67265-9

木下 賢一　きのしたけんいち
1943年生まれ
1977年，東京大学大学院人文科学研究科修士課程修了
1984〜2014年，明治大学文学部助教授・教授
2014年〜　明治大学名誉教授
主要著作：『第二帝政とパリ民衆の世界――「進歩」と「伝統」のはざまで』(山川出版社 2000)，「第二共和政と第二帝政」『世界歴史体系フランス史3』(山川出版社 1995)，「パリ万国博覧会労働者委員会――産業化と労働者エリート」『岩波講座世界歴史22』(岩波書店 1998)，『新しい歴史――歴史人類学への道』(共訳，新評論 1980)，『労働階級と危険な階級――19世紀前半のパリ』(共訳，みすず書房 1993)ほか

索　引

ア　行

カ　行

サ　行

タ　行

ナ　行

ハ　行

マ　行・ヤ　行

ラ　行

註

第１章　19世紀パリ研究史

（１）Louis Chevalier, *La formation de la population parisienne au XIXe siècle*, Paris/Presses universitaires, 1950.

（２）Louis Chevalier, *Classes laborieuses et classes dangereuses à Paris pendant la première moitié du XIXe siècle*, Paris/Plon, 1958. ルイ・シュヴァリエ著 , 喜安朗・木下賢一・相良匡俊訳『労働階級と危険な階級――19世紀前半のパリ』みすず書房，1993年。両書に関する詳細な紹介と論評は，拙稿「19世紀パリ民衆の世界――ルイ・シュヴァリエの歴史人口学的研究を中心に」『駿台史学』第59号，1983年を参照(本書第９章に収載)。

（３）Adeline Daumard, *La bourgeoisie parisienne de 1815 à 1848*, Ecole pratique des hautes études sixième section, 1963.

（４）*Le mouvement social*, no.100, 1977, p.52.

（５）*Dictionnaire biographique du mouvement ouvrier français, tome1–tome44, (1789–1939)*, publié sous la direction de Jean Maitron, Paris, 1964–97.

（６）福井憲彦「フランスにおける労働史(19～20世紀)研究の現在」『労働問題研究』第２号，五月社，1981年。

（７）Michelle Perrot, *Les ouvriers en grève, France 1871–1890*, Paris, La Haye, 1974. 同書の詳細な紹介と論評は，拙稿「フランスにおける労働史研究の新しい動向――ミシェル・ペロ著『ストライキにおける労働者』をめぐって」『社会経済史学』第43巻第２号，1977年を参照（本書第８章に「ストライキを生きた労働者たち」として収載)。

（８）Françoise Raison-Jourde, *La Colonie auvergnate de Paris au XIXe siècle*, Paris, 1976. 同書については，國府久郎「19世紀パリにおける地方出身者の歴史」『長崎外大論叢』第16号別冊(2012年12月)で紹介されている。

（９）Jeanne Gaillard, *Paris, la Ville (1852–1870)*, Editions Honoré Champion, 1977, rééd, 1997.

(10) 中野隆生編『都市空間の社会史――日本とフランス』山川出版社，2004年。中野隆生編『都市空間と民衆――日本とフランス』山川出版社，2006年。

(11) Alain Faure, “Formation et renouvellement du peuple de Paris: Aspects du peuplement de Paris de la Commune à la Grande Guerre”(アラン・フォール著，木下賢一訳「パリ民衆の形成と更新――コミューンから第一次大戦までのパリ民衆の形成の諸側面」), Center for International Programes, Meiji University, 1999.

(12) Gérard Jacquemet, *Belleville au XIXe siècle, du faubourg à la ville,* l'Ecole des Hautes Etudes en Sciences Sociales & J. Touzot, 1984. 同書は，西岡芳彦「ヨーロッパ近代都市社会史研究の成果と課題――フランス」『歴史評論』第500号，1991年 で紹介されている。

(13) Fabrice Laroulandie, *Les ouvriers de Paris au XIXe siècle,* Editions Christian, 1997.

(14) 木下賢一「第二帝制下におけるパリの労働者階級について」『社会運動史』第５号，1975年(本書第４章に「酒場と労働者と政治」として収載)。

(15) Barrie M. Ratcliffe et Christine Piette, *Vivre la ville: Les classes populaires à Paris (première moitié du XIX*[e] *siècle)*, La Boutique de l'Histoire éditions, 2007. 詳細な紹介と論評は，木下賢一「19世紀パリ民衆史再考」『駿台史学』第139号，2010年３月を参照(本書第10章に収載)。
(16) Maurizio Gribaudi, *Paris, Ville ouvrière, Une histoire occultée (1789–1848)*, La Découverte, 2014.
(17) Christophe Charle, *Paris,"capitales" des XIX*[e] *siècle*, Seuil, 2021.

第２章　Let It Be

(１) 東洋大学人間科学総合研究所公開セミナー「再び「戦後史学と社会運動史」をめぐって」東洋大学，2012年３月17日。
(２) これはのちに，柴田三千雄『バブーフの陰謀』岩波書店，1968年 として出版された。
(３) これはのちに，ジョルジュ・ルフェーヴル著，高橋幸八郎・柴田三千雄・遅塚忠躬訳『1789年――フランス革命序論』岩波書店，1975年 として訳出された。
(４) これはのちに，木下賢一『第二帝政とパリ民衆の世界――「進歩」と「伝統」のはざまで』山川出版社，2000年 としてまとめた。
(５) G・ルフェーヴル著，二宮宏之訳『革命的群衆』創文社，1982年。
(６) 井上幸治『秩父事件――自由民権期の農民蜂起』中央公論社，1968年。
(７) 井上幸治・色川大吉「対談・秩父事件をめぐって」『歴史公論』1976年１月，76-77頁。
(８) E・J・ホブズボーム著，青木保編訳『反抗の原初形態――千年王国主義と社会運動』中央公論社，1971年。
(９) のちに全訳が出版された。E・J・ホブズボーム著，水田洋・安川悦子・堀田誠三訳『素朴な反逆者たち――思想の社会史 』社会思想社，1989年。
(10) E・J・ホブズボーム著，斎藤三郎訳『匪賊の社会史――ロビン・フッドからガン・マンまで』みすず書房，1972年。
(11) H・ルフェーヴル著，河野健二・柴田朝子訳『パリ・コミューン』上・下，岩波書店，1967-68年(原著1965年)。
(12) 木下賢一「パリ・コミューン前夜の民衆運動――「労働の世界」と運動」『社会運動史』第１号，1972年。
(13) 木下賢一「第二帝制下におけるパリの労働者階級について」『社会運動史』第５号，1975年。
(14) 木下賢一「第二帝制末期のパリの公開集会(1868～1870)」『史学雑誌』第86編第７号，1977年。
(15) 渋谷定輔『農民哀史から六十年』岩波書店，1986年，89頁。
(16) とくに，Louis Chevalier, *La formation de la population parisienne au XIX*[e] *siècle*, Paris/Presses universitaires, 1950. また，Louis Chevalier, *Classes laborieuses et classes, dangereuses à Paris pendant la première moitié du XIX*[e] *siècle,* Paris/Plon, 1958.(喜安朗・木下賢一・相良匡俊訳『労働階級と危険な階級――19世紀前半のパリ』みすず書房，1993年)

＊『社会運動史』をめぐる問題に関しては，研究会メンバーによる論文集成として，喜安朗・北原敦・岡本充弘・谷川稔編『歴史として，記憶として―― 『社会運動史』1970～1985』御茶の水書房，2013年 を参照。

第３章　パリ・コミューン前夜の民衆運動

（１）例えば，柴田三千雄『バブーフの陰謀』岩波書店，1968年。サン・キュロット運動が独自の発生原因，構成メンバー，組織，目標，行動形態をもった自律的な運動であったことが，そこで明らかにされている。

（２）この点に関しては，喜安朗・木下賢一「19世紀民衆運動の論理」『中央公論』1971年７月号の喜安の発言を参照。

（３）Jacques Rougerie, *Procès des Communards*, Gallimard, 1964. また同著者の *Paris libre 1871*, Paris/Seuil, 1971.

（４）柴田，前掲書。また，同著者の「フランス革命とヨーロッパ」『岩波講座 世界歴史』第18巻を参照。

（５）Rougerie, *op.cit.*

（６）柴田『バブーフの陰謀』20頁。

（７）柴田「フランス革命とヨーロッパ」94-95頁。

（８）バブーフの社会理論が，共同体を重視していること，また，そのような理論形成が彼のピカルディでの農村生活の体験と深い関連をもっていたということは，柴田の『バブーフの陰謀』第６章第３節「社会理論」の項を参照。

（９）相良匡俊「革命的サンジカリスムについて」『現代史研究』第22号，1968年。彼はこの世界を次のように示している。「労働者は経済的にも政治的にも，また，精神的にも労働者として，このプルードン的社会と呼び得る，外の世界と何の共通性ももたない独自の世界を持っていた」33頁。

（10）抽象的にいうならば，ここではさしあたり次のようにいえるだろう。すなわち，例えば，人と人との関係が物と物との関係として現象するブルジョワ社会にあっても，完全に物にはなりえない人間がつくりだす関係がここでいう共同性であり，とくにブルジョワ社会にあっては，それはブルジョワ社会の人的結合のあり方の否定として現われる。しかし，それは必然的にブルジョワ社会の全面的否定へと発展するわけではない。民衆の蜂起を媒介にしてはじめてそこへ達する。問題は，「労働の世界」の共同性がどのように蜂起へと形成されるのか，またその過程でこの共同性はどのように変質するのか，という点にある。

（11）第二帝政下における産業資本の急速な発展に関する具体的研究については，以下の諸著を参照。

Émile Levasseur, *Histoire des classes ouvrières et de l'industrie en France de 1789 à 1870*, t.II, Paris, 1904.

Georges Duveau, *La Vie ouvrière en France sous le Second Empire*, Paris, 1946.

E. Jeloubovskaia, *La chute du Second Empire et la naissance de la Troisième République*, édition en langues étrangers, Moscou, 1959.

エリ・ア・メンデリソン著，飯田貫一ほか訳『恐慌の理論と歴史』第２分冊，青木書店，

1960年。また，同シリーズの第4分冊には，1800〜1900年におけるフランスの経済的発展に関する基本的統計指標が掲載されている。

（12）Jeloubovskaia, *op.cit.*, 第1章を参照。しかし，ジェルボフスカヤはこの集中化を重視しすぎているようである。例えば，Rougerie, *Paris libre 1871*, 第1章を参照。

（13）Rougerie, *Paris libre. . .* , p.12. デュヴォは次のように述べている。「1848年にはなお手工業的なフランスは，1870年には工業的強国として現われる。しかし，第二帝政下に，日ごとますます脅威を加えつつある工場やマニュファクチャーに対して，小仕事場とりわけ家内労働者が，非常に狭い輪のなかに閉じ込められていたと想像するのは，誤りであろう。一方の生産様式が他方のそれによって圧し潰されることはなかった。むしろ，二つの体系は共存していたのであり，生まれたばかりの大工業と並んで，つつましい仕事場と家内工業は国民経済のなかでかなりの重要性を保持している」。Duveau, *op.cit.*, p.105.

（14）Jeloubovskaia, *op.cit.*, p.35. それらの具体例は36頁を参照。また，Rougerie, *Paris libre. . .* , p.13 を参照。

（15）Armand Audiganne, *Les populations ouvrières et les industries de la France, études comparatives*, t.I, Paris, 1860, p.290.

（16）*Ibid.*, pp.291-292.

（17）Jacques Rougerie, “Composition d'une population insurgée, L'exemple de la Commune”, *Le Mouvement social*, no. 48, 1964 を参照。19世紀後半の民衆運動にとって，この熟練労働者のもつ重要性は，次のようにいえるだろう。「さまざまな形態の諸組織，それは生まれたり消滅したりするが，それらを鼓舞する人びとは，むしろアルチザンや非常に旧い職業の労働者〔熟練労働者〕である。彼らは，読んだり書いたりすることができ，ある種の政治的なまた社会的な問題について十分に考えていた。彼らは，長期にわたる徒弟修業を受けていたが，これは手先の熟達を彼らに伝受するとともに，より独立不羈の人格と，自己の果たしうる役割についてのしばしば明確な意識を伝えたのである。彼らは，一般的にいって，この世紀後半の労働運動の中核を供給する」。Jean Bron, *Histoire du Mouvement ouvrier français*, t.I, Paris, 1968, p.151. この徒弟修業を含む熟練労働者の世界の意味については，次節で述べる。

（18）Jeloubovskaia, *op.cit.*, p.71.

（19）もちろん，次節で述べるようなカルチエを核とした民衆運動に比較すると，かなり異なる論理をもっている。例えば，その要求するところは，ほとんどすべて賃上げと労働時間の短縮を超えるものではなく，革命理論の次元からするとき，それは改良主義的と結論せざるをえないものである。しかし，革命か改良かという問題の立て方は，党派の次元からいえることで，一定の社会変革の戦略の問題といえよう。民衆の側からするとき，改良主義的要求を掲げておこなわれるストライキが，しばしば暴動へと発展することは何ら妨げられない。

（20）Paul Chauvet, *Les ouvriers du livre en France*, Paris, 1956, p.304.

（21）*Ibid.*, p.270.

（22）*Ibid.*, p.261.

（23）帝政末期のストライキの激化という状況のなかで，パリ支部の指導部のイニシアチ

ヴは，相互主義者から集産主義者へと移行した。集産主義者と相互主義者のあいだの対立は，原理的には，生産手段の共有を認めるか否かにかかっていた。後者は生産手段の個人的所有を，それが個人のイニシアチヴを保証すると考えて要求したのに対し，前者はこのような個人主義が現実の闘争を妨げているとみなす。そして，彼らは生産手段の組合による共有化を主張するのであるが，これを実現することによって闘争の強化と同時に個人のイニシアチヴを発揮できると考えた。集産主義者のこのような確信を根拠づけていたのは，労働者の組織における共同性であり，またそれがストライキへと形成されるときに生み出される労働者のあいだの連帯意識と自己組織化への志向であった。帝政末期におけるインタナショナルに関しては，ここではヴァルランの次のような指摘をあげるにとどめておく。「労働者の諸組織は，それが現在いかなる形態をとっていようと，人びとを団体生活になじませ，こうして彼らをより拡大された社会組織のために準備させるというこの巨大な利点をすでにもっている」。これは『ラ・マルセイエーズ』紙に掲載された彼の論文からの引用であるが，ルージュリの次の論文に再録されている。Jacques Rougerie, “Les sections françaises de l'Association internationale des Travailleurs”, *La Première Internationale*, Paris, 1968.

(24) Chauvet, *op.cit.*, p.314 .

(25) Jacques Rougerie, “Belleville”, in *Bibliothèque de la révolution de 1848*, t.XXI, p.35.

(26) 以下のベルヴィルの叙述は，ほとんど上記のルージュリの分析によった。しかし，そのままの要約ではなくて筆者の視点から読み替えている。

(27) このような同質性をもった労働者が集中している労働者街における共同性の意味が最も純粋な形でみられるのは，1831年と34年に最初の労働者蜂起をおこなったリヨンの絹織工の場合であろう。当時，リヨンは同一産業に働いている労働者が最も集中しており，リヨン絹工業の存在形態は，あるカルチエに小仕事場が集中するという形をとっていた。そこから次のような事実がでてくる。「彼ら〔絹織工〕は，工場のなかでは結びつかなかったが，700台の織機が20の工場で作動しているトロザン街のように，彼らのカルチエは，共有された経験の共同体を構成していた。彼らの新聞は，共同体の諸問題を捉え論じていた」。R. J. Bezucha, “Aspects du conflit des classes à Lyon, 1831-1834”, *Le Mouvement social*, no.76, p.26.

(28) ベルヴィルの労働者の意識そのものは必ずしも独自ではないことは，R. Wolfe, “The parisian Club de la Révolution of the 18th arrondissement 1870-1871”, *Past and Present*, No. 39, 1968 を参照。ヴォルフは，モンマルトルや他の労働者街にも，ルージュリがベルヴィル特有の雰囲気としてあげたものが存在すると指摘している。重要なことは，人的結合のあり方が，カルチエの独自性を生み出すという点であり，とくに運動が形成されるときにそれが現われることである。

(29) Duveau, *op.cit.*, p.499.

(30) *Ibid.*, p.504.

(31) Ch. Keller, “Un souvenir de la Marmite”, *La Vie ouvrière*, 5 mai 1913, p.560.

(32) M. G. de Molinari, *Le Mouvement socialiste et les Réunions publiques avant la Révolution de 4 septembre 1870*, Paris, 1872, p.7. 以下，公開集会に関する叙述は，とくに断らない限り，この著作による。

(33) 例えば，モンマルトルの公開集会においては次のような変化が現われている。「集会が続けられるに従って，それ以前に何らの政治的経験ももたない地区の労働者が演壇に立ち，彼ら自身の要求と不満を表明し始めた。これらの労働者の幾人かは，やがてモンマルトル支部〔インタナショナル〕かブランキストの細胞に加わった。しかし彼らのほとんどは，公開集会それ自身と一体化していたあの大きな成長しつつある一群のミリタンの一部へと徐々になっていった」。Wolfe, *op.cit.*, pp.86–87.

(34) 民衆の意識の変化は，稿を改めて論じたいと思っているが，それは1869年３月のB. マロンの次のような手紙を通してもうかがえる。「パリにおける公開集会はその革命的な仕事を続けていた。それらは，はじめは経済学者が，次いで相互主義者，のちには曖昧な社会主義者〔が中心になったが〕，ますます革命的共産主義の色合いをとってきている」。この手紙は A. Richard, "Les propagateurs de l'Internationale en France", *La Revue socialiste*, t.XXIII, 1896, p.654.

(35) ブランキは，このような蜂起者として現われるパリの労働者を鋭く捉えていた。彼は1868年に，インタナショナル・ルアン支部の指導者であるオブリーの論文に関して次のように述べた。「労働者の内なるシトワイヤン（市民）を破壊し，労働者を，その道義的・知的発展から排除して，彼ら固有の利益，その最も動物的な利益の追求のみに没頭させて，一般的な諸問題から引き離すことが欲せられた。労働者を胃袋の諸機能へとおとしめ，頭脳の諸機能を彼らから取り上げようと企てられた。哲学的・政治的配慮はまったくなく，宗教的諸問題に関して何もなく，社会の統治に関しても何もなく，ただ畜生のように飲むことと食うことだけ。その代償に政府は，全力をあげて人民の自己放棄を奨励した。しかし，彼らの怒り，恐怖そして暴力を覚醒させるためには，すべての者がこの純枠に動物的な役割に甘んじることを望むわけではない，ということで十分であった」（Auguste Blanqui, *Critique sociale*, t.II, 1885, pp.173–174）。ここで重要なことは，彼の労働者観，とりわけシトワイヤンの概念であろう。ブランキが革命の達成において依拠したのは，この労働者の内なるシトワイヤンであった。ここでいうシトワイヤンとは，労働者という社会的規定を受けた存在に内在する全体的な存在としての人間を意味していると考えられる。この社会的規定を受けた存在としての労働者が，その規定性を打破するときに現われる蜂起者としてのあり方であるともいえるだろう。

(36) Rougcrie, "Belleville", pp.32–33 を参照。

(37) Henri Lefebvre, *La proclamation de la Commune, 26 mars 1871*, Paris, 1965, p.180（邦訳，上巻248頁）。

第４章　酒場と労働者と政治

(１) Georges Duveau, *La vie ouvrière en France sous le socond Empire*, Paris, 1946.

(２) Denis Poulot, *Le Sublime*, 3e éd., Paris, s.d. [1887].

(３) 喜安朗「フランス第三共和政の形成と政治支配の論理」『歴史学研究』第350号，1969年。

(４) これはプロの誇張と思われる。例えば，1866年において金属部門の労働者の割合はパリの全労働者の7.4％である。Cf. Jacques Rougerie, *Paris libre 1871*, Paris/Seuil, 1971, p.11. パーセンテージは筆者の計算による。

（5）木下賢一「パリ・コミューン前夜の民衆運動」『社会運動史』第1号，1972年。
＊ 本稿発表以後にこのテーマに関して出版された仕事としては以下がある。
Denis Poulot, *Le sublime ou le travailleur comme il est en 1870, et ce qu'il peut être*, Maspero, 1980.
ドニ・プロ著，見富尚人訳『崇高なる者――19世紀パリ民衆生活誌』岩波書店，1990年。

第5章 第二帝政末期パリの公開集会

（1）Réunion publique はさまざまに邦訳されているが，*Le Petit Robert*, Paris, 1967の public の項をみると，accessible, ouvert à tous という意味の用例として Réunion publique があげられているので，本章では公開集会と訳しておいた。
（2）Georges Bourgin, *La Commune*, 5e éd., Paris, 1971, p.14. 上村正訳『パリ・コミューン』白水社，1965年，17-18頁(ただし，訳文はそのままではなく邦訳の責任は筆者にある。以下，邦訳書が併記されている場合はすべて同様)。
（3）Jules Vallès, *L'insurgé*, Garnier-Flammarion, 1970, p.158. 谷長茂『パリ・コミューン』中央公論社，1965年，387-388頁。
（4）Albert Thomas, *Le Second Empire (1852-1870)*, t.X de l'Histoire socialiste, dirigée par J. Jaurès, Paris, s.d. [1906], p.327.
（5）例えば，André Decouflé, *La Commune de Paris (1871)*, Paris, 1969, p.30.
（6）公開集会を直接対象としたものではないが，パリの第18区の公開集会については，Robert Wolfe, "The Parisian Club de la Révolution of the 18th Arrondissement 1870-1871", *Past and Present*, No.39, 1968 を参照。
（7）Iouda Tchernoff, *Le Parti Républicain au Coup d'État et sous le Second Empire,* Paris, 1906, p.495.
（8）Georges Weill, *Histoire du Mouvement social en France (1852-1902)*, Paris, 1905, p.120.
（9）民衆という概念と労働者という概念は，本章では次のように区別して用いた。労働者というとき，それは経済学的観点から，すなわち生産関係の観点から使われており，他方民衆というとき，労働をも含めた生活者としての労働者を表現しようとしている。経済学的には，一部の小ブルジョワもここでいう民衆に含まれるだろう。この民衆概念は明確さを欠くが，民衆運動という事実を具体的に捉えるために必要と考えられる。
（10）*Papiers Odilon Barrot*, Bibliothèque historique de la Ville de Paris, NA155. この草稿の由来は詳らかではないが，内容に関しては他の史料と比較・検討した結果，信頼するに値するとみなしうる。この草稿には，各集会について各々開催年月日，集会場所，討論議題，その集会が講演会であったかどうか，また解散させられたかどうかを註記した備考欄からなる一覧表が付されている。なおこの史料の所在については，フランスの歴史家アラン・フォール(Alain Faure)氏にご教示いただいた。
（11）*Papiers Rouher,* Archives Nationales, 45A P6. これは，地区(カルチエ)の警視の警視総監宛の報告で，集会臨席の警視付速記者の速記を起こしたもの，あるいはその抜粋に警視の印象を付け加えたものである。史料としては第一級の価値を有するといえるが，残念なことにルーエル関係文書のなかには1868年の集会の一部(計43集会)についてしか存

在しない。

(12) 多かれ少なかれほとんどすべてのパリの新聞は，公開集会について報道し，特別に公開集会のための欄を設けている新聞も少なくない。公開集会専門の新聞もいくつか存在する。本章で参照した新聞ならびに印刷史料に関しては註を参照されたい。

(13) 本節は，先に発表した拙稿「パリ・コミューン前夜の民衆運動――「労働の世界」と運動」『社会運動史』第1号，1972年 で提示した問題の詳論である。

(14) Jacques Rougerie, *Paris libre 1871*, Paris/Seuil, 1971, pp.9-10. Cf. *Résultats statistiques du dénombrement de 1886 pour la ville de Paris et le départements de la Seine et renseignements relatifs aux dénombrements antérieurs*, Paris, 1887. ルージュリはこれを元にして若干補正を加えている。

(15) Rougerie, *op.cit.*, p.10. ここでは934,575人となっているが，誤植と思われる。

(16) *Ibid.*, p.10.

(17) *Ibid.*, pp.10-11.

(18) *Ibid.*, p.9.

(19) Toussaint Loua, *Atlas statistique de la population de Paris*, Pairs, 1873. Cf. Rougerie, *op.cit.*, p.18.

(20) Loua, *op.cit.*, p.68.

(21) Anthime Corbon, *Le secret du peuple de Paris,* Paris, 1863, p.209. ラザール(Lazare)も1870年に同様の事実を指摘している。「女王の緋のローブにボロ衣が縫いつけられた。……パリのなかに，まったく異質の敵対する二つの町がつくられた。豪華な町と，それをかこみ封鎖する貧困の町。……女王の町のまわりに労働者のおそるべき町が生まれる」(柴田三千雄『パリ・コミューン』中央公論社，1973年，18-19頁)。

(22) Émile Levasseur, *Histoire des classes ouvrières et de l'industrie en France de 1789 à 1870*, 2e éd., Paris, 1904 (réimprimé 1969), t.II, p.775. このような変化は，すでに1855年にパリ商工会議所が警視総監へ宛てた報告のなかでも指摘されている。「労働者をパリの中心部から遠ざけるよう強いる状況が，一般的にいって，彼らの振舞と精神に遺憾な結果をもたらしていることが認められる。かつては，彼らは一般に，企業家や比較的裕福な人びとの家族が住んでいる同じ建物の上の方の階に住んでいた。一種の連帯意識が同じ建物の住人のあいだに存在していた。お互いに何らかの意味で尽力し合った。労働者は，病気や失業の際に，多くの物質的援助と庇護を得たし，他方，一種の人間的尊厳が労働者の習慣のなかに規律正しい性格をもたらしていた。サン・マルタン運河の北，あるいは市門の外までさえ移動してからは，労働者はブルジョワの家族のいないところに住んでおり，そこではかつてこの隣人が彼らに与えた援助は奪われ，抑制は取り払われてしまっている」(Louis Chevalier, *Les Parisiens,* Paris, 1967, p.129)。

(23) パリのオスマン化とそれがパリ民衆に及ぼした結果については，Louis Girard, *Etude comparée des mouvements révolutionnaires en France en 1830, 1848 et 1870-71 (1870-1871)*, Paris, 1969, pp.16-22 を参照。

(24) Cf. René Rémond, *La vie politique en France depuis 1789*, t.II, Paris, 1969, p.200.

(25) *Le Rappel*, 13 mai 1870.

(26) 第13区は後でみるように，公開集会運動も盛んな区で，包囲下やコミューンでも重

要な運動の中心の一つであり，詳細な検討の必要があると思われる。

(27) ここで「労働者の世界」(le monde ouvrier) というのは，さしあたり労働者街の日常生活で民衆が相互に取り結ぶ関係＝共同性から生まれる一つの世界を指している。換言すれば，民衆の意識と民衆が相互に取り結ぶ関係を同時に表現しようとするものである。歴史的にいえば，未だブルジョワ的イデオロギー支配が貫徹していない相対的に自立した世界といえよう。なお，前掲拙稿「パリ・コミューン前夜」では，「労働の世界」という表現を用いたが，これは抽象的と思われ，また独特な意味がそこに込められる恐れがあるので上記の表現を用いた。「労働者の世界」というのは，民衆からすれば，好んで選び取った世界ではなく，むしろ余儀なくおかれた状況である。

(28) Denis Poulot, *Le Sublime,* 3e éd., Paris, s.d.[1887]. 同書についての詳細な分析は，拙稿「第二帝制下におけるパリの労働者階級について」『社会運動史』第5号，1975年 を参照。

(29) エミール・ゾラ著，田辺貞之助・河内清訳『居酒屋』岩波書店，1970年，上巻，3頁。ルヴァスールも19世紀の労働者の二大害悪として男性の飲酒癖と女性の放縦を指摘している。Levasseur, *op.cit.*, t.II, p.767.

(30) この二つのイメージが重なっていたことは，例えばパリ・コミューン参加のゆえをもって刑の宣告を受けた者の28.9%が前科をもっており，しかもその前科の内容が政治犯罪よりも盗みがはるかに多いということにも示されている。Jacques Rougerie, "Composition d'une population insurgée, L'exemple de la Commune", *Le Mouvement social*, no.48, 1964, p.44.

(31) Decouflé, *op.cit.*, p.23.

(32) Armand Audiganne, *Les populations ouvrières et les industries de la France*, Paris, 1860 (réimprimé 1970), t.I, p.283.

(33) Poulot, *op.cit.*, p.199. また仕事場では他の労働者のことを仲間 (compagnon) と呼ぶ。

(34) Corbon, *op.cit.*, p.183.

(35) *Ibid.*, p.21.

(36) *Ibid.*, p.185.

(37) *Ibid.*, p.212.

(38) Audiganne, *op.cit.*, p.283.

(39) Corbon, *op.cit.*, p.184.

(40) コルボンとプロの描くパリ民衆像は著しく異なるかにみえるが，必ずしも矛盾していない。コルボンの場合は，パリ民衆の弁護を意図しており，1848年の経験を媒介としてパリ民衆のエートスを抽出することに重点をおいている。そのためパリ民衆のおかれていた具体的状況が捨象される結果になっている。現実には，コルボンも認めるように，「酒場・賭博・女」が民衆の情熱の対象であったのである。コルボンとは対照的にパリ民衆の現実の生活を克明に記録したのがプロであり，彼の場合は民衆の「腐敗・堕落」を剔出することが意図されており，民衆のエートスは捨象される結果になっている。

(41) Poulot, *op.cit.*, pp.203–204. Levasseur, *op.cit.*, t.II, p.725.

(42) プロの前掲書にはさまざまな例があげられている。詳細な検討は，前掲拙稿「第二帝制下」を参照。

(43) Corbon, *op.cit.*, pp.74-78.
(44) 牢獄における六月蜂起の囚人と1849年6月13日事件の囚人のあいだの根深い憎悪と反目については, Vallès, *op.cit.*, pp.124-125(邦訳, 353頁)を参照。
(45) 例えば, 市庁舎奪取・バリケード・赤旗などに象徴される。
(46) Vallès, *op.cit.*, p.125. 邦訳, 353頁。
(47) *Ibid.*, p.125. 邦訳, 353-354頁。
(48) *Ibid.*, p.123. 邦訳, 351頁。
(49) *Ibid.*, p.124. 邦訳, 352頁。
(50) *Ibid.*, p.126. 邦訳, 354-355頁。
(51) 木下「パリ・コミューン前夜」。
(52) Georges Duveau, *La vie ouvrière en France sous le Second Empire*, 3e éd., Paris, 1946, pp.498-499.
(53) *Ibid.*, p.499. Poulot, *op.cit.*, pp.160-166.
(54) *Résultats statistiques du dénombrement de 1886 pour la Ville de Paris. . .* , p.830 et p.835.
(55) Vallès, *op.cit.*, p.126. 邦訳, 354頁。
(56) Poulot, *op.cit.*, pp.20-21. ルヴァスールは「シュブリム」の割合は当時のパリの賃金生活者の半分を超えることはないとしている。Levasseur, *op.cit.*, t.II, p.774.
(57) Poulot, *op.cit.*, pp.98-99.
(58) *Ibid.*, pp.73-74.
(59) *Ibid.*, p.134.
(60) *Ibid.*, pp.105-106.
(61) *Ibid.*, p.121.
(62) *Ibid.*
(63) *Ibid.*, p.124.
(64) *Ibid.*, p.122.
(65) *Ibid.*, p.106.
(66) *Ibid.*, p.107.
(67) *Ibid.*, pp.113-114.
(68) *Dictionnaire biographique du mouvement ouvrier français*, publié sous la direction de Jean Maitron, t.IV–IX, Paris, 1967-71.
(69) Duveau, *op.cit.*, p.516.
(70) *Ibid.*, p.468.
(71) Poulot, *op.cit.*, p.157.
(72) *Ibid.*, p.101.
(73) *Ibid.*, p.242.
(74) Louis-Albert, *Les orateurs des réunions publiques de Paris en 1869*, Paris, s.d. [1869], p.78.
(75) Girard, *op.cit.*, pp.18-19.
(76) 1868年6月6日の法律の全文は, 例えば次の著作に再録されている。Georges Dubois, *Commentaire théorique et pratique de la loi du 6 juin 1868 sur les réunions publiques*, Paris,

1869, pp.68–74.

(77) 公開集会の統計作成にあたって基本にしたのは，*Papiers Odilon Barrot*, Bibliotheque historique de la Ville de Paris, NA155(以下，*Papiers Barrot* と略す)の一覧表であるが，これには若干誤りが存在し，脱漏もあって完全なものではない。これを以下の文献によって訂正・追加した。手稿資料として，*Papiers Rouher,* Archives Nationales 45 AP6(以下 *Papiers Rouher* と略す)，当時の新聞として，*Le Réveil, Le Rappel, La Marseillaise, La Tribune populaire*(ただし５号分)，*Les Orateurs des Clubs*(４号分)，*La Tribune populaire illustrée*(２号分)，また Auguste Vitu, *Les réunions publiques à Paris 1868–1869*, Paris, 1869. Louis-Albert, *Les orateurs des réunions publiques de Paris en 1869*, Paris, s.d. [1869], *Documents pour servir à l'histoire de nos moeurs, compte-rendu d'un habitué de réunions publiques non politiques (février-septembre 1869)*, Paris, 1874, M. G. de Molinari, *Le mouvement socialiste et les réunions publiques avant la Révolution du 4 septembre 1870*, Paris, 1872.

(78) 例えば，次の著書だけでも108回の選挙集会を数えられる。Auguste Vitu, *Les réunions électorales à Paris, Mai 1869*, Paris, 1869.

(79) Gustave Lefrançais, *Souvenirs d'un révolutionnaire, texte établi et presenté par Jan Cerny*, Paris, 1972, p.254.

(80) 例えば，1869年３月７日のロベール・ホール(Salle Robert)での集会では，議題について一言の言及もなかった。*Papiers Barrot.*

(81) Vitu, *Les réunions publiques*, p.9.

(82) Prosper-Olivier Lissagaray, *Histoire de la Commune de 1871*, Marcel Rivière et Cie, 1947. 喜安朗・長部重康訳『パリ・コミューン』現代思潮社，1968年，上巻41頁。

(83) Lefrançais, *op.cit.*, p.262.

(84) Eugène Chemalé, "Les réunions publiques de Paris", in Louis-Albert, *op.cit.*, pp.9–12.

(85) M. G. de Molinari, *op.cit.*, p.75.

(86) *Papiers Barrot.* これは無名の民衆が名の知られる弁士になっていく一つの型でもある。例えば，ペイルートン(Peyrouton)，アムルー(Amouroux)，ブリオヌ(Briosne)，ガヤール親爺など。

(87) Lefrançais, *op.cit.*, p.254.

(88) このことは同じ弁士が集会場によって聴衆の受けが違うことからもいえる。おもな集会場の「固有の表情」については，例えば，Lefrançais, *op.cit*, pp.254–255.

(89) Maurice Allem, *La vie quotidienne sous le Second Empire*, Paris, 1948, p.108 を参照。当時のパリ案内書のダンス・ホール(bals publics)の項には次のように述べられている。「それらの大部分ははっきり決まった特定の公衆によって通われており，観察者や外国人にとって非常に興味深い慣習の勉強になる。しかし，母親はそこへ娘を連れて行ってはならない」。Adolphe Joanne, *Paris illustré en 1871: Guide de l'étranger et du Parisien*, 2e éd., Paris, s.d., p.616.

(90) このような小集団の存在は公開集会に関するほとんどすべての文献に確認される。とくに *Documents pour servir à l'histoire de nos moeurs. . .* , pp.10–13 ではこのような集団の中心にいる男の動きが具体的に描写されていて興味深い。

(91) Poulot, *op.cit.*, pp.50-51, p.60 et p.118.
(92) Lefrançais, *op.cit.*, p.245.
(93) Cf. Benoit Malon, *La Troisième défaite du proletariat français*, Neuchatel, 1871, réimprimé 1968, pp.33-34. Gustave Lefrançais, *Etude sur le mouvement communaliste*, Neuchâtel, 1871, réimprimé 1968, pp.44-45.
(94) 例えば，ヴァルラン(Varlin)，トラン(Tolain)，カメリナ(Camélinat)，ミュレ(Murat)，シュマレ(Chemalé)，ロンゲ(Longuet)など。
(95) 例えば，1868年10月から一連の集会を組織している。また新しい支部の組織と宣伝も集会でおこなわれた。*Papiers Barrot.*
(96) 弁士の一人でもあったルヴァスールは，インタナショナルの大会で討議された諸理論が公開集会で広められたこと，またそれらの理論を説く弁士の大部分がインタナショナルに所属していなかったことを指摘している。Levasseur, *op.cit.*, t.II, p.649.
(97) これは前出註(95)の一連の集会が出発点になっている。
(98) 例えば，石工・仕立師・建築労働者など。*Papiers Barrot.*
(99) Levasseur, *op.cit.*, t.II, p.655.
(100) Vitu, *Les réunions électorales*, p.29.
(101) *La Tribune populaire illustré*, 19 fevrier 1869.
(102) *Les Orateurs des Clubs*, 13 fevrier 1869.
(103) Lefrançais, *Souvenirs,* p.244.「市民諸君」という呼びかけが一般化するのは1868年11月9日の集会からである。*Papiers Barrot*, しかし，この呼びかけ自体はすでに68年7月6日に発せられている。*Papiers Rouher.*
(104) 1869年2月5日の集会ではデュカス(Ducasse)がオルン(Horn)に対してMonsieur Hornという呼びかけをやめないために延々と紛糾している。*Papiers Barrot.*
(105) 文書に残された民衆の言葉を集めて再構成するだけではこのような民衆の意識過程を捉えることはできないだろう。例えば，ルージュリの有名な「黄昏」か「夜明け」かという問題設定の仕方はこの限界を示している。Cf. Jacques Rougerie, *Le procès des communards*, Paris, 1964, *Idem*, *Paris libre 1871*, Paris/Seuil, 1971.
(106) おもに経済学者，カトリック，協同組合運動家のグループが中心になっている。彼らの意図が民衆の啓蒙にあったことは，例えば経済学者のグループに関しては，Levasseur, *op.cit.*, t.II, p.654 を参照。
(107) *Le Réveil*, 13 août 1868. *Papiers Rouher.* とくに1968年10月11日のルドゥット・ホール(Salle de la Redoute)の集会に付された警視の報告。
(108) *Papiers Barrot.*
(109) *Les Orateurs des Clubs* と *La Tribune populaire illustré* も1869年2月に発刊されている。
(110) 拙稿「パリ・コミューン前夜」11頁では議長団を毎回選出することが法的に規定されているかのように叙述しているが，これは誤りで，それはジャコバン・クラブの伝統に則ったものである。1868年9月19日および同年10月18日のルドゥット・ホールでの集会，*Papiers Rouher* を参照。
(111) 1869年1月12日に最初の集会を開いている。*Papiers Barrot.*
(112) 1869年3月頃からこのような傾向が現われる。Cf. *Papiers Brrot*, *Documents pour*

servir à l'histoire de nos mœurs.

(113) 例えば，スイスのバーゼルのストライキ支援の拠金があちこちの集会で募られている。*Papiers Barrot.*

(114) 1869年３月に改名された。*Papiers Barrot.*

(115) 1869年３月20日。*Documents pour servir à l'histoire de nos moeurs. . .*, p.28.

(116) 最初の警官隊の介入は1869年４月６日。*Papiers Barrot.*

(117) *Le Rappel*, 7 janvier 1870.

(118) ナポレオン三世が立法院の召集を11月29日に延期したことに対し，共和派左翼の代議士たちがその違法性を主張して10月26日に召集をかけていたにもかかわらず，直前になって取り消された事件。

(119) Cf. Lefrançais, *Souvenirs*, pp.287–289. Lissagaray, *op.cit.*, pp.19–20. 邦訳，上巻38–39頁。Vallès, *op.cit.*, pp.141–147. 邦訳，上巻370–377頁。

(120) Lissagaray, *op.cit.*, p.20. 邦訳，上巻39頁。

(121) 1869年10月10日。Cf. *Papiers Barrot*, *Le Réveil*, 13 octobre 1869, *Le Rappel*, 12, 24, 25 et 30 octobre 1869, 1er novembre 1869.

(122) 1869年10月頃から慣習化する。*Papiers Barrot.*

(123) 例えば，*Le Pappel*, 24 octobre 1869.

(124) M. G. de Molinari, *op.cit.*, p.33.

(125) ブリオヌについてのこのような評価は，彼に好意をもっている者もそうでない者もほぼ一致している。Cf. Lefrançcais, *Souvenirs*, p.260. M. G. de Molinari, *op.cit.*, p.17. Louis-Albert, *op.cit.*, pp.13–16 など。

(126) M. G. de Molirari, *op.cit.*, p.28.

(127) ルフランセはある集会で，「いかなる革命も1789年と92年の革命ほど深い根跡を残さなかった」と述べている。*Le Rappel*, 27 décembre 1869.

(128) Vitu, *Les réunions électorales*, p.7.

(129) この綱領およびガンベッタの回答の全文は，例えば，Jacques Kayser, *Les grandes batailles du radicalisme 1820–1901*, Paris, 1962, pp.318–320 を参照。

(130) *Le Rappel*, 12 septembre 1869.

(131) Louis-Albert, *op.cit.*, p.55.

(132) 1869年１月13日の集会。*Papiers Barrot.*

(133) 1869年３月３日の集会。*Papiers Barrot.*

(134) M. G. de Molinari, *op.cit.*, p.10.

(135) 1870年３月31日の集会。*Papiers Barrot.*

(136) 1869年３月25日の集会。*Papiers Barrot.*

(137) *Le Rappel*, 1er octobre 1869.

(138) *ibid.*

(139) Louis-Albert, *op.cit.*, p.37.

(140) 1869年１月26日の集会。*Papiers Barrot.*

(141) Jean Dautry et Lucien Scheler, *Le Comité Central Républicain des vingt arrondissements de Paris*, Paris, 1960, pp.260–268.

(142) 筆者が数え上げた弁士の総数は，約660名。「約」というのは，史料によって同一人物で綴りが違っていたり，姓だけしか記載されていないのが普通なので同一人物かどうか不明の場合があったりするため正確につかむことは困難であるからである。なお，弁士を数えるのに使用した史料は，本章の註(77)にあげられている。

(143) Georges Bourgin et Gabriel Henriot, *Procès-verbaux de la Commune de 1871—Edition critique*, t.II, Paris, 1945, pp.528-541.

(144) 註(142)を参照。

＊ 本稿発表後に出版された著作として以下がある。

Alain Dalotel, Alain Faure et Jean-Claude Freiermuth, *Aux origines de la Commune, Le mouvement des réunions publiques à Paris 1868-1870*, Maspero, 1980.

木下賢一『第二帝政とパリ民衆の世界』山川出版社，2000年，「第5章　公開集会とブリオヌ」。

第6章　第二帝政期パリの労働運動

(1) Jean Bruhat, Jean Dautry et Emile Tersen, *La Commune de 1871*, Paris, 1960. とくにブリュア執筆の序論を参照。

(2) Office du Travail, *Les Associations Professionnelles Ouvrières*, 4 vols., Paris, 1899-1904.

(3) Edouard Dolléans, *Histoire du mouvement ouvrier, 1830-1871*, Paris, 7e éd., 1967.

(4) Jacques Rougerie, *Paris libre 1871*, Paris/Seuil, 1971. さらにインタナショナルに関する一連の研究論文も参照。

(5) 図1は，Office du Travail, *op.cit.* 全4巻をもとに作成した。のちにみるように，これは第二帝政期のパリの労働者組織のリストに関しては完全には程遠いが，しかし，さしあたって全体の趨勢を概観するにはこれにかわるものがない。

(6) Jeanne Gaillard, “Les associations de production et la pensée politique en France (1852-1870)”, *Le Mouvement social*, no.52, 1965.

(7) 1867年において，実際に出版された報告は総計100に達している。この数字の相違は，ガイヤールが報告の分析にあたり，現存する報告の手稿史料に依拠したためであろう。

(8) Gaillard, *op.cit.*, pp.83-84.

(9) *Ibid.*, p.81.

(10) Délégations ouvrières à l'Exposition universelle de Londres en 1862, *Rapport des délégués cordonniers,* Paris, 1863, p.33.

(11) 1862年のロンドン万国博覧会でのトレイド・ユニオンとの接触が，パリの労働者代表に大きな影響を与えたことに関しては，E. E. Fribourg, *L'Association Internationale des Travailleurs*, Paris, 1871, pp.6-8.

(12) Office du Travail, *op.cit.*, t.II, 1901, p.23.

(13) 製靴工評議会の規約の全文が次の文献に掲載されている。Commission ouvrière de 1867, *Recueil des Procès-verbaux des assemblées générales des délégués et des membres des bureaux électoraux*, Paris, 1868, pp.35-38.

(14) *Ibid.*, p.29. 製靴工評議会創設者の一人であるクレマン(Clement)の発言。

(15) 前出のクレマンは，ロンドンで働いていたときに，イギリスの労働組合に接してお

り，そこでは職種の労働者の全員加入制が実施されていたことを，討論のなかで一度ならず強調している。*Ibid.*, p.30. また，Commission ouvrière de 1867, *2e recueil des procès-verbaux des assemblées générales des délégués et des membres des bureaux électoraux*, Paris, 1869, p.92.

(16) Commission ouvrière de 1867, *Recueil. . .*, p.8.

(17) *Ibid.*, pp.9-13.

(18) *Ibid.*, pp.21-24.

(19) *Ibid.*, pp.33-35.

(20) *Ibid.*, pp.289-290.

(21) Commission ouvrière de 1867, *2e recueil. . .*, pp.177-178.

(22) *Ibid.*, pp.273-274.

(23) *Ibid.*, pp.269-270. この「回状」の全文が再録されている。

(24) *Ibid.*, p.352.

(25) *La Marseillaise*, 1870年4月1日。

(26) *Le Réveil*, 1869年10月3日。

(27) Eugène Tartaret, "Aux délégués ouvriers du mouvement corporatif", in Commission ouvrière de 1867, *2e recueil. . .*, pp.248-251.

(28) 近年，近代社会を批判するために伝統的社会を対置するという方法がしばしばとられている。それはそれで一定の意味があるのは確かであるが，民衆の次元からみるならば，例えばここでタルタレが指摘しているように，「労働の自由」というのは，その意図と結果が何であれ，民衆の生にとって決定的な重みをもつのであって，そのことを念頭において伝統的社会を論じる必要があると思われる。

(29) ストライキについてのタルタレの見解には政府に対する配慮が感じられる。というのは，1868年のインタナショナルのブリュッセル大会で，彼はストライキに関して次のように述べているからである。「恐らく，ストライキは，経済的観点からは嘆かわしいものである。しかし，それは必要である。なぜなら，それは，労働者が自らの賃金を防衛することを可能にするだけでなく，またそしてとりわけ自己の尊厳を守ることを可能にするからである」。Jacques Freymond, *La Première Internationale*, t.I, Genève, 1962. なお，タルタレがインタナショナルの会員であったかどうかについては，両論があるが，筆者が参照しえた史料から判断する限り，会員ではなかったとするのが妥当であると思われる。

(30) 註(23)を参照。

(31) パリでは，いくつかの雇主評議会がすでに第一帝政期に結成されていた。Emile Levasseur, *Histoire des classes ouvrières et de l'idustrie en France de 1789 à 1870*, t.II, Paris, 2e éd, 1904, p.630. また，1868年には，78評議会が4000人の雇主を組織していた。Commission ouvrière de 1867, *2e recueil. . .*, p.267.

(32) 1868年3月12日の発起委員会での討論で，「回状」には「一般基金」と「物質的連帯」の考えを盛ることはできないとし，「精神的連帯」の確立に努力を集中することが確認されている。Commission ouvrière de 1867, *2e recueil. . .*, p.274.「回状」が具体性に欠け，精神的連帯を訴えるのみになっているのはこのためであろう。

(33) Commission ouvrière de 1867, *2ᵉ recueil. . .*, p.251.
(34) *Ibid.*, p.266.
(35) Commission ouvrière de 1867, *Recueil. . .*, p.161.
(36) *Ibid.*, pp.161-162.
(37) 第二帝政期のパリの労働運動に関する手稿史料は，周知のように，断片的にしか存在しない。したがって，本節では，主として共和派の新聞と労働者のそれを中心に調査した。共和派の新聞には，例えば，*Le Reveil* や *La Marseillaise* には，労働者通信欄が設けられており，労働者諸団体のさまざまな通知，アピールなどが毎日掲載されているので(もちろん他の欄からも労働運動に関する多くの情報を得ることができる)，それらの情報を組織ごとに分類して収集していくと，不十分ではあるが，かなりのことを知ることができる。以下の分析においては，出典をいちいち明記すると煩瑣になるので省略するが，とくに出典を明記していない場合は，次の史料に依拠している。労働者の新聞としては，*La Voix du Peuple*, *Le Travail*, *Le Commerce*, 共和派のそれとしては，*Le Rappel*, *La Marseillaise* を参照した。また，Office du Travail, *op.cit.*, と Commission ouvrière de 1867, *Recueil. . .* および *2ᵉ recueil. . .* も利用した。
(38) *Le Commerce*, 1869年 6 月 6 日。
(39) Levasseur, *op.cit.*, p.653.
(40) Denis Poulot, *Le Sublime*, 3ᵉ éd., Paris, s.d. [1887], p.294.
(41) ヴァルラン(Varlin)は，ある論文のなかで，「われわれがしばしばその存在を知らず，その名前さえ知らない多数の職種」が次々と要求を出して行動に移っていることに驚きを示している。*Le Travail*, 1869年11月21日。ここには，卓越した組織者であるヴァルランでさえ名前すら知らないような職種にまでストライキ運動が広がっていることが，よく示されているといえよう。
(42) *Le Réveil*, 1869年 1 月 9 日。この評議会連合の規約の抜粋は，Commission ouvrière de 1867, *2ᵉ recueil. . .*, pp.237-239 に再録されている。
(43) Commission ouvrière de 1867, *2ᵉ recueil. . .*, pp.272-273.
(44) *Ibid.*, pp.274-276.
(45) Office du Travail, *op.cit.*, t.II, p.132.
(46) *Ibid.*, t.III, pp.257-260.
(47) Commission ouvrière de 1867, *Recueil. . .*, pp.39-40.
(48) *La Marseillaise*, 1870年 4 月 5 日。
(49) 青銅工相互信用・連帯組合の規約全文は，Commission ouvrière de 1867. *Recueil. . .*, pp.46-49.
(50) *Statuts de la Société des fondeurs en fer, dite L'Union*, Paris, 1869.
(51) Association Internationale des Travailleurs, *Société de solidarité des ouvriers relieurs de Paris, Statuts*, Paris, 1870.
(52) 以下の14職種。帽子製造工，大工，製靴工，靴裁断・仮綴工，皮革関連職種，布地デザイナー，楽器製作工，手袋製造工，機械工，指物職人，塗装工，洋服仕立て職人，石切工，印刷工。
(53) 製紙工相互扶助組合のアヴァー(Havard)の試算による。Commission ouvrière de

1867, *Recueil. . .*, pp.277-279.

(54) *La Marseillaise*, 1869年12月21日。

(55) *Le Réveil*, 1869年11月25日。

(56) *Le Réveil*, 1870年 6 月25日。

* 木下賢一『第二帝政とパリ民衆の世界』の第3章でタルタレ，第6章でヴァルランについての詳細な分析をおこなっている。

第7章　第二帝政期パリの労働運動と民衆運動

(1) Eugène Tartaret, *Exposition universelle de 1867, Commission ouvrière de 1867, 2e recueil des procès-verbaux des assemblées générales des délégués et des membres des bureaux électoraux*, Paris, 1869. pp.41-42. なお，これは最近 EDHIS によって復刻された。*Les révolutions du XIXe siècle, 1852-1872, Tome IV, Les sociétés ouvrières*, Paris, 1988.

(2) Office du Travail, *Les Associations Professionnelles Ouvrières*, t.I, Paris, 1899, p.224.

(3) これらの報告は，小樽商科大学に所蔵されている。

(4) Exposition de 1867, *Délégation des ouvriers relieurs*, Paris, 1868, pp.222-223.

(5) *Ibid.*, p.220.

(6) この宣言文と署名者は，Tartaret, *op.cit.*, pp.43-50 に再録されている。なお，この「六〇人宣言」をめぐる当時のパリの労働者の状況については，柴田朝子「第一インター前夜のパリ労働者階級の状態について」『史学雑誌』第68編第12号，1959年12月 を参照。

(7) 60人についてのタルタレによる註。Tartaret, *op.cit.*, p.50.

(8) インタナショナルの会員リストについては，後出の註(17)を参照。

(9) 各職種の選挙事務局議長と代表のリストは，Eugène Tartaret, *Exposition universelle de 1867, Commission ouvrière de 1867, Recueil des procès-verbaux des assemblées générales des délégués et des membres des bureaux électoraux*, Paris, 1868, pp.302-311 を参照。なお，これも EDHIS によって復刻されている。*Les révolutions du XIXe siècle, 1852-1872, Tome III, Les sociétés ouvrières*, Paris, 1988.

(10) ただし，前出のリストには，111職種しかない。ここでは，彫版職人の選挙事務局委員長レノ(Raynot)が脱落している。Tartaret, *op.cit.*, *2e recueil*, p.193 に掲載されているレノ自身の手紙を参照。

(11) 姓と職種が一致した者は，次の文献で確認した。*Dictionnaire biographique du mouvement ouvrier français,* publié sous la direction de Jean Maitron, t.IV-IX, Paris, 1967-71. しかし，この人名事典は，インタナショナル会員とコミューン参加者にかたよっており，1862年や67年の労働者代表をめぐる人びとについてはほとんど役に立たなかった。後出の労働者評議会や公開集会に関しても同様である。これは，この人名事典がコミューンの軍事裁判関係文書を基礎資料にしているためである。

(12) 木下賢一「第二帝政末期のパリの労働運動――労働者評議会を中心に」『駿台史学』第69号，1987年 2 月，90-92頁。

(13) 前掲拙稿を参照。

(14) 人名リスト作成にあたって使用した史料については，前掲拙稿，119頁，註(37)を参

照。Maitron, *op.cit.*, t.IV, pp.71-77 も利用した。ただ，メトロンの場合，相互扶助組合も連帯組合もすべて評議会にいれてしまっており，この点は，前掲拙稿で明らかにしたように，問題がある。もし相互扶助組合も含むなら，1867年万博の労働者たちが，この時期の労働者の組織化において果たした役割はもっと大きくなる。

(15) Jeanne Gaillard, "Les associations de production et la pensée politique en France (1852-1870)", *Le Mouvement social*, no.52, 1965 および前掲拙稿を参照。

(16) 木下賢一「第二帝政末期のパリの公開集会(1868〜1870)」『史学雑誌』第86編第7号，1977年7月(本書第5章に収載)を参照。また，Alain Dalotel, Alain Faure et Jean-Claude Freiermuth, *Aux origines de la Commune, Le mouvement des réunions publiques à Paris 1868-1870*, Paris, 1980 を参照。

(17) Maitron, *op. cit.*, t.IV, pp.42-77.

(18) Gustave Lefrançais, *Etude sur le mouvement communaliste*, Neuchâtel, 1871, pp.44-45.

(19) Jean Dautry et Lucien Scheler, *Le Comité Central Républicain des vingt arrondissements de Paris (Septembre 1870-May 1871)*, Paris, 1960, pp.260-268 の人名索引による。重複分は差し引いた。

(20) 前掲拙稿「第二帝政末期のパリの公開集会」78頁では，110名としているが，その後の調査で若干絞り込むことができた。

＊ なお，公開集会の弁士と，労働者評議会および連帯組合のメンバーに関しては，さまざまな史料から収集し，再構成している。次の拙論を参照。木下賢一「第二帝政期パリの労働運動と民衆運動(続)――資料：人名リスト」『駿台史学』第83号，1991年，26-66頁。

第8章　ストライキを生きた労働者たち

(1) 労働史研究の主要な研究機関としては，フランス社会史研究所(L'Institut Français d'Histoire Sociale)，パリ大学労働組合運動史センター(Centre d'Histoire du Syndicalisme de l'Université de Paris)，社会博物館(Le Musée Social)，そして，モーリス・トレーズ研究所(L'Institut Maurice Thorez)がある。また，この分野の専門研究誌としては，*Le Mouvement social* がある。

(2) François Simiand, *Le salaire des ouvriers des mines de charbon en France, Contribution à la théorie économique du salaire*, Paris, 1907.

(3) conjoncture という語は，普通「変動」と邦訳されているようであるが，これには問題があると思われる。ある定義によれば，conjoncture とは，「ある一定の時点における経済的状況」(Th. Suavet, *Dictionnaire économique et social*, Paris, 1975) であり，「経済生活のすべての構成諸要素の，ある一定時点における交叉」(J.-A. Lesourd et C. Gérard, *Histoire économique, XIXe et XXe siècles*, t.I, 1963, p.10)であって「変動」ではない。本章ではさしあたり変動局面と訳しておいた。ご教示を請う。

(4) この系列の研究動向に関しては，ブーヴィエの優れた論文を参照。Jean Bouvier, "Mouvement ouvrier et conjoncture économique", *Le Mouvement social*, juillet-septembre 1964. この論文は，ジャン・ブーヴィエ著，権上康男・中原嘉子訳『フランス帝国主義研究』御茶の水書房，1974年 の第6章に「労働運動と経済変動」という表題で邦訳さ

れている。

（5）例えば，Jean Maitron, *Histoire du mouvement anarchiste en France, 1880–1914*, Paris, 1951 や Edouard Dolléans, *Histoire du mouvement ouvrier*, 3 vols., Paris, 1953–60. あるいは，Georges Lefranc, *Le mouvement syndical sous la Troisième République*, Paris, 1967 などでも，傾向はまったく異なるが，活動家とその思想および組織に焦点がおかれている点では共通する。

（6）Ernest Labrousse, "Voies nouvelles vers une histoire de la bourgeoisie occidentale aux XVIIIe et XIXe siècles (1700–1850)", *X Congresso internazionale di Scienze storiche*, t.IV, Roma, 1955, Relazioni (1955). ラブルスはシミアンの流れを汲んでおり，ここでいう社会史も統計を重視したもので，基本的には経済学者の系譜に属するといえよう。なお，社会史の方法に関する整理としては，次の論文を参照。Albert Soboul, "Description et mesure en histoire sociale", *L'Histoire Sociale, sources et méthodes*, Paris, 1967.

（7）例えば，Annie Kriegel, *Aux origines du communisme français 1914–1920, Contribution à l'histoire du mouvement ouvrier français*, 2 vols., Paris, La Haye, 1964. *Idem*, *La croissance de la C.G.T. 1918–1921, Essai statistique*, Paris, La Haye, 1966.

（8）Jean-Pierre Aguet, *Les Grèves sous la Monarchie de Juillet (1830–1847)*, Genève, 1954. ただし，統計的には不十分な研究。なお，1815〜34年のストライキに関しては，未公刊の次の研究があるが，筆者は未見，Michelle Roux, *Les grèves en France, 1815–1834*, D.E.S., Paris, 1950.

（9）Edgard Andréani, *Grèves et fluctuations, la France de 1890 à 1914*, Paris, 1968.

（10）Robert Goetz-Girey, *Le mouvement des grèves en France (1919–1962)*, Paris, 1965.

（11）例えば，Pierre Leon, "Les grèves de 1867–1870 dans le département de l'Isère", *Revue d'Histoire moderne et contemporaine*, octobre-décembre 1954. また，Fernand L'Huillier, *La lutte ouvrière à la fin du Second Empire*, Paris, 1957.

（12）正確には，1885年からの統計が，フランス年次統計 *Statistique annuelle de la France* に発表されているが，これは不十分。

（13）Edward Shorter and Charles Tilly, *Strikes in France, 1830–1968*, London, 1974 においても，当該時期に関しては，ペロの作成した統計に依拠している。

（14）Michelle Perrot, *Les ouvriers en grève, France 1871–1891*, Vol.1, Paris, 1974, p.10.

（15）Cf. Michelle Perrot, *Enquêtes sur la condition ouvrière en France au 19e siècle*, Paris, 1972. これは，Microéditions Hachette のマイクロ・フィシュに付された解説。

（16）防衛的ストライキとは，賃金切下げや労働強化に反対して展開されるストライキで，攻撃的ストライキとは，賃上げを目的とするストライキ。

（17）Georges Duveau, *La vie ouvrière sous le Second Empire*, Paris, 1946.

（18）この「祭り」という概念は，Henri Lefebvre, *La proclamation de la Commune*, Paris, 1965（河野健二・柴田朝子訳『パリ・コミューン』上・下，岩波書店，1967–68年）以来，とくに五月革命以後，民衆運動研究の領域で定着した観がある。確かに，ストライキは労働者にとって「祭り」である。しかし，これを年中行事的「祭り」のアナロジーで捉えるべきではないだろう。後者はあくまでも秩序の枠内での日常性からの離脱であり，前者は一時的にせよ秩序の枠を破ることから生まれる非日常的世界であるからである。

(19) Cf. Louis Chevalier, *Classes laborieuses, classes dangereuses à Paris pendant la première moitié du XIXe siècle*, Paris, 1958.

(20) ペロ自身，ルベリウ(Madeleine Rebérioux)とメトロン(Jean Maitron)とともに，*Le Mouvement social* の五月革命特集号(第64号，1968年)の La Sorbonne par elle-même の編者の一人である。

＊ フランスにおけるストライキ運動全体の概観に関しては拙稿「労働運動とストライキ」原輝史編『フランス経営史』有斐閣，1980年。

第９章　19世紀パリ民衆の世界

(１) René Rémond, *La vie politique en France depuis 1789*, t.I, Paris, 1965, p.18.

(２) Ernest Labrousse, "1848-1830-1789, Comment naissent les révolutions", in *Actes du Congrès historique du centenaire de la Révolution de 1848*, Paris, 1948.

(３) *Ibid.*, p.7.

(４) *Ibid.*, p.8.

(５) *Ibid.*, p.13.

(６) *Ibid.*

(７) *Ibid.*, p.3.

(８) Louis Chevalier, *La formation de la population parisienne au XIXe siècle*, Paris/Presses universitaires, 1950.

(９) Louis Chevalier, *Classes laborieuses et classes dangereuses à Paris pendant la première moitié du XIXe siècle*, Paris/Plon, 1958.

(10) 歴史研究への人口学的方法の導入は，アナール学派の歴史人口学を想起させるが，シュヴァリエ自身はこの学派に直接の関係はもっていない。ただ，彼の研究はアナール学派に大きな影響を与えたといわれる。Cf. Jacques Le Goff, "L'histoire nouvelle", in Jacques Le Goff, éd., *La novelle histoire*, Paris, 1978, p.237.

(11) パリ史に関するシュヴァリエの主要著書は，前掲の『形成』と『階級』を除いて以下のものがある。*Le cholera; la première épidemie du XIXe siècle, étude collective presentée par Louis Chevalier*, La Roche-Sur-Yon, 1958. *Les Parisiens*, Paris, 1967. *Histoire anachronique des Français*, Paris, 1974. *L'assassinat de Paris*, Paris, 1977. *Monmartre du plaisir et du crime,* Paris, 1980. *Histoire de la nuit parisienne, 1940-1960*, Paris, 1982.

(12) Chevalier, *Classes laborieuses. . .* , p.209.

(13) これは地方諸県と比較すると際立っている。人口調査を受けた県で生まれたフランス人の割合は，1861年時点では88.2%で，その割合が低下を始めた1891年も82.6%に達している。Chevalier, *La formation. . .* , p.55.

(14) *Ibid.*, p.106.

(15) この点に関しては，Chevalier, *Le cholera. . .* と喜安朗「コレラの恐怖・医療・そしてパリ民衆――1832年パリのコレラ流行をめぐって」『思想』第691号，1982年１月 を参照。

(16) Louis Girard, *Etude comparée des mouvements révolutionnaires en France en 1830, 1848 et 1870-1871*, Paris, 1960, p.73.

(17) *Ibid*., p.75.

(18) この問題に関しては，Georges Lefebvre, "Foules révolutionnaires", in *Etudes sur la Révolution française*, Paris, 1954. 二宮宏之訳『革命的群衆』創文社，1982年 が最も示唆に富む。

(19) Alain Faure, *Paris Carême-Prenant, Du Carnaval à Paris au XIXe siècle, 1800-1914*, Paris, 1978. 喜安朗『パリの聖月曜日――19世紀都市騒乱の舞台裏』平凡社，1982年。

(20) Chevalier, *Classes laborieuses*. . . , pp.551-552.

(21) G・ルフェーヴル著，高橋幸八郎・柴田三千雄・遅塚忠躬訳『1789年――フランス革命序論』岩波書店，1975年，299頁。

第10章　19世紀パリ民衆史再考

(1) とくに次の2著，Louis Chevalier, *La formation de la population parisienne au XIXe siècle*, Paris/Presses universitaires, 1950. Louis Chevalier, *Classes laborieuses et classes dangereuses à Paris pendant la première moitié du XIXe siècle*, Paris/Plon, 1958(ルイ・シュヴァリエ著，喜安朗・木下賢一・相良匡俊訳『労働階級と危険な階級――19世紀前半のパリ』みすず書房，1993年)。この2著については，民衆運動研究の観点からその意義を論じたことがある。木下賢一「19世紀パリ民衆の世界――ルイ・シュヴァリエの歴史人口学的研究を中心に」『駿台史学』第59号，1983年(本書第9章に収載)。

(2) Barrie M. Ratcliffe et Christine Piette, *Vivre la ville: Les classes populaires à Paris (Ière moitié du XIXe siècle)*, La Boutique de l'Histoire éditions, 2007.

(3) Barrie M. Ratcliffe, "Classes laborieuses et classes dangereuses à Paris pendant la première moitié du XIXe siècle?: The Chevalier Thesis Reexamined", *French Historical Studies*, Vol.17, No.2, 1991.

(4) Christine Piette et Barrie M. Ratcliffe, "Les migrants et la ville: un nouveau regard sur le Paris de la première moitié du XIXe siècle", *Annales de démographie historique*, 1993.

(5) Ratcliffe et Piette, *Vivre la ville*. . . , p.86. 以後，煩瑣になるので，本書からの引用は本文のなかに[　　]内に頁を示す。また，同様の理由により著者も便宜的にラトクリフで代表させたい。

(6) Daniel Roche, *Le Peuple de Paris*, Aubier Montaigne, 1981, p.21.

(7) *Ibid*., p.22.

(8) *Ibid*., pp.22-23.

(9) *Ibid*., pp.19-20.

(10) Chevalier, *La formation*. . . , p.284.

(11) Fernand Braudel, "Louis Chevalier: Pour une histoire biologique", *Annales*, 15e année, no.3, 1960, p.522.

(12) Roche, *op.cit.*, p.58.

(13) Chevalier, *Classes laborieuses*. . . , p.445.

(14) これはまったくの誤解だろう。シュヴァリエは，詩やシャンソンや小説そしてとくに芝居のような民衆文化の重要性を指摘し，これらの意味を解き明かさずして民衆の心性を捉えることはできないとしている。それは民衆にとって文化というよりも文明であ

るとまで言い切っている。Chevalier, *Classes laborieuses . . .*, pp.506-507.

(15) しかし，シュヴァリエは，アルブヴァクスを引用して場と記憶の関係の問題を論じており，それほど単純に物理的空間と生きられた空間を結びつけているわけではない。Chevalier, *Classes laborieuses . . .*, pp.368-369.

(16) Ratcliffe, Classes laborieuses . . . , p.569.

(17) この節は，Ratcliffe et Piette, *Vivre la ville. . .* の内容の紹介が中心になるが，煩瑣を避けるために各段落の末尾に参照した同書のページをまとめて記した。

(18) 18世紀の家事使用人に関しては，Roche, *op.cit.* を参照。

(19) シュヴァリエは，この時期のパリの経済構造がパリ内消費市場に依存していたことを明らかにしている。Chevalier, *La Formation. . .*, pp.105-107 を参照。

(20) カルチエでの民衆の日常生活に関しては，18世紀のパリ民衆の世界における近隣関係を明らかにしたDavid Garrioch, *Neighbourhood and Community in Paris, 1740-1790,* Cambridge University Press, 1986 が示唆に富む。

(21) Chevalier, *Classese laborieuses. . .*, pp.380-381.

(22) Chevalier, *La Formation. . .*, pp.12-14.

(23) 酒場における人的結合関係(今でいうソシアビリテ)のなかに民衆運動生成の契機を探った次の拙稿を参照。木下賢一「パリ・コミューン前夜の民衆運動――「労働の世界」と運動」『社会運動史』第1号，1972年。とくに同「第二帝制下におけるパリの労働者階級について」『社会運動史』第5号，1975年。また，同「第二帝政末期のパリの公開集会(1868～1870)」『史学雑誌』第86編第7号，1977年(この3本の拙稿は本書第Ⅱ部に収載)。

(24) この点で，喜安朗『パリ――都市統治の近代』岩波書店，2009年 は多くの示唆に富む。

(25) シュヴァリエは，存在を認められていなかった労働者にとって，暴力は自己主張の一つの手段であったとしている。Chevalier, *Classes laborieuses. . .*, p.533.

第11章　お雇い外国人になったコミューン兵士

(1) 渡正元『巴里籠城日誌』東亜堂，1914(大正3)年。

(2) ピサールの個人文書はBB24/867 のなかに収められている。*Dictionnaire biographique du mouvement ouvrier français,* publié sous la direction de Jean Maitron, t.IV-IX, Paris, 1967-71 は，このBB24系列の文書を体系的に使用しており，ピサールの日本滞在に関しても，ごく簡単ではあるが触れられている。

(3) *Dossier Claude François Pissard*, 24e Conseil de Guerre, no.1.

(4) 大藏省編纂『明治前期財政経済史料集成』第17巻，改造社，1931(昭和6)年所収。

(5) コミューン最後の日。

(6) これは，後述するように，3月6日の間違いである。

(7) 明治12，13年頃でも，東京はまだ江戸と呼ばれていたのであろうか。これは，少なくとも在日外国人のあいだではそう呼ばれていたことを示している。

(8) 原文では，Direction des Construction, Ministère des Travaux Publicsとなっており，直訳すれば，公共事業省建設局であろうか。なお，資格に関しては後述する。

（9）BB24/867 のなかには不在。外務省のメモによると，この文書は3月20日に誤って直接司法大臣官房に送られたと記されている。
（10）大蔵省編纂，前掲書，343頁。
（11）François Pissard の発音を日本人が聞いた場合，このような表記になる。
（12）ここでは Tristan Rémy, *La Commune à Montmartre*, Paris, 1970 と Jacques Rougerie, “Notes pour servir à l'histoire du 18 mars 1871”, in *Mélanges d'histoire sociale offerts à Jean Maitron*, Paris, 1976, それに Maitron, *op.cit.* を使用した。
（13）第9区の大隊。
（14）ピサールの個人文書には不在。
（15）これは国際労働者協会（第一インタナショナル）を指している。
（16）グート・ドールの誤り。
（17）前に引用した1871年10月17日の尋問調書にはこの箇所は存在しない。紹介した二つの尋問以外にも尋問がおこなわれていたのかもしれない。
（18）この47名の情報は，註（12）にあげた文献による。
（19）製靴工と事務員の重要性は，パリ全体においても認められる。Jacques Rougerie, “Composition d'une population insurgée, l'exemple de la Commune”, *Le Mouvement social*, no.48 (1964), pp.42–43.
＊ 本章は，明治大学昭和62年度在外研究員としての成果の一部である。なお，脱稿後，海野福寿明治大学教授からユネスコ東アジア文化研究センター編『資料御雇外国人』（小学館，1950〈昭和50〉年）についてご教示いただき，お雇い外国人としてのピサールを確認することができたことを感謝する。

第12章　農村社会・名望家・国家

（1）以下の3著である。

Roger Price, *Napoleon III and the Second Empire*, London, 1997.

———, *The French Second Empire: An Anatomy of Political Power*, Cambridge University Press, 2001.

———, *People and Politics in France 1848–1870*, Cambridge University Press, 2004.

（2）Price, *People and Politics*, p.8.
（3）前出の3冊以外に，参照したのは以下の文献である。発行年順に並べているが，再版されている場合には初版の発行年の順においた。

Roger Price, *The French Second Republic, A Social History*, London, 1972.

———, ed., *Revolution and Reaction, 1848 and the Second French Republic*, London, 1975.

———, ed., *Documents of the French Revolution of 1848*, London, 1996 (First published 1975).

———, *An Economic History of Modern France, 1730–1914*, Revised ed., London, 1981 (First published 1975).

———, “The Onset of Labour Shortage in Nineteenth-Century French Agriculture”, *The Economic History Review*, Second Series, Vol.XXVIII, No.2, 1975.

———, “Techniques of Repression: The Control of Popular Protest in Mid-Nineteenth

Century France", *The Historical Journal*, Vol.25, No.4, 1982.
———, "Poor Relief and Social Crisis in Mid-Nineteenth-Century France", *European Studies Review,* Vol. 13, No.4, 1983.
———, *The Modernization of Rural France: Communications Networks and Agricultural Market Structures in Nineteenth-Century France*, London, 1983.
———, *A Concise History of France*, Cambrige University Press, 1992.
(4) Price, *An Economic History of Modern France*.
(5) Price, ed., *Revolution and Reaction*, preface.
(6) Price, *An Economic History of Modern France*, p.1.
(7) Price, "The Onset of Labour Shortage", p.264.
(8) Price, ed., *Revolution and Reaction*, p.38.
(9) *Ibid.*, p.56.
(10) Price, "Techniques of Repression".
(11) Price, "Poor Relief and Social Crisis".
(12) *Ibid.*, p.427.
(13) Price, *The Modernization of Rural France*, p.11.
(14) *Ibid.*, p.12.
(15) *Ibid.*
(16) *Ibid.*, p.13.
(17) *Ibid.*, p.395.
(18) *Ibid.*, p.398.
(19) Price, *The French Second Empire*, p.1.
(20) *Ibid.*, p.2.
(21) *Ibid.*, pp.54-55.
(22) *Ibid.*, p.57.
(23) *Ibid.*, pp.68-69.
(24) *Ibid.*, p.79.
(25) *Ibid.*, p.90.
(26) Price, *People and Politics*, p.3.
(27) *Ibid.*, p.6.
(28) *Ibid.*, p.10.
(29) *Ibid.*, p.9.
(30) *Ibid.*, p.232.
(31) *Ibid.*, p.184.
(32) 第二帝政期の労働者の世界に関しては，さしあたり拙著を参照されたい。木下賢一『第二帝政とパリ民衆の世界――「進歩」と「伝統」のはざまで』山川出版社，2000年。

第13章　フランス第二帝政と名望家支配

(1) Jean Tulard (sous la direction de), *Dictionnaire du Second Empire*, Fayard, 1995.
(2) *Les patrons du Second Empire* というシリーズ名で Picard 出版社から不定期で刊行が

続けられている。

（3）Eric Anceau, *Les députés du Second Empire: Prosopographie d'une élite du XIXe siècle*, Honoré Champion, 2000. また同著者による第二帝政期の代議士の人名事典 *Le Dictionnaire des députés du Second Empire*, Presses Universitaires de Rennes, 1999.

（4）ショワゼルの元老院に関する博士論文そのものは未刊であるが，次のような第二帝政に関する著作が公刊されている。Francis Choisel, *Bonapartisme et Gaullisme*, Albatros, 1987.

（5）とくに次の２著，Roger Price, *The French Second Empire: An Anatomy of Political Power*, Cambridge University Press, 2001 と *People and Politics in France 1848-1870*, Cambridge University Press, 2004.

また，プライスの一連の研究については，拙稿「フランス第二帝政史研究における新しい動向について——「新しい政治史」に向けて」『駿台史学』第124号，2005年（本書第12章）を参照。

（6）Anceau, *Les députés...*, pp.20-21.

（7）Louis Girard, Antoine Prost et Rémi Gossez, *Les conseillers généraux en 1870*, Presses Universitaires de France, 1967.

（8）Vincent Wright, *Le Conseil d'État sous le Second Empire*, Armand Colin, 1972. 同書に関しては，つとに中谷猛が詳細な紹介をおこなっている。「フランス第二帝政の統治集団・国事院と知事団体について」『立命館法学』121-124合併号，1976年。

（9）Bernard Le Clère et Vincent Wright, *Les préfets du Second Empire*, Armand Colin, 1973. 中谷猛「フランス第二帝政と知事——帝政知事の社会的背景とその政治的役割」『長崎造船大学研究報告』第15巻２号，1974年。

（10）Anceau, *op.cit.*, 第三共和政期に関してではあるが，長井伸仁のパリ市会議員のプロソポグラフィがある。Nobuhito Nagaï, *Les conseillers municipaux de Paris sous la IIIe République (1871-1914)*, Publications de la Sorbonne, 2002.

（11）André-Jean Tudesq, *Les grands notables en France (1840-1849): Etude historique d'une psychologie sociale*, t.I et II, Presses Universitaires de France, 1964.

（12）Tudesq, *op.cit.*, t.II, pp.1230-1231.

（13）柴田三千雄『近代世界と民衆運動』岩波書店，1983年，32頁。

（14）同書，383頁。

（15）同書，374頁。

（16）Tudesq, *op.cit.*, t.II, p.1231.

（17）Christophe Charle, *Histoire sociale de la France au XIXe siècle*, Seuil, 1991, p.11.

（18）*Ibid.*, pp.97-99.

（19）Alain Plessis, *De la fête impériale au mur des fédérés, 1852-1871*, Seuil, 1973, p.27.

（20）Girard et al., *op.cit.*

（21）Tudesq, *op.cit.*, t.II, p.1240.

（22）*Ibid.*, p.1241.

（23）*Ibid.*, p.1231.

（24）Anceau, *op.cit.*, p.523.

(25) *Ibid.*, p.150.
(26) Le Clère et Wright, *op.cit.*, p.135.
(27) *Ibid.*, p.136.
(28) Anceau, *op.cit.*
(29) *Ibid.*, p.64.
(30) Le Clère et Wright, *op.cit.*
(31) Anceau, *op.cit.*, p.544.
(32) *Ibid.*
(33) Wright, *op.cit.*
(34) Anceau, *op.cit.*
(35) 第２節表１を参照。
(36) 第３節表３を参照。
(37) 評定官に関しては Wright, *op.cit.*, p.56, 知事に関しては Le Clère et Wright, *op.cit.*, p.176 を参照。
(38) Girard et al., *op.cit.*, pp.192-193.
(39) 第二帝政期の農村の変容に関して，例えば，次のような数字が雄弁に物語っている。男子農業労働者が，1852〜62年の10年間に117万2000人減少している。Roger Price, "The Onset of Labour Shortage in Nineteenth-Century French Agriculture", *The Economic History Review*, Second Series, Vol.XXVIII, No.2, 1975, p.264. また，1851〜71年のあいだに212万3000人が離村している。Roger Price, *People and Politics in France 1848-1870*, Cambridge University Press, 2004, p.50.